唐君毅全集 卷二十七

日記（上）

臺灣學生書局印行

目錄

日記（上）

日記

（上）

本書乃作者日記遺稿，由謝廷光（方回）謄寫編排，收入全集前從未發表。

民國三十七年（一九四八年）

五月

卅一日　陰　上午主持學術講演會，午睡後精神仍未恢復。

六月

一日　陰　上課三時，甚倦。

二日　晴　鈔船山文二時，復信與五弟、張汝舟、韓裕文等共五封。

三日　晴　以受涼聲啞。

四日　晴　復燕義權一函。

五日　晴　顧校長歸來，知所提成立哲系等事，校主不積極，下年大政方針亦未定，我所提諸案皆被等閒視之。蓋校主太忙而不懂教育也。

六日　陰　上午肇年來。下午楊振宇來，彼年過四十而如赤子，能犧牲耐苦，今之古人也。爲二妹改國文卷三時。

七日　晴　肇年四妹今日返京轉皖，頓覺家中人少。上午作一學術講演名悲觀與樂觀。下午振宇去。改文卷二時。

八日　晴　上午補習班上課二時，與張汝舟一函。下午開教務會議。

九日　晴　召開國文英文教授談話會，商中英文總考辦法。

十日　晴　精神疲倦，甚感事務之煩。

十一日　晴　下午開招生委員會。夜開國語演講競賽會，知一般學生思想之膚淺、流俗。覺無法改正之苦。

十二日　雨　閱英文哲學雜誌，下午睡。

十三日　雨　續閱雜誌。

十四日　晴　舉行全校學生國文考試競賽。下午入城購物。

十五日　晴　上午與顧校長商下年課程事。下午上課一時。

十六日　晴　與李源澄、柯樹屏、程兆熊、魏建猷各一函。今日爲父親逝世忌日。夜與顧校長言下年決不再任教務長一職，請其早多方物色人選。
十七日　晴　昨夜補習班學生來言該班試題有漏之嫌疑，今日爲此事多方查詢。
十八日　晴　查所謂漏題乃由教員劃定範圍，學生猜中五分之二題之故。由查考此事知辦事當穩重，不宜輕易表示意見，在未有確定證據前不能輕下斷語。
十九日　晴　近來頗感處人辦事之不易，必須處處能沈著氣，見侮不辱，並出語斬截方能有力。我爲人過於仁柔，處處苦口婆心，用之於教育則宜，用之於辦事則太囉唣，他人不得要領，則無所適從也。
二十日　晴　閱經濟思想史數時。
廿一日　晴　舉行全校英文考試競賽，下午陪諸英文教師閱卷至七時方畢。
廿二日　晴　約國文教師及二同學在家晚餐。並與顧校長談校務。
廿三日　陰　上午辦理教務事。下午與國文先生算國文競賽成績，並開教授會。
廿四日　陰　復張世祿、程石泉、王化中、程兆熊、嚴鴻瑤各一函。
廿五日　晴　學校事近學期結束特忙，下期擺脫教務，當可較閒也。
廿六日　晴　復鍾芳銘一函。

廿七日　陰　準備明日考試事。
廿八日　晴　今日開始考試。
廿九日　晴　繼續考試，我幾每時皆去監堂。下午教務會議。
三十日　雨　復李心純及蒙文通先生信。今日仍考試。

七　月

一日　晴　復友人信三封。林宰平、韓裕文、劉公純自上海來。
二日　晴　與林、韓及錢賓四先生、宗三等赴太湖一游。
三日　陰　至宗三兄處與林、韓先生等談竟日。
四日　陰　遇人詆毀，應置諸不理。下午林先生等返滬。
五日　雨　與六妹、葉石蓀、蒙文通先生及薛星奎各一函。
六日　雨　復何兆清先生函。彼昨來函言望我回中大，並介至中至附中任教云。
七日　晴　與程兆熊、周輔成、李耀先、唐國鎮各一函。
八日　晴　復韓裕文、王寗慧、鄭之驤、錢子厚各一函。
九日　晴　清理教務室文稿信札大體完結。頗有空幻之感。與徐仲年一函。

十日　晴　復友人信。我雖決不任教務，然教務處職員中好者，均告顧校長設法留之。
十一日　陰　復楊宗勳函。下午與母親二妹廷光等游藝圃，翻山而歸。
十二日　晴　上午至學校圖書館閱書，下午睡。
十三日　晴　二月來終日爲學校事忙，然學校校務處處受外力干涉，學校前途已無可望，亦不願更有所效力。今日起開始鈔船山文三四時。
十四日　雨　鈔船山文五六時。
十五日　晴　鈔船山文五六時完。上午聞周同慶來此任教務，午後往訪。
十六日　晴　復韓雁門等信，並辦理教務處未完事。
十七日　陰　上午與楊蔭渭談，下午睡未成眠。
十八日　晴　校中有許多優良教師皆被停聘，甚覺不平，然亦無可奈何。
十九日　晴　復宗白華先生一函。六妹久無信，母親甚急，今日與彼一函。
二十日　晴　上午辦理註册交代。下午睡。程兆熊來信約暑期往講學。與五弟一函。
廿一日　晴　中大、江大聘書送來。決定二妹留此，我或者在此兼二課。與楊振宇一信，中大附中二妹事可否介紹廷光去。夜教務處職員約晚餐。
廿二日　晴　復兆熊一函，與段熙仲一函。

廿三日　晴　與錢賓四先生談校中事。
廿四日　晴　與蔭渭、宗三二兄談。
廿五日　晴　上午乘車至京，訪何兆清先生。
廿六日　晴　訪宗白華、方東美、李正剛諸先生。
廿七日　晴　訪楊振宇。下午開哲學研究部招生委員會。
廿八日　晴　至鍾芳銘處談，鄧子琴亦來，夜始去。
廿九日　晴　出哲學研究部招生考試中西哲學史試題。
三十日　晴　上午訪數友。下午姚漢源來訪，同至後湖談。
卅一日　晴　昨在徐佛觀處宿，今日未出門。夜往訪邵鶴亭談廷光事。

八　月

一日　晴　下午乘車返錫。與四妹一函。
二日　晴　與楊、牟二兄談。復周輔成一函，與徐佛觀一函。
三日　晴　復姚琴友、傅韻笙、程兆熊、段熙仲函，與何兆清先生、六妹各一函，並復文藝陶、李耀先、殷福生各一函。

四日　晴　復楊振宇一函。
五日　晴　與校中同事談。
六日　晴　閱中大哲研所試卷，與六妹兆熊各一函。
七日　晴　與周鴻經一函，復譚輔之一函、柯樹屏一函。
八日　晴　佛觀來，準備赴蘇州。
九日　晴　與宗三、佛觀赴蘇州，夜宿張家花園夏令營。
十日　晴　晨由我講演人在宇宙中之地位，下午同訪錢賓四先生。
十一日　晴　下午與教務組長及宗三、佛觀游靈巖天平，與母親一函。
十二日　晴　上午我講中國文化之回顧與前瞻，下午赴嘉興夜宿西大營。
十三日　晴　上午講文化與人生，與母親一函。
十四日　晴　與宗三赴杭州，下午訪熊十力先生，夜宿環湖飯店。
十五日　晴　上午至熊先生處談，夜與宗三及謝幼偉泛舟西湖。
十六日　晴　與宗三同至靈隱寺訪巨贊法師，夜宿其處。
十七日　晴　上午游天竺，下午閒談，夜返杭，至車站接四妹未接到。夜宿一火車站旁之旅館。
十八日　晴　訪熊先生，宿新華旅館，夜又至火車站接四妹，仍未到。

十九日　晴　晨乘浙贛路車至上饒，夜十一時始達，宿國際飯店。

二十日　晴　程兆熊來訪，同至信江書院午餐。夜信江農專學生開歡迎會，我略講農業與文化之關係。夜宿修天家。與二妹一函。

廿一日　陰　與修天游上饒城內各處，見城中書店甚少。

廿二日　陰　與兆熊、雁門同乘船至鵝湖書院，下午一時始達。

廿三日　陰　閱兆熊論農業之文。下午睡，與二妹一函。

廿四日　陰　閱完兆熊農業與時代一文。

廿五日　晴　後日擬講孔子之教訓，今日記下大綱。

廿六日　晴　與兆熊出游。

廿七日　晴　今日爲孔子誕辰，上午講演二時，下午與兆熊等游鵝湖峯頂。

廿八日　晴　寫論文化書宗教之部二千字。

廿九日　晴　續寫上文三千餘字。

三十日　晴　續寫上文三千字。

卅一日　晴　續寫上文二千字。今日與學生講演二小時。

九月

一日　晴　續寫文三千字，與二妹楊振宇各一函。

二日　晴　續寫文三千字，夜不能眠，閱龍溪語錄。

三日　晴　寫文千五百字，屢感困難。

四日　晴　寫文二千字，決暫告一段落。

五日　晴　與兆熊、雁門等談，得家中一電。

六日　晴　與兆熊入城。

七日　晴　晨二時赴車站，四時上車赴杭，夜七時抵杭，遇大雨，卽轉車至滬，到魏建猷處遇周輔成。

八日　晴　上午訪佘宗范。下午與輔成乘車至蘇州，宿花園飯店。

九日　晴　與輔成至書店購書，並游獅子林。十一時乘車返錫。見母親似稍瘦。下午與輔成、蔭渭游太湖。

十日　晴　上午訪校中同事談。下午睡。

十一日　晴　復徐仲年一函。與兆熊、修天等三函，四妹來電仍不肯去鵝湖，彼在兆熊學校任講師本較其在家爲好，彼以憚遠行，兼爲肇年所阻，我迭電屢函望彼去，彼竟終不去，亦已焉哉。乃與兆熊一函致歉。

十二日　晴　下午與廷光赴京，夜到丁家橋中大宿舍，至五弟處看看，六妹仍未來。

十三日　晴　下午與廷光至中大附中一看，以彼此期將在此校任一班課，以調劑興趣。昨日匆匆趕來，蓋以爲已上課，到乃知廿一號才上課。安兒決定進中大附小幼稚園。

十四日　晴　連日在行旅中，勞頓特甚。下午至金大，爲六妹讀書事訪倪青原，未晤。

十五日　晴　又往金大訪青原，知六妹來遲，原說借讀事格於校規，已無法通融。蓋我去鵝湖，六妹久無信，許多事未接上頭，故舛錯至此。

十六日　晴　上午頭暈，下午睡，未出門。昨日開始在家中吃飯，未赴五弟處，故精神稍得休息。

十七日　晴　上午趕火車至下關，轉車回錫，蓋今日爲中秋。去民生公司問六妹所趕之定遠輪，知十三號已到滬。下午抵錫家中。知六妹已來，但與母親二妹等昨同赴蘇州矣。復宗先生一函。

十八日　陰雨　復亘贊、建猷、源澄、佘宗范各一函。母親等今日回，六妹似稍瘦。託錢賓四先生向江大交涉六妹讀書事。

十九日　陰　與劉子周一函。

二十日　陰　六妹轉學事，金大不復信，乃與倪青原一函責詢。
廿一日　陰　六妹耳疾與之同至榮巷陳醫生處看病。我頭暈未瘉亦服藥。
廿二日　陰　頭仍暈不能作事。
廿三日　晴　寫旅行雜思錄一千字，病仍不見好。
廿四日　陰　與四妹肇年一函。閱 Santayana 書數段。
廿五日　晴　與二妹同入城，我搭車至京。
廿六日　陰　昨日又受涼，今日身感不適。寫邏輯課大綱三時。
廿七日　陰　寫哲學概論大綱三四時。
廿八日　陰　至一醫處看病。
廿九日　陰　寫中哲史大綱三四時。
三十日　陰　閱 Logic 書數時，以頭暈不能多用。

十　月

一日　陰　前日醫似無效，乃換一醫生。
二日　陰　復鍾芳銘一函。

三日　陰　仍看醫服藥。

四日　晴　母親今日來，謂江大故爲二妹隨便排課，有侮辱二妹之處，乃寫一函去查問。今日病漸好，與輔成、宗三等各一緘。

五日　晴　與母親等游後湖，又與二妹一信。

六日　晴　晨送母親上火車，歸來寫倫理學大綱三四時。與佘宗范一函。

七日　晴　下午上課三時。

八日　晴　上下午共上課四時。

九日　晴　休息一日。

十日　晴　返江大。與錢賓四先生談。

十一日　晴　上課四時。夜與顧惟精談。

十二日　陰　上課二時，與李笠等談。

十三日　陰雨　上課二時，李、顧等勸二妹暫上課。

十四日　晴　上午赴京，下午上課三時。

十五日　晴　上下午上課四時。

十六日　晴　復劉雨濤、李耀先、程兆熊、權伯公、賀麟等各一函，與熊先生、周綏章、王慕尊各一函。

十七日　晴　上午乘車返錫，下午四時乃達。

十八日　晴　上課四時。

十九日　晴　上課二時。

二十日　陰　上午上課二時，下午睡，夜與顧校長等談。

廿一日　晴　上午乘車至京，下午上課二時。

廿二日　晴　上課四時。

廿三日　陰　與廷光至太平路購物。

廿四日　陰　上午至學原社開編輯會議。飯後回家。

廿五日　陰　爲佘宗范與論寫一文，題爲當前時局之回顧與前瞻。

廿六日　陰雨　續寫昨文四時完。

廿七日　校改昨文。

廿八日　再校閱昨文。

廿九日　晴　上課四時，卽至丹陽，宿呂秋逸先生處。

三十日　晴　爲正則藝專學生講哲學概論三時。下午乘車返錫，車上極擠。

卅一日　晴　休息睡了四時。

十一月

一日　晴　今日開放限價，物價漲幾五倍。上下午上課四時。

二日　陰　濟南、長春、瀋陽，連日相繼失守，時局惡化，上課二時。

三日　晴　上課三時，下午返京。

四日　晴　上課二時。

五日　晴　上課四時。在徐佛觀處談時局，我覺中央政府遲早將失勢，抵制共產主義洪流只有謀割據一方，共黨之勝非其自身之力，其年來以民主意識、民族意識號召而接收之黨徒，遲早必與共黨中之國際派分裂。未來之政府唯有一方行社會主義，一方保存國家民族意識者能存在。此意於前為輿論作之文中曾備論之。故就長遠看仍是樂觀。

六日　晴　兆熊、姚漢源來，胥靈臣君來訪六妹，覺其人尚好。今日整理王船山文三時許。漢源對時局之意見寫成一文甚好。但今之政府，決不能行。

七日　晴　上午至學原社開會後，即至火車站乘車赴錫，抵時已十一時半。

八日　晴　時局惡化，念今日應一面標民族國家大義，一面求均財富。此須一方反共黨，一方反政府。此時如有此一文化思想運動出現，則縱共黨勝，彼自身或其中之一派仍可回頭自求轉變而與蘇俄脫離關係。並接上中國之歷史文化。如此則吾人雖失敗而犧牲，吾人之所號召之義仍有客觀價值。惟吾人如發動此運動必準備兩面受敵與必要時之犧牲，昨夜念及此，擬將家庭謀一安頓，即作獻身社會國家之準備。

九日　晴　上課二時，午睡，夜錢賓四先生來談。

十日　晴　與五弟、廷光、兆熊等各一函。

十一日　晴　與么叔、王淑陶等各一函。

十二日　晴　今日市上什物俱無，黑市米千元，蓋由限價及時局嚴重之故。

十三日　晴　校董會處處使顧先生爲難，顧辭職，我亦甚不平。

十四日　晴　今日限價開放，物價漸跌。

十五日　晴　上課四時，下午加授一時。

十六日　晴　上課三時。

十七日　晴　赴丹陽爲正則學生講課二時。

十八日　晴　再講課二時，即赴京。五弟言上海有船，家人可返川，即命廷光整理行李。

十九日　晴　上午上課二時，下午即返錫，五弟、廷光、安兒、成蕙同車赴滬。

二十日　晴　與母親六妹赴滬。以時局稍好，且路費不足，並念行期太匆忙，母親、廷光、成蕙、六妹皆不願在亂時分離，故決暫不行。

廿一日　晴　交行李之一部與火車站送回錫，五弟返京。

廿二日　晴　與母親、廷光等赴蘇州，至拙政園、獅子林、滄浪亭一游，因念彼等出川迄未一游江南名勝也。

廿三日　晴　上午返錫。

廿四日　陰　上課二時，明日二妹生日，故母親等留此一日。

廿五日　陰　與廷光、成蕙、安兒返京。

廿六日　雨　上課三時，出外看房子，擬遷居。夜母親六妹來京。

廿七日　晴　上課三時，下午與母親同看中大新宿舍後，與廷光便至北極閣鷄鳴寺臺城一游，夜訪曾某，再探回川船事。

廿八日　晴　今日返錫。

廿九日　晴　上課四時。

三十日　晴　上課二時，與宗三、源澄各一函。

十二月

一日　晴　上課二時，下午返京，五弟又言上海可有船。

二日　晴　至各處借錢，下午與廷光、安兒游明陵及中山陵，來去匆匆。以念彼等出川一次，亦應往一游，故百忙中陪彼等一去。夜上形上學二時許。

三日　晴　今日遷居中大宿舍大鍾亭廿四號。時局日內極緊張，人心遑遑不可終日。上午上課二時，夜上課二時，學生心皆不定。

四日　晴　與六妹、廷光同車赴錫，彼等赴滬，車行極慢，下午四時乃抵錫。

五日　陰　清理什物，復王維明、劉子周、王恩洋等五函，與四妹一函。

六日　晴　上午上課考試共四時，下午赴丹陽。

七日　晴　晨返京，卽赴下關問船。

八日　陰　清理雜物。

九日　晴　至下關定船票，並辦理雜務，夜上課三時。

十日　晴　與母親等上民俗輪，五時船開行。

十一日　陰　民俗輪夜抵上海。

十二日　陰　彭鑄君約母親、二妹等晚飯，並至國際飯店最高樓。

十三日　晴　與廷光、六妹至南京路購物，下午換船票。

十四日　晴　晨民俗輪開行後，到張遵騮處一談。下午返錫，以時晚無車步行歸。

十五日　晴　上課二時下午睡。

十六日　晴　上午乘車返京，下午到，夜上課三時此期課完。

十七日　晴　與文藝陶、李永身、王淑陶、兆熊各一函，閱試卷。四妹來。

十八日　晴　與肇年、文藝陶各一函。審查某著中哲史。

十九日　陰　返錫。

二十日　陰　上課四時。

廿一日　陰　上午開教授會，下午與錢先生游太湖。

廿二日　陰　上課二時，夜整理稿件。

廿三日　陰　閱江大試卷完。

廿四日　雨　上午乘車至丹陽，擬至正則結束課，至始知學校已放假，與學生談二時，夜乘車抵京。

廿五日　雪　待母親信不至，甚爲懸念，評閱中大試卷分數。

廿六日　雪　訪程行敬及呂先生，詢四妹可否搭海軍部船回川事。

廿七日　陰　上午清理什物，五弟所登記疏散車票可抵衡。回錫詢二妹是否與四妹同去。得見母親信。

廿八日　陰　學校開榮一心追悼會，我作一聯：

宇宙亙烽烟，乘風竟與神仙侶；

湖濱植桃李，結果還須雨露滋。

下午睡，擬作船山之文化論一文。又得母親信，已抵漢口。

廿九日　陰　復梁漱溟先生、徐佛觀各一函，與蒙文通先生、唐國鎮各一函。

三十日　陰　復樂幻智一函，閱船山書。

卅一日　陰雨　作論船山文六千字。

民國三十八年（一九四九年）

一月

一日　陰雨　作論船山文六千字。

二日　陰雨　作論船山文三千字。

三日　陰　續昨文四千字。

四日　晴　再續成二千字。

五日　晴　赴京。

六日　晴　至楊振宇處一談，下午閱雜書。

七日　晴　上午至中大圖書館閱船山書。

八日　晴　下午至龍蟠里閱船山書，與謝克光、謝斯駿、陳則、姚琴支各一函。
九日　晴　與四妹五弟游明陵。
十日　晴　上午至校中理髮，下午姚漢源來談。
十一日　晴　復熊先生與宗三各一函。
十二日　晴　訪程行敬，並至民生公司問船。
十三日　晴　返錫，下午改船山文三時，母親來信已抵宜昌。
十四日　晴　續作文化與道德文中論宗教之部八千字。
十五日　晴　作文化與道德論中論道德者三千字。
十六日　晴　續昨文三千字。下午赴京。，以五弟來信言彼等將返川。夜抵京，以戒嚴時間，在車站過一夜。
十七日　晴　晨至中大，後至下關問船，下午睡三時。
十八日　晴　晨送四妹、五弟、年弟、姻母及年弟之物上江泰輪，九時船到下午一時乃上船。船上極擠，勞頓不堪。歸來念彼等有老人，有已病之姊及二小孩，照料實爲難，寫一信至漢口轉五弟，囑其路上勿著慌。清理雜物。漢源、傅央奝來談至夜。
十九日　晴　房中無人，甚覺淒清，與王淑陶一函源澄一函。念母親尚無信來頗懸掛，與成蕙一函詢問。

二十日 晴 上午訪楊振宇，下午至新街口購一帽，歸來清理什物三時，並復宗三一信。

廿一日 晴 上午文學院留校教職員開會。與母親一函，兆熊一函，錢子厚一函。

廿二日 晴 今日蔣總統下野，唯政府仍備戰。得母親一函，與母親一函，至寶元通匯款六千元回家。下午睡，夜振宇來談。

廿三日 晴 閱雜書三四時，傷風頗覺不舒服，清理書物大約已畢。

廿四日 晴 閱雜書二三時。

廿五日 陰 訪數友，並赴下關爲姚漢源問船。

廿六日 陰 晨乘車返錫，車行極緩，經八時乃到，宿一旅館。

廿七日 陰 返榮巷，下午睡。與姚漢源一函，復魏建猷、熊偉各一函。

廿八日 晴 閱某著哲學導論。

廿九日 陰 今日爲舊曆元旦，下午與二妹、鄭學弢出外一游。

三十日 陰 續文化與道德書中論道德之部三千字。

卅一日 晴 復王淑陶一函，與余數順、楊咏初、錢先生各一函。

二月

一日　晴　與母親一函。

二日　陰　標點論王船山文。

三日　陰　復熊先生一函三千字。

四日　陰　標點王船山文，得五弟電知已抵渝甚慰。

五日　晴　與王淑陶一函，母親一函，又復源澄一函。

六日　晴　與錢賓四、張遵騮、楊嗣宗各一函。

七日　晴　赴京。

八日　陰　作文五千字。

九日　雪　作文五千字，下午往新街口匯款至家，順便看一電影，蓋數年未看電影矣。

十日　陰　作文六千字。

十一日　陰　作文四千字，夜乘車赴錫。

十二日　陰　晨抵錫回榮巷，睡至下午，夜改文千字，與友人信四封。

十三日　陰　改文三千字，續作三千字。論道德之部完，約三萬六千字。此書全部之成約三十萬字，再作一附論，教育、法律與歷史文化之全體者，即可完矣。

十四日　晴　標點論王船山文化論一文。

十五日　晴　與建猷、殷福生各一函，鈔錄與熊先生一長函。

十六日　陰　與宗三、輔成、陳劍恒各一函。

十七日　陰　再與淑陶一函，與五弟一函，與宗先生一函。

十八日　陰　夜得源澄信索稿，乃改論家庭道德理性基礎文，並標點。

十九日　陰　改論家庭之道德理性基礎文一日。

二十日　陰　再改論家庭之文四時。

廿一日　晴　上午錢先生來談，下午擬睡未成，夜諸同學來閒談。

廿二日　陰　復哲系同學與林同濟函，共二千字。夜與錢賓四先生等談至十二時，甚倦。得遵騮信知穗款已到。

廿三日　陰　與遵騮，胥靈臣各一函。寄文與源澄。

廿四日　陰　與江大一信辭職。與淑陶函告行期。

廿五日　陰　鈔與熊先生信三時。與宗三、宗先生、何先生、傅成倫各一函。

廿六日　陰　寫信數封。

廿七日　陰　學校及學生挽留我及錢先生，赴粵事頗感困難。

廿八日　陰　與五弟一信。

三月

一日　晴　與淑陶一函。

二日　晴　決定暫不去粵。

三日　晴　下午赴京。

四日　晴　兌錢至家。夜上課二時。

五日　晴　上課三時，夜學生及友人來談。

六日　晴　返錫。

七日　晴　上課四時。

八日　晴　上課二時，下午睡。

九日　晴　上課三時，與漢源、輔成各一函。

十日　陰　赴京夜上課二時。

十一日　晴　上課四時。

十二日　晴　上課三時，學生開會。
十三日　陰　返錫。
十四日　陰　上下午上課六時。
十五日　陰　上課三時，下午睡，與宗三漢源各一函。
十六日　陰　上課三時。
十七日　晴　赴京，夜上課二時。
十八日　晴　上課六時，一連三星期上課太多，以多增鐘點，便於早日教完之故也。
十九日　陰雨　上課三時。
二十日　陰雨　返錫。
廿一日　陰雨　上課六時。
廿二日　陰雨　上課三時，下午睡。
廿三日　晴　上午上課三時。與輔成、央衜各一函。
廿四日　陰　上午赴京，夜上課二時。與母親一函。
廿五日　陰　上下午上課六時。
廿六日　晴　上課三時，午睡，夜思政治問題。

廿七日　晴　赴錫。打一電與淑陶。
廿八日　晴　考試四時，上課三時，夜閱試卷。
廿九日　晴　放假，爲二妹改卷。
三十日　晴　考試二時。
卅一日　晴　赴京，夜上課二時。

四　月

一日　晴　夜上課二時。上下午整理什物。
二日　陰　乘車至火車站，以誤時間而未行。
三日　晴　上午返錫整理什物。
四日　晴　與二妹及錢先生黃小姐同赴滬。
五日　晴　與二妹赴杭，訪宗三，同游靈隱寺。
六日　晴　上午與二妹，宗三游西湖濱，午後返滬。
七日　陰　與錢先生同乘金剛輪赴粵。
八日　陰　船甚動盪，幸未嘔吐。

九日　晴　船上睡眠尚足，一月餘來之勞頓得一休息。

十日　晴　船抵虎門，以待領江未開，海景頗好。

十一日　陰　抵廣州學校有人來接至一旅館住，夜總務長請吃飯。

十二日　陰雨　至華僑大學吃飯，並與諸同事談。唯淑陶尚未歸，與二妹五弟各一函。

十三日　晴　與錢先生等游廣州附近名勝，與二妹又一函，囑其時局緊張即來此。

十四日　陰　上午看舊書店，下午睡二時，與廷光、宗三、遵騮各一函。

十五日　晴　至中山大學訪黃艮庸、朱謙之等。

十六日　陰　黃艮庸及崔載陽等來談文化問題，後至一處午餐。

十七日　陰　淑陶昨歸來，夜約在留法同學會晚餐。

十八日　晴　在旅館中周遭甚吵鬧，亟欲遷入學校。

十九日　晴　上午游黃花崗，下午移入學校，時局緊張，與二妹母親各一函。

二十日　晴　八日來在城中終日與人相接，雖不寂寞，然精神外馳，到鄉間當可收斂矣。此間學校人事亦欠協和。中國人如何可和衷共濟以作客觀事業，實一文化問題。

廿一日　晴　今日開始上課二時，學生程度甚差。

廿二日　晴　與錢先生同入城，候艮庸來同至熊先生處，艮庸竟未來，後遇見李稚甫同談至下午歸。

廿三日　晴　時局緊張，發一電與二妹，促其早來，與母親一函。

廿四日　晴　又與錢先生入城應謝扶雅之約，遇見陳榮捷等三人，下午歸。得電知二妹已乘金剛輪來粵。

廿五日　晴　鈔爲源澄兄書作之序，擬以應此間總務長戴君索稿。上課三時。

廿六日　晴　閱謝扶雅譯之 Royce 宗教哲學書。

廿七日　晴　本擬今日往接二妹，而上午彼已來，上課二時。

廿八日　晴　徐佛觀請吃飯，與錢先生同入城，晤見國民黨中上級人物數人，覺無甚可談。

廿九日　晴　與母親一函又與楊蔭渭、錢子厚、李源澄、周輔成、劉得天等各一函。

三十日　雨　近來感想甚多，皆關於國事者，頗欲寫下，而無時間。

五　月

一日　陰　與二妹錢先生同入城，我與二妹至稚甫處，夜宿其處。

二日　晴　下午回校上課二時，得母親四妹函，乃交錫轉來此者。

三日　晴　入城。

四日　晴　上課二時，宗三忽來甚慰，下午與彼入城訪王淑陶後同至稚甫處。

五日　晴　上午寄錢與母親及廷光，並與宗三見訪二友，下午返校上課二時。

六日　晴　閱宗教哲學。

七日　晴　上午上課一時乃入城，與黃艮庸、宗三、二妹等同至熊先生處，距廣州市五十里。

八日　晴　下午返校。

九日　晴　時局不安定，故心緒亦不定，思種種國家問題皆無可爲力。

十日　晴　今日擬入城，以精神不好未去。

十一日　上課三時，甚倦。

十二日　晴　連日未作事，精神散緩，今日起開始鈔文三時。

十三日　雨　入城至教部訪柯樹屏、吳俊升等。

十四日　晴　午後開教務會議。

十五日　晴　今日星期。閻錫山及國民黨等要人來一帖，約我與錢先生入城茶會，看見三黨人不少，然氣象罕足觀者，後有人提議發起反侵略會，我與錢先生遂退，至稚甫處宿。

十六日　晴　今日返校，以學生及民主評論社囑作文，夜寫二千字。

十七日　晴　續寫文四五時。

十八日　晴　上課二時。
十九日　晴　宗三、稚甫來同至一處吃茶，下午考試。
二十日　晴　上午考試，下午寫文四五時。
廿一日　晴　昨夜腹瀉，今日服藥，仍寫文二時。
廿二日　陰　今日稍好，甚倦睡數時，得母親一信。
廿三日　陰　入城訪宗三、稚甫宿其處。
廿四日　陰　下午返校，寫文二時許。
廿五日　晴　稚甫夫人來約入城，夜宿其處。
廿六日　晴　下午返校得廷光一函。
廿七日　晴　宗三來宿此。夜鈔文二時。
廿八日　晴　夜鈔文三時。
廿九日　陰　鈔文五時。
三十日　晴　鈔文數時。
卅一日　晴　入城至稚甫處，以宗三明日赴臺。

六月

一日　晴　下午返校，與母親一函。

二日　晴　鈔文七八時。

三日　晴　又入城購物，夜宿稚甫處。

四日　陰　上午睡，下午返校。

五日　晴　鈔文七時，王龍溪文鈔完。

六日　晴　與沙學浚、五弟各一函。

七日　晴　入城，夜與二妹等上船赴港。

八日　晴　晨抵港，下午至佛觀處，二妹受寒病，幸不重。

九日　晴　訪王淑陶不遇，下午至街上購物，與母親一函。

十日　陰　下午乘車至九龍沙田華僑工商學院住，其地風景尚好。

十一日　晴　入城購物，夜宿城中，與柯樹屏一函。

十二日　晴　與二妹同返沙田。

十三日　晴　遷居樓下，與母親一函。

十四日　晴　與錢先生乘火車至大埔一游。
十五日　晴　與二妹入城購物。
十六日　陰　與母親、廷光、熊先生、稚甫各一函。月來除兌家大洋三十元及紙幣四萬餘外，自已用錢亦不少。
十七日　晴　得母親一函。
十八日　晴　二妹原定明日回渝，今日清理什物，但後決定暫緩行。
十九日　晴　與袁稅伯、錢先生、二妹游淺水灣。
二十日　晴　張嘉謀來談，後同游西林寺。
廿一日　晴　與二妹入城購物，並訪張丕介、黃淙塵。
廿二日　晴　入城爲二妹購藥。下午睡。
廿三日　陰　與謝幼偉、錢賓四先生等游西林寺。
廿四日　雨　與兆熊一函。
廿五日　雨　下午開始鈔文二千字，蓋擬選舊文五萬字合爲中國文化精神，以應教部出版叢書之用。
廿六日　雨　鈔文八千字，改寫約二千字。

廿七日　雨　鈔人生理想完。

廿八日　雨　鈔中國哲學與文學之關係一半。

廿九日　雨　鈔中國哲學與文學之關係完。又鈔中國藝術之特質，改作數處。

三十日　雨　鈔中西文化之精神六千字，改作甚少。

七　月

一日　雨　鈔文六千字，並作一序一千字。

二日　雨晴　入城至謝幼偉處及香港大學。

三日　晴　鈔序並標點所鈔文三時。

四日　晴　入城購物，覓一醫生不遇。購得藝苑巵言、華陽散稿、漢儒通義、楚辭、陶詩、春秋繁露、昭明文選、古文範等。

五日　晴　與二妹入城至公立醫院看病，無大結果。

六日　晴　今日休息。

七日　晴　與二妹入城至張簡齋處看病，彼謂二妹乃身體虛弱。下午同去看羅斯福一片。

八日　晴　復章力生、李稚甫各一函，與母親一函，閱儒林外史。

九日　晴　今日遷住一教室，下午與二妹、謝幼偉夫婦游西林寺。
十日　雨　整理雜物。
十一日　雨　閱儒林外史。
十二日　雨　閱儒林外史。
十三日　雨　與二妹入城購機票，定十八日行。
十四日　雨　閱 Veblan 論經濟學之預設觀念數文。
十五日　雨　閱經濟學書竟日。
十六日　晴　上午閱經濟學書，下午游西林寺。
十七日　晴　與二妹入城。
十八日　晴　二妹乘機返渝。
十九日　晴　閱巫寶三譯經濟學概論。
二十日　晴　續閱昨日書。
廿一日　晴　閱某譯現代經濟思想。
廿二日　晴　閱桑巴脫經濟學解。
廿三日　晴　久待二妹信不至。閱經濟學，得源澄一函，言勉仁書院停辦，爲之慨然。與劉得天一信。

廿四日 晴 入城訪謝幼偉、張丕介。

廿五日 晴 作一文名唯物論之文化效用六千字。

廿六日 晴 續昨文八千字。復吳士選一函。

廿七日 晴 續昨文七千字。

廿八日 晴 改文三千字。

廿九日 晴 與淑陶等至一處看屋，回來閱雜書，得二妹信甚慰，但云母親較瘦。與柯樹屏一函。

三十日 晴 與二妹一函，閱日人著現代經濟組織。

卅一日 晴 閱現代經濟組織完。

八 月

一日 晴 閱 Weber 社會經濟史，其最後一章論現代資本主義之起原甚好。

二日 雨 閱佛爾巴哈宗教本質講演錄。

三日 雨 閱宗教本質講演錄完。標點所作文二時。得五弟一函。

四日　陰雨　批宗教本質講演錄。下午閱 Weber 社會經濟史。

五日　晴　閱 Weber 書。

六日　晴　華僑工商學院被徵用，今日與錢先生遷入城住華僑中學。與五弟一函。

七日　晴　訪謝幼偉、馬采、趙冰。

八日　晴　下午與錢先生看蕩婦心一影片，尚好。

九日　晴　稚甫自穗來。

十日　晴　稚甫來蓋欲同進行辦一孔學院事，與稚甫等游香港仔。時局緊急，如共黨席捲中國之事成，則中國文化將斷絕，月來均為此感慨，今年為孔子二千五百年紀念，故頗欲學院能成立。

十一日　晴　與錢先生、李稚甫、馬采同至大成殿，兼訪雷老先生，後同游赤柱。

十二日　晴　上午睡，下午數友來訪。

十三日　晴　稚甫病與之同至醫院，下午寫文二千字。

十四日　晴　稚甫今日行，下午數友來，晚與錢先生至堅利地城海邊，風景甚好。

十五日　晴　約趙冰先生夫婦同看一影片，與廷光一函。

十六日　晴　上午與錢先生至大華吃飯並談話，下午睡，與母親二妹各一函。

十七日　晴雨　淑陶約吃午飯，後送錢先生上火車赴穗，再至書店購書。

十八日　陰　至山頂一茶室寫紀念孔子文，孔子與世界聖哲四千餘字完。
十九日　晴　仍至山頂寫儒家精神，孔孟人禽之辨、義利之辨、王霸之辨、夷夏之辨之新釋七千字。
二十日　晴　續寫昨文八千字完。
廿一日　晴　重鈔改孔子與世界聖哲文，增加約二千字完。
廿二日　晴　四日來寫文二萬字，甚倦。覆稚甫、二妹信。
廿三日　晴　訪蒙仲問胥靈臣之爲人。
廿四日　晴　赴穗宿稚甫家。
廿五日　晴　標點孔子文，下午赴教部。
廿六日　晴　出外購物，交張廷佑帶渝。
廿七日　晴　今日孔子誕辰，與母親一函。
廿八日　晴　閱曾子友著生命科學。
廿九日　晴　友人約中飯後至教部。
三十日　晴　與錢、李、雷等約孔德成吃飯，後同游黃花崗。
卅一日　陰　至長堤訪胥靈臣不遇，歸來知彼曾來函。

九　月

一日　晴　與稚甫夫婦至金剛輪。

二日　晴　閱曾子友著生命科學，覺其尙有見解，但著作之方法有問題，擬當面告之。

三日　晴　胥靈臣、曾子友來談。

四日　晴　受寒熱身體不適。

五日　晴　六妹由渝來。與錢先生至敎部，下午同往一處算鐵板數命，言大後年母親有危險。

六日　晴　與六妹同往機場接廷光，但未來。

七日　晴　閱政治的神話與經濟的現實一書。

八日　雷雨　今日大雷大雨。

九日　晴　與錢、李同至漢民路購衣服，至飛機場接廷光，仍未來。夜彼乃到稚甫家。

十日　晴　晨至香港十二時到。寄復宗先生、輔成、斯駿等函。訪徐佛觀趙冰談。

十一日　晴　晨兆熊突來，同往其住處黃家。同游淺水灣。下午徐佛觀約看電影。

十二日　晴　與母親、稚甫函。

十三日　晴　佛觀請吃飯于香港仔，晤見此間國民黨人，覺無意思之人較多。夜爲華僑工商學院夜校作一東西文化講演。

十四日　晴　遷住沙田華僑工商學院新校舍，並函六妹廷光來，今日甚倦。

十五日　晴　昨夜睡不安，晨未明即起，復張延佑、姚琴友各一函。

十六日　晴　復李源澄及母親、稚甫函，與唐國鎭、劉雨濤一函。

十七日　晴　閱政治的神話與經濟的現實一書，與吳俊升、柯樹屏一函，言教部當對熊十力先生助予生活之需，對梁漱溟先生之學校應有所幫助，信尚寫得好，不知有效否。

十八日　晴　晨入城購物後至火車站接廷光、六妹未到。

十九日　晴　上午又至車站，至下午一時彼等乃到。我旋至民主評論社晤佛觀，下午同返沙田。

二十日　陰雨　與稚甫、淑陶各一函。下午睡。

廿一日　雨　與廷光六妹入城遇雨，在茶館中坐三時後至趙冰先生處。

廿二日　晴　與廷光六妹購物訪友。

廿三日　晴　與熊先生一函。

廿四日　晴　與廷光至大埔墟購物。

廿五日　晴　辦理雜事。

廿六日　晴　與兆熊、淑陶、錢先生等至西林寺，孫慕迦來談。

廿七日　晴　又至西林寺，徧挺生來會談。
廿八日　晴　六妹數日不歸，今日入城問，無確息，甚生氣。
廿九日　晴　與母親一信、稚甫一信，閱恩格斯科學社會主義。
三十日　晴　入城至石門輪問六妹，知已隨胥去臺灣。宴謝幼偉，歸時發燒。

十　月

一日　晴　今日發燒較好。
二日　晴　復李耀仙一函。閱四書朱註，今日開始看書。
三日　晴　閱雜書，近兩月來均未好好作事，今後當可漸上軌道。
四日　晴　今日開始上課二時，選文選。
五日　陰　上課一時，閱漢語語法論。與二妹一函。
六日　晴　上課四時，與熊先生一函。
七日　雨　下午入城上亞洲文商學院課二時。
八日　雨　與廷光入城購物，與兆熊、廷光同看萬王之王一片。
九日　晴　與兆熊、廷光同至山頂一游，夜至一電影公司看其拍影片。

十日　晴　上午與錢先生在一茶館談，夜赴亞洲文商學院會談。

十一日　晴　返沙田上課二時，下午睡。並準備課二時，與熊先生一函。

十二日　晴　上課二時，與稚甫、淑陶各一函，乘車去穗。

十三日　晴　六妹回來。

十四日　晴　上下午上課四時，夜入城上課。

十五日　晴　與六妹在茶館談。夜上課一時。

十六日　晴　上午亞洲文商學院開會，夜返沙田學校。

十七日　晴　上午入城訪友下午返校。

十八日　晴　上課二時，與母親一信談六妹事。閱某等著中國思想史，可知唯物史觀論者治中國思想史之得失。

十九日　晴　閱雜書數時，廷光病。

二十日　晴　上課四時，廷光病加重。

廿一日　晴　廷光發熱漸好，但胃甚不舒服，請一中醫來看病。復佛觀、嚴鴻瑤、韓裕文、張延祜各一函，與宗三、五弟、樹屏各一函。

廿二日　晴　與錢先生同入城訪張君勱不遇，上課二時。

廿三日 晴 上午赴王岳峰處聚談，後又至張處談。
廿四日 晴 蔡貞人的午飯，飯後返沙田。
廿五日 晴 上課二時。
廿六日 晴 與廷光同至張丕介處。
廿七日 晴 上課四時。
廿八日 晴 上午閱雜書，下午睡後入城上課。
廿九日 晴 上午廷光入城同往購物，夜上課二時。
三十日 晴 上午與六妹廷光同赴荔枝角，下午赴王岳峰家聚談，夜應張君勱約晚飯。
卅一日 晴 與亞洲文商學院同人赴教育司。

十一月

一日 晴 上午上課二時，下午二友來談，夜入城赴胥靈臣約晚飯。
二日 晴 下午西州文商學院同仁開會，夜返沙田學校。
三日 晴 上課四時與母親一函。
四日 晴 入城上課一時。六妹看病，醫言爲胃疾。夜返校。

五日　晴　下午入城，六妹病稍好，上課二時，夜歸。

六日　晴　上午改一舊文，下午與廷光至茶館坐坐。

七日　晴　復佛觀、宗三及鄭學弢函。寫青年應注意之數觀念于册上備用。與輔成、羅孔昭各一函。

八日　晴　上課二時。

九日　晴　校對熊先生文，與廷光入城，約六妹看孤星淚一片。

十日　晴　上課四時。

十一日　晴　下午入城上課一時。夜歸。

十二日　晴　上午閱 Span 經濟思想史，下午與錢先生廷光遊一寺。

十三日　晴　與廷光入城夜歸。與母親一函。

十四日　晴　六妹至華僑工商學院註册讀書。

十五日　晴雨　商定星期日爲六妹訂婚請客事。

十六日　雨　閱經濟思想史。

十七日　陰　上課四時。

十八日　上午入城，下午上課三時。

十九日　晴　上課三時，下午頭悶。
二十日　晴　今日請二桌客代六妹與胥靈臣訂婚儀式，校中清靜，可藉此與彼等一些教訓。
廿一日　晴　校刊熊先生書。
廿二日　晴　校熊先生書，上課二時，與熊先生一函。
廿三日　晴　續寫文化論中論體育軍事教育法律文三千字。
廿四日　晴　上課四時，寫文二千字。
廿五日　晴　上午寫文二千字，下午入城。
廿六日　晴　上下午上課五時。
廿七日　晴　中午應一中學校長約午餐，下午開會。
廿八日　晴　續寫文三千字。
廿九日　晴　今日重慶失陷甚憂慮家中情形，寫一信由成都轉。
三十日　晴　寫文三千字。

十二月

一日　晴　上課四時。

二日　晴　入城。

三日　晴　上課四時，夜歸。

四日　晴　赴元朗夜歸。

五日　晴　寫文五千字。

六日　晴　上課三時，寫文六千字，文化論第八章完。

七日　晴　閱雜書，下午睡。

八日　陰　作論眞理之客觀性普遍性文三千字，上課四時。

九日　陰　入城上課三時。夜續作文四小時共七千字此文完。

十日　晴　上課五時，請羅君打電至重慶問家中情形。

十一日　陰　閱經濟學書。

十二日　晴　改論教育文二千字。

十三日　陰　又改昨文二千字完。上課二時。

十四日　陰　入城上課三時。

十五日　晴　與兆熊同至荔枝角，下午上課一時，同返沙田。

十六日　晴　與兆熊等同出游。

十七日　晴　思文化論中論經濟之部如何改作。
十八日　晴　上課二時，改作文化論中論經濟之部二千字。
十九日　晴　續改昨文二千字。與廷光入城，夜歸。
二十日　晴　上課四時。
廿一日　晴　閱雜書。
廿二日　晴　思一文化問題。
廿三日　晴　下午入城上課三時。
廿四日　晴　上課四時，夜歸。
廿五日　晴　寫文四千字，夜至丕介處晚飯。
廿六日　晴　與廷光入城下午歸。
廿七日　晴　寫文六千字，文化論中論經濟者後一半全重作已完。
廿八日　陰　與母親、宗三函。
廿九日　陰　上課四時。
三十日　陰　下午入城上課，夜歸。
卅一日　陰　上午改文千字。

民國三十九年（一九五〇年）

一　月

一日　晴　上午至大埔看屋。自今日起決定注意身體。

二日　晴　至大埔仍爲看屋事。

三日　晴　入城上課下午返。

四日　晴　與熊先生一函，稚甫一函。

五日　晴　上課二時，下午與六妹、靈臣、廷光至大埔，今日廷光生日。

六日　晴　入城上課三時。

七日　晴　上課五時，夜返。

八日　晴　得母親一函，知共黨到時未受驚甚慰。

九日　晴　草人文叢書序。

十日　晴　本擬赴車站看熊先生，以待兆熊未來未去。

十一日　晴　上午改文一段，下午睡後至丕介處。

十二日　晴　上課四時，夜得母親一信，復稚甫、楊咏初、英偉、學弢各一函。

十三日　晴　兆熊來。

十四日　晴　入城爲亞洲文商學院考試。

十五日　晴　思文化論之序文內容。

十六日　陰　得熊先生信知已赴京，均覺未能去穗爲憾。

十七日　晴　上課二時，與廷光入城。

十八日　陰　上午與廷光購衣，下午看王子復仇記一片，夜歸。

十九日　晴　上課二時。今日起開始鈔文二時。

二十日　晴　鈔文。

廿一日　晴　閱 Laski 論國家一書。

廿二日　晴　至大圍交涉學校土地。

廿三日　晴　入城兌七十元回家並與廷光看一影片。
廿四日　晴　上午考試，下午赴大埔爲學校看地。
廿五日　晴　直至大埔看地，下午考試。
廿六日　晴　閱 Laski 論國家書。
廿七日　晴　入城應佛觀約，飯後商談學校事。
廿八日　陰　赴大埔看地。
廿九日　晴　入城。
三十日　晴　再入城商學校事，夜歸。
卅一日　晴　閱試卷。

二　月

一日　晴　上午至大埔。忽得二妹自漢口來信，已與母親、安兒出川赴錫。甚慰。
二日　晴　入城校學原一文，並兌款與二妹。
三日　晴　鈔文三時。
四日　晴　與廷光、兆熊赴澳門。

五日　晴　至中央飯店看賭場。
六日　晴　自澳門歸。
七日　晴　甚倦，午睡後與稚甫一信。
八日　陰　鈔文二時。
九日　晴　入城至王岳峰家商學校事。
十日　晴　鈔文三時。
十一日　晴　上午校中開會，下午與廷光入城看靈臺春暖。得鄭學弢、五弟信。
十二日　晴　標點文四時。
十三日　入城。
十四日　陰　與母親一函，兌款至錫。
十五日　陰　今日舊曆除夕，上午標點文二時。
十六日　陰　上午改文二時，論宗教之部完。
十七日　晴　入城至半島飯店，王岳峰請客。
十八日　晴　標點論道德文。
十九日　晴　標點論宗教文。

二十日　晴　入城，學校開始報名。

廿一日　晴　入城開招生會。

廿二日　晴　寫一通俗論宗教與文化關係之文五千字。

廿三日　晴　續昨文一萬字。

廿四日　晴　入城辦招生事，改文二千字。

廿五日　晴　入城辦明日招生事。

廿六日　晴　新生考試。夜閱道德學。

廿七日　晴　開招生委員會。

廿八日　晴　今日下午遷移桂林街新校舍。學校由夜校改爲全日上課之書院，此實賴王岳峰先生之資助。

三　月

一日　晴　排課。

二日　晴　排課一日，夜與六妹廷光看聖女貞德一片。

三日　晴　排課完。

四日　晴　上午辦公，下午至沙田上課。

五日　晴　改文一時，閱形勢心理學二時。

六日　晴　今日學校第二次招生考試。

七日　晴　與母親一函。

八日　晴　閱人物志一時。

九日　晴　辦補招生事及雜事。

十日　陰　與輔成、宗三各一函，今日學校開學。

十一日　晴　下午赴沙田華僑工商學院上課二時夜歸。

十二日　晴　寫文二千字，下午補考學生。

十三日　晴　赴沙田上課二時，寫文三千字。

十四日　晴　寫文四千字，講演一時。

十五日　晴　寫文三千字，上課二時。

十六日　晴　加寫文三千字，論宗教與文化關係一文完，上課一時。

十七日　晴　上課二時，編理想與文化第九期。

十八日　晴　上課三時。

十九日　晴　改文，下午睡。
二十日　晴　上午辦公，夜赴益世報吃飯談論。
廿一日　晴　擬講演大綱。
廿二日　晴　續擬講演大綱。
廿三日　晴　上課一時，校對理想與文化稿。
廿四日　晴　續校理想與文化稿，上課二時，下午開教務會議。
廿五日　晴　共上課五時。
廿六日　晴　與宗三、稚甫、二妹各一函。
廿七日　晴　閱哲學概論 Cunningham 著。
廿八日　晴　閱哲學概論完。
廿九日　晴　閱邏輯基本。
三十日　晴　上課一時，閱邏輯基本。
卅一日　晴　上課二時，赴九龍醫院檢查身體。

四　月

一日 晴 上午上課三時，下午赴沙田上課。
二日 晴 閱哲學概論。
三日 晴 與母親寄款。
四日 晴 閱科學與假設。
五日 雨 閱 Princere 科學與假設。
六日 雨 赴馬鞍山看校地。
七日 陰 赴西貢看校地。
八日 陰 科學與假設閱完。
九日 晴 校刊理想與文化。事情增多，舊文稿皆由廷光代鈔。
十日 晴 閱某著數理論文。
十一日 晴 思物質問題。
十二日 晴 上課二時。
十三日 晴 上課一時。下午與廷光赴虎豹別墅，醜極。
十四日 晴 上課二時，閱科學典範。
十五日 晴 閱科學典範，上課三時。

十六日　晴　閱科學典範完。
十七日　晴　與四妹一信。
十八日　晴　得二妹信言母親病，卽與二妹一函。
十九日　晴　上課二時，夜閱心與物完。
二十日　晴　閱物質生命與價値。
廿一日　陰　上課二時，夜至佛觀處。
廿二日　陰　上午上課三時，下午沙田上課二時，夜歸。
廿三日　陰　閱現代哲學科學基礎。
廿四日　陰　閱張東蓀，新哲學論論叢。
廿五日　陰　閱雜書。
廿六日　陰　上課二時。
廿七日　晴　上課一時。開始編哲學概論講義七千字。
廿八日　晴　上課二時，編哲學概論講義四千字。
廿九日　晴　上午上課三時，讀編講義三千字。下午發燒。
三十日　晴　李直夫約至淺水灣。

五月

一日　陰雨　編講義三千字，下午又發燒。得母親信，二妹對學發事有可能允意，很好。

二日　陰　編講義三千字。

三日　晴　編講義三千餘字，上課二小時。

四日　晴　上課一時，下午與母親兌款，與廷光看一電影。

五日　晴　上午上課二時，閱認識論。

六日　晴　上下午上課五時。

七日　晴　編講義二千字。閱認識論。

八日　晴　閱認識論完。編講義一千字。

九日　晴　鈔理則學講稿。

十日　晴　鈔理則學講稿，上課二時。

十一日　晴　鈔理則學講稿完，上課一時。

十二日　晴　編哲學講義二千字完。與母親、四妹、文藝陶各一函。

十三日　晴　上課五時。

十四日　晴　作文三千字。名中國近代學術文化之反省。

十五日　晴　續昨文七千字。

十六日　晴　改文二千字。

十七日　陰　上午訪友，下午上課二時。

十八日　陰　上課一時。

十九日　陰　六妹定後日結婚，靈臣以前未訂婚時對我們好，今則變，今之青年大皆如此。只要六妹與彼眞好，我亦無所謂。

二十日　陰　爲六妹婚事出街。

廿一日　陰　今日六妹結婚。我說話仍望彼等勿忘學問，但難有效。習俗環境移人，我亦無法。對家庭中人與親戚只能望之能生存，甚難勉以道義，往往用力多而成效少。學問事業之相勉皆只能求之于師友，此點我以後當記住，以免自討煩惱，浪費精力。

廿二日　晴　今日頗覺疲倦。

廿三日　晴　與廷光、六妹、靈臣回拜數客人。但訪二友後靈臣忽不願同去。我很生氣。

廿四日　晴　下午睡。夜六妹與靈臣來，我略說回拜之理由。人不能太小孩氣太任性云云。我喜教人，常使人不快，以後宜少責人。

廿五日　晴　上課一時。

廿六日　晴　上課二時。

廿七日　晴　上課五時。

廿八日　陰　閱雜書，下午睡，與二妹一函。

廿九日　陰　連日覺精神疲倦，與廷光看一影片。

三十日　陰　思中國社會政治問題。

卅一日　晴　閱西洋史，下午上課二時。

六　月

一日　晴　上課一時。

二日　晴　上課二時。

三日　晴　上課三時。午後至沙田上課。

四日　晴　與二妹、五弟各一函。

五日　晴　寫文五千字，論中西文化精神之發展者。

六日　晴　寫文四千字。病，發高熱。

七日　晴　與宗三、酈衡叔各一函。

八日　晴　寫文五千字，論中國文字拉丁化之不必要與不可能。

九日　晴　改文一千字，另增一千字完。

十日　陰　上課五時。

十一日　晴　甚疲倦未作事。

十二日　雨　與廷光看一影片。

十三日　晴　閱世界通史，復學弢一函。

十四日　晴　上課二時，閱西洋通史。

十五日　晴　上課一時，復一學生信，與錢子厚一函。

十六日　晴　上課三時。

十七日　晴　上課三時，下午睡。

十八日　晴　復子厚一函，與岳父二函。

十九日　晴　今日端午節。

二十日　晴　未作事，以甚倦。

廿一日　雨　下午開會。並約數先生在家晚餐。

廿二日　雨　下午寫文千字，論人類罪惡之根源。
廿三日　晴　上課二時，寫文五千字。
廿四日　晴　改文一千字，病。
廿五日　晴　病未癒，全日睡。
廿六日　晴　仍未作事。
廿七日　晴　與廷光攝一影爲我們結婚七年。夜應佛觀約。
廿八日　晴　上課二時。
廿九日　晴　上課一時。
三十日　晴　上課二時。

七　月

一日　晴　與二妹一函。
二日　晴　寫文三千字續論西方文化精神者。
三日　晴　寫文二千字。
四日　晴　考試，與張遵騮一函。

五日 晴 寫文三千字。

六日 晴 全日考試。

七日 晴 閱卷。

八日 晴 閱卷。

九日 晴 考試完結。六妹擬往接母親來，以時局不定暫緩。我常念母親，但不能返內地。我在以前從未作文評共黨，到香港後因見彼等之報對人對學術肆無忌憚，國內情形日壞，乃作文評論。彼等決不容異論，則我回內地，必只緘口結舌。今日中國對思想文化灼見本原者不多，我此時實不能不挺身負責。共黨將來如失敗，我等今日之文章終有用處。如繼續保持政權，並改變其最高原理與一面倒于俄國之政策而成功，則我們少數人之犧牲亦無所謂。總之彼等今日之對文化學術之根本觀點爲錯誤。我既治此學，卽當就此處彈正，其刻苦耐勞之處固好，但此與馬列主義無關，無論如何其學術底子是錯的。如我們不批評，誰肯犯其忌諱。與呂秋逸一函。

十日 晴 與二妹一函。

十一日 晴 閱黑格爾歷史哲學三時。

十二日 晴 與廷光赴沙田夜歸。

十三日 晴 上午與袁稅伯等談，下午與廷光看巫山雲。

十四日　晴　過海應王淑陶約，到六妹處，又過海與母親寄錢，看書二時。
十五日　晴　閱黑格爾歷史哲學，得母親信，言二妹允與學弢訂婚，係學弢眞情所感並徇母親及我等意爲多。
十六日　晴　閱歷史哲學完。
十七日　晴　重閱歷史哲學，與廷光看一片。
十八日　晴　閱歷史哲學。
十九日　晴　閱歷史哲學完。
二十日　晴　鈔錄歷史哲學要點。
廿一日　晴　與母親一函。
廿二日　晴　與宗三一函。閱 Walber: Theory of Knowledge 五時。
廿三日　陰　寫文六千字。
廿四日　陰　寫文四千餘字。
廿五日　雨　上下午寫文五千字。
廿六日　陰　上午寫文三千字，下午寫文四千字。
廿七日　陰雨　上午寫文一千，夜二千字。

廿八日 陰雨 上午寫文五千，下午五千共一萬字。

廿九日 陰 寫文至夜共八千字。

三十日 陰 寫文五千字。此二日論黑格爾哲學頗自得，但亦大費精神。此文可以涵蓋黑格爾而超化之以入於儒家學說矣。

卅一日 晴 寫文九千字。

八 月

一日 晴 學校招生，寫文三千字。

二日 晴 寫文六千字。

三日 晴 寫文六千字。

四日 晴 寫文六千字。

五日 晴 過海與母親兌錢，並與母親一信。午後發燒。得母信。

六日 晴 仍發燒。

七日 陰 午前寫文二時，又發燒。

八日 陰 閱梁漱溟中國文化要義。

九日　晴　仍閱中國文化要義。並改文。
十日　晴雨　改論政治文。與母親、四妹、宗三各一函。
十一日　陰　寫文二千字。
十二日　陰　寫文四千字。交涉中學部事。
十三日　晴　寫文五千字。又交涉中學部事。
十四日　晴　寫文八千字。下午與廷光看一電影。
十五日　晴　寫文二千字，文完。夜應友人約赴宴會。
十六日　晴　昨夜睡遲，今日上午未作事，下午改鈔文二千字。
十七日　晴　寫孔子文八千字。
十八日　晴　續寫孔子文八千字，此文完。
十九日　陰　加寫文二千字。下午出外。
二十日　晴　上午標點文。下午與劉百閔、雷蔭孫、錢賓四等商談孔子講習會事。
廿一日　晴　上午標點文完。下午與廷光赴香港山頂。
廿二日　晴　再看孔子一文。
廿三日　晴　上午赴佛觀處談，下午睡後與廷光同出看電影。

廿四日　晴　張丕介擬將孔子文印小册，思補作一文附後，今日寫下大綱。
廿五日　晴　寫論對孔子與人格世界之崇敬之涵義成九千字。
廿六日　晴　續昨文三千字完。
廿七日　晴　袁稅伯來談學校事。
廿八日　晴　上午到民主評論社校孔子一文，與佛觀中飯便談。午後教師聚會。
廿九日　晴　上午排課。
三十日　晴　閱列寧哲學筆記。
卅一日　晴　準備開學事，與韓裕文一信。

九　月

一日　晴　今日開學，下午訪數教師。
二日　晴　閱民族主義演進史完 Hayek 著。
三日　晴　閱羅素自由與組織一半。
四日　晴　閱羅素書完。
五日　晴　上午標點論道德文並改數處加序言七百字。下午與廷光至堅利地城。

六日　晴　上午標點論道德文。下午開教務會議，與母親一函。

七日　晴　胡蘭成來訪，其人頗有自得之言。標點論科學哲學文。

八日　晴　標點論道德文，夜思此文應改正之處。

九日　晴　加論道德文千字，胡蘭成又來訪，談後覺其人天資甚高，于人生文化皆有體驗。

十日　晴　今日開始學術講演。

十一日　晴　上午講演一時，閱胡蘭成所著書二時，夜赴其處談。

十二日　晴　上午辦學校事，下午應胡蘭成約至半島酒店談。

十三日　晴　閱胡所著書四時。

十四日　晴　閱胡所著書完，夜約其來談並晚飯。

十五日　雨　辦學校事，上課一時，下午趙冰先生來，夜同去看電影。

十六日　晴　上課二時。

十七日　晴　下午胡蘭成來談，彼見解甚高似宗三，而一剛一平易。

十八日　晴　鈔宋明哲學史二時。與母親一函。

十九日　晴　上午送胡蘭成行。上課二時。

二十日　晴　鈔文七時。

廿一日　晴　鈔文一萬字，改舊作二千字。

廿二日　晴　上課二時，鈔文六千字。

廿三日　晴　鈔文一萬字。

廿四日　晴　鈔文一萬字，中哲史完。

廿五日　晴　胡適之之子發表攻擊其父文，竟以父子之情爲惡毒之感情。今日上午作一文斥之，約三千五百字。得母親函，與母親一函。下午與六妹、廷光同看電影。

廿六日　雨　今日中秋上午休息，下午赴沙田兆熊處，夜歸。

廿七日　雨　上課一時，夜與廷光過海。

廿八日　雨　上課二時，下午睡。

廿九日　晴　上課二時，與輔成、學弢各一函。

三十日　晴　上課三時，下午睡。

十　月

一日　晴　上午改論孔子與人格世界之涵義文二千字。下午標點文三時。

二日　晴　重標點昨日文三時。

三日　晴　上午作孔子與人格世界序一千字。
四日　陰　校對胡蘭成文，得彼一函。
五日　陰雨　今日颶風，改人生之體驗錯字。校刊孔子與人格世界文。
六日　雨　與胡蘭成一信並寄稿二章。改中西哲學思想之比較研究錯字。上課二時。
七日　雨　上課二時。
八日　晴　與母親、二妹各一函。
九日　晴　續寫論世界文化前途之自然主義之超升一章四千字。
十日　晴　續寫昨文四千字。
十一日　晴　續昨文二千字，此章完。下午續寫次章一千字。
十二日　陰　上課三時。
十三日　陰　寫文三千字，上課二時。
十四日　陰　寫文三千，上課二時。
十五日　晴　寫文七千字，論自由民主之章完。
十六日　晴　寫文九千字論超越實在論一章完。
十七日　晴　校刊胡蘭成之文。

十八日　晴　上課一時，與四妹、源澄各一函。

十九日　晴　與佛觀錢先生廷光等遊太平山頂。

二十日　晴　與母親一函，與輔成、稚甫各一函。

廿一日　晴　上午上課二時，下午與宗三、蘭成、學弢、段熙仲各一函。

廿二日　晴　與數友去大埔。

廿三日　晴　校胡蘭成稿。

廿四日　晴　閱印順中觀新論完。夜閱功利主義一書。

廿五日　晴　上課二時。

廿六日　晴　上午上課，下午匯款與母親。

廿七日　晴　廷光往看六妹，知六妹已去內地接母親，與母親一函、學弢一函。上課二時。

廿八日　晴　上課二時。

廿九日　晴　去沙田，午後與兆熊同去大埔墟參看繡花工廠，廷光擬作繡花工作。

三十日　晴　寫文五千字。

卅一日　晴　寫文五千字。

十一月

一日　陰　寫文五千。

二日　晴　寫文五千。

三日　晴　寫文一萬字。

四日　晴　寫文五千，與母親一函。

五日　晴　寫文一萬字。

六日　晴　寫文一萬字。

七日　晴　寫文七千字。

八日　晴　寫文六千字。

九日　晴　將前文折下一部，加寫四千字，以備交佛觀。

十日　晴　續寫文四千字完。

十一日　晴　上課二時，改文二千字。

十二日　晴　與學生赴沙田遊。

十三日　晴　改文四千字完。

十四日　晴　標點文完。復蘭成一函。

十五日　晴　夜母親與六妹安兒抵港。

十六日　晴　至母親處。

十七日　晴　與二妹一電，告母妹平安抵港。

十八日　晴　至母親處。

十九日　晴　錢、張、徐約母親晚飯。

二十日　晴　擬一講演稿。

廿一日　晴　修改講稿，夜至母親處。

廿二日　陰　上課二時。

廿三日　陰　上午上課。夜講演辯證法之類型二時。

廿四日　陰　擬講稿。

廿五日　陰　閱 Hegel: Logic，夜與母親等看一電影。

廿六日　陰　閱 Hegel: Logic 七時。

廿七日　晴　仍閱 Hegel 書。

廿八日　晴　與廷光赴大埔墟繡花廠，領取繡花材料在家工作，望能貼補家用。

廿九日　晴　上課二時與錢先生出外購書。

三十日　晴　上下午訪友，夜講演。

十二月

一日　晴　送錢先生赴臺。

二日　閱 Cassirer: The myth of the State。

三日　晴　與母親、廷光、六妹、靈臣、安兒遊沙田。

四日　晴　閱 Cassirer 書完。

五日　晴　發燒。

六日　晴　上課二時。

七日　晴　上午上課二時，下午又發燒。

八日　晴　病未癒，未上課，亦未作事，只與錢先生一函。

九日　晴　病癒。

十日　晴　閱 Russell: Human Knowledge。

十一日　晴　閱 Russell 書。

十二日　晴　閱 Russell 書。

十三日　晴　上午上課一時，閱 Russell 書，除第一第五部外皆看完。

十四日　晴　上課二時。

十五日　晴　改寫文五千字。

十六日　晴　標點文四時。

十七日　晴　下午至毛以亨處談，借書三册歸，夜看二時。

十八日　晴　閱 Corforth: Science and Idealism 及 Runes 廿世紀哲學四、五時。

十九日　晴　閱廿世紀哲學。

二十日　晴　上課二時，閱廿世紀哲學三時。

廿一日　晴　上課二時，至趙冰先生處。下午與母親等看一電影。

廿二日　晴　與學琝及二妹一信。

廿三日　晴　閱廿世紀哲學。

廿四日　晴　閱廿世紀哲學。

廿五日　晴　閱廿世紀哲學大體完。

廿六日　晴　閱來布尼茲形上學。

廿七日　晴　上課二時，閱來布尼茲形上學完。

廿八日　晴　上課二時，閱 Whitehead: Adventure of Ideas 三時。

廿九日　晴　寫一韻文之論人生文三千字。

三十日　晴　上課二時，寫文二千字。

卅一日　晴　上課二時，寫文二千字，夜學生開除夕晚會。

民國四十年（一九五一年）

一月

一日　晴　寫文二千字。

二日　晴　寫文二千字。

三日　晴　改寫文二千字完。

四日　晴　鈔文七千字。

廿五日　晴　鈔文七千字，後一段擬不鈔，以須改正，卽暫作完結。與學弢一信。

廿六日　晴　上課二時。下午開教務會議。定十八日放假。

廿七日　晴　改論西洋文化文二百字。

八日　晴　與學弢一函，標點論西洋文化文。
九日　晴　閱 Whitehead 書。
十日　晴　上課二時，下午與母親等出遊。
十一日　晴　閱 Whitehead 書三時。
十二日　陰　閱 Whitehead 書完。夜增改人生之智慧文二千字。
十三日　陰　再改人生之智慧文一千字。
十四日　陰　至母親處。
十五日　陰　上下午考試。夜抄文二時。
十六日　陰　閱試卷，與么叔一信。閱 Ewing: The Definition of good。
十七日　晴　上下午考試。
十八日　晴　閱 Ewing 書，閱試卷。
十九日　晴　寫一短文二千字。
二十日　晴　上午與胡蘭成一函，閱 Ewing 書。下午至母親處。
廿一日　晴　閱 Ewing 書二時。
廿二日　晴　閱 Ewing 書完。

廿三日　晴　接母親來，夜同出看一電影。

廿四日　晴　再閱 Ewing 書。

廿五日　晴　與母親至一處看痔，醫謂不能根治。母親回六妹處。

廿六日　陰　抄錄 Ewing 書大旨。

廿七日　陰　作序千字，與佛觀一函，下午至母親處。

廿八日　晴　至任東伯處。

廿九日　晴　閱兆熊所著書。

三十日　晴　補序千字，下午過海購書，並去母親醫痔處。

卅一日　晴　過海購書。閱突創進化論。

二　月

一日　陰　閱突創進化論。下午考試。

二日　晴　與母親等遊太平山，歸來至謝傑醫處看痔瘡。

三日　晴　閱突創進化論完。

四日　晴　閱杜威哲學之改造。

五日　晴　今日除夕，至母親處同出游並看一京戲電影。
六日　陰　今日元旦至母親處。
七日　陰　母親六妹來同至明園。
八日　晴　上午閱杜威書完，下午訪數友。
九日　晴　訪況鐵英及熊振宗。
十日　晴　六妹來，得五弟電謂尚須八百元退押，六妹再兌四百，共合前所寄爲千元。
十一日　晴　上午閱人類理解論，下午睡後與胡蘭成一函，夜校對一文。
十二日　陰　上午閱人類理解論。
十三日　晴　辦校中雜事。
十四日　晴　閱人類理解論第二册完。
十五日　晴　閱批評的希臘哲學史三時，辦校中雜事。
十六日　陰　上午排課，夜至母親處。
十七日　晴　上午至母親處，下午開教務會議。
十八日　晴　至母親處同至費醫生處看病。
十九日　晴　上午辦註册事，下午預備課四時。

二十日　晴　預備課五時。

廿一日　晴　今日開課。閱近代科學之分析。

廿二日　晴　上課三時。

廿三日　晴　閱 Russell 書，下午上課二時。

廿四日　晴　寫信三封，整理札記。文章之言對敵、命令、諷刺、打倒爲事者易作，以平心析理述事者較難，以轉邪歸正，引人向上及表現自己向上之精神更難，以感人使人自然興起而向上者最難。

廿五日　晴　閱科學之分析一書。

廿六日　晴　上課三時。

廿七日　晴　上課二時。

廿八日　陰　上課一時，夜至母親處。

三　月

一日　陰　整理舊筆記。

二日　陰　整理舊筆記。

三日　晴　鈔文六時，下午至母親處。
四日　陰　鈔文二時，學校約各先生吃飯，趙冰先生言戴醫生醫痔甚好。
五日　陰　上課二時，鈔舊文完。
六日　晴　上課一時，思續作西方文化與哲學之未完部份。
七日　晴　上課一時，準備課。
八日　晴　上課二時，下午與母親至戴翰芬處看痔瘡。
九日　晴　上課二時，與五弟一函。
十日　晴　母親今日看痔瘡感特痛。
十一日　晴　母親今日看痔注止痛針較好。
十二日　陰　上課二時，今日母親痔較好。
十三日　陰　上課一時，與胡蘭成一信。
十四日　陰　上課二時。夜講演「不朽問題」一時半。
十五日　陰　上午至母親處，下午上課。
十六日　晴　上課一時，下午與王道等至毛以亨處。母親痔瘡大愈，夜與家人同攝一影。
十七日　晴　母親痔瘡過去常流血，迄今六年，今已癒可謂了一大事。以後再調治腰痛之病並服補藥，則可以長壽矣。亂世老人能健康亦實不易。念人類皆在水深火熱中，吾人應負之責任甚多，我亦當注意身體爲是。

十八日　陰　下午至母親處，今日爲母親生日。

十九日　晴　上午上課二時。

二十日　陰　上午上課一時，下午至趙冰先生處。

廿一日　晴　上課一時。

廿二日　陰　上課二時。夜印順法師來講演。

廿三日　雨　下午至母親處。與佛觀一函。

廿四日　陰　改物質生命與心五時。

廿五日　上午訪友。

廿六日　陰　下午接錢先生返校。

廿七日　陰　上課一時，下午至母親處。

廿八日　陰　上課一時，下午睡並思哲學問題。

廿九日　晴　中午校中師生聚餐，下午至夜學生開師生聯歡會。

三十日　晴　上午至母親處，下午考試。

卅一日　晴　上課一時，至母親處。

四月

一日　晴　與廷光及錢先生至沙田兆熊處。
二日　晴　上午考試，下午至母親處。夜閱柏拉圖書。
三日　晴　上課一時，下午過海代胡蘭成兌錢至上海。
四日　晴　上課一時。
五日　晴　下午至母親處，夜校中宴客。
六日　陰　閱柏拉圖對話集。
七日　陰　改「論中國藝術精神之自然觀」四千字，又改作中國之藝術精神二千字。
八日　陰　與校中師生遊常州。
九日　陰　上課二時，改文二千字。
十日　陰　作文四千字。
十一日　陰　作文七千字。
十二日　陰　作文二千字。下午至母親處。

十三日　陰　續文五千字完。

十四日　陰　改文一部份，夜至青年會講演「中國哲學之精神」。

十五日　陰　至母親處。

十六日　陰　上課二時，準備課。

十七日　陰　上課一時。思論中國文化文大綱。

十八日　晴　寫文五千字，全要不得。

十九日　晴　改寫文五千字。

二十日　晴　改寫文四千字。

廿一日　晴　寫文四千字。

廿二日　晴　念我以前作文有抒懷式，如人生之體驗及人生之智慧。有反省式如道德自我之建立。有辯論式如物質生命心。有析理式如文化之道德理性基礎，朱子理氣論。有說教式如孔子與人格世界。有述學式如中西哲學比較研究集及中哲史中、王船山學述及今論中西文化等。以前蓋不自覺所作文字風格各異，以後當求自覺的用之，當可有進步處。今日寫文四千字。

廿三日　陰　寫文五千字。

廿四日　陰　寫文八千字。

廿五日　晴　標點論藝術文。

廿六日　晴　上課二時，鈔文三時。

廿七日　晴　標點文及改文一千字。下午與程兆熊同會唐天如及黃二老先生。

廿八日　晴　上課一時，下午與母親、廷光等看一電影。

廿九日　晴　下午至珠海學院開教育會，夜至母親處。

三十日　陰　寫文六千字論中國自然觀。

五　月

一日　晴　寫文六千字。廷光去學縫衣。

二日　陰　寫文四千字，下午至母親處。

三日　陰　上午上課二時，下午過海。

四日　晴　上午改論藝術文二千字，下午出外。

五日　晴　上課一時。夜至母親處。

六日　晴　擬一講演稿，名混沌與文化世界。夜至一處圓光，精神不好時，心中易多無端之疑，故精神應求其好。

七日　晴　上課二時。下午睡。夜與程兆熊、錢先生及美一領事談東西文化。

八日　晴　上課一時，夜蔡貞人請吃飯。

九日　晴　上課一時。下午至母親處。

十日　晴　上課二時。標點文二時。錢先生夜講演，言死生處甚好，人當不畏死。

十一日　晴　與廷光談，彼謂彼有時亦常疑人疑自己，「如人失物，以為人以為我，如人說話，以為人說我。」此點彼與我相同。此種心理我時常發生，如我以前又疑自己一字不識並疑人看不起我等。此種疑情恒有極端強烈而使一身不安之感。我知此為一病態，但常不能免。此種理由何在？廷光謂由於人之下意識中一切事皆可為，故有此疑。但我近來反覆思此問題，我覺此乃由于一本原上之罪惡，即不相信自己，與不相信人。不相信自己，由當下之自己與過去之眞自己忽然脫節，而以一切可能之事為眞實，並由于人之過度之好名心而恐怖萬一之失其名譽。大約人之心靈本為自由而可凝注于任何一觀念而以為事實，如文學家哲學家更易如此。再加以對人之信之忽然產生疑與極端之好名心、得失心、而心全然外傾，即是致此。此乃一極深之精神病態，由此可透入許多宇宙人生之奧秘。但此病終當去之方是。其要在撥去「可能」之幻想而一切歸于「實事」。

十二日　晴　上課二時，下午至母親處，夜閱 James 論情緒書。念身體亦為精神之表現，身體之奧秘即精神之奧秘，身體生活之有秩序即可養精神。此點我一向忽略，實非。

十三日　陰　形上形下之合一，我以前只知此理，全未用功，今後終當自己對自己之心理生活有一支配力方好。哲學本身亦可使人入魔生病。虛理與實理不同，我在樓邊明知不能落下，皆怕。此實亦由以虛之可能爲實之故。共黨爲陰道，亦卽以可能爲現實。

十四日　晴　上午訪伍憲子，下午至母親處，夜同看西線無戰事一片。人類戰爭之殘酷，去戰之道必須反對以鬬爭爲絕對之唯物論。

十五日　晴　閱詹姆士思想流完。

十六日　晴　寫一短文三千字。

十七日　陰　上課二時。

十八日　陰　上課一時。

十九日　晴　寫文應理到事到意到情到，講演應兼有莊與諧、張與弛。

二十日　晴　上午與廷光出外購物，下午至母親處，與鍾介民一函。我身體已增重十五磅，腹部肥大不實，宜多運動。

廿一日　晴　上下午考試。思中國近年學術界人物，北大出者大皆放肆而非濶大，南高東大出者大皆拘緊而不厚重。如梁漱溟、熊十力、歐陽竟無、吳碧柳諸先生等皆自社會上出，乃可言風度、氣象、性情。今之一般學術界人物之文能謹嚴者已不多，能有神采性情願力者尤少。

廿二日　晴　上課一時，下午訪二友，夜訪蔣維喬。
廿三日　晴　與母親等遊沙田。
廿四日　晴　上午復韓裕文一函。下午閱雜書。
廿五日　晴　上下午考試。夜鈔講演稿三時。
廿六日　晴　上課一時。夜至母親處。
廿七日　晴　寫論物質生命文九千字。
廿八日　陰　續昨文八千字。
廿九日　陰　寫文九千字。
三十日　陰　寫文五千字。
卅一日　陰　上課二時。下午母親來。夜請崔載陽講演，並思哲學問題至深夜。

六　月

一日　雨　上午與二妹、胡蘭成各一函，下午上課二時並與廷光出外購物。夜閱心理學書。
二日　陰　上午上課一時。下午睡後整理筆記五時。
三日　陰　閱非希特人之天職論三時。

四日　陰　閱非希特書完。

五日　陰　閱 Aristotle: Metaphysics 二章及邏輯。

六日　陰　閱 Anibf 書。

七日　陰　上課並訪友。

八日　陰　閱非希特知識論基礎。

九日　陰　閱非氏書。今日端午。

十日　陰　閱非氏書。

十一日　陰　閱非氏書完。此書頗不易看，譯文復不好，然實甚有價值。下午至母親處。

十二日　陰　上課一時。

十三日　晴　寫文六千字。

十四日　晴　今日爲父親二十週年忌日。

十五日　晴　寫文八千字。

十六日　晴　與友人二書，上課一時，下午出外覓醫生，夜寫文二千字。

十七日　陰　與學校師生遊青山，歸來寫文二千字。

十八日　晴　續昨文八千字，人心與人文世界一書完。約六萬三千字，費十日寫成。但須大改。

此書乃爲通俗讀者寫，然其中發揮人心之客觀存在性，眞善美之客觀存在及人之文化原于求眞善美之義，多爲我著之文所未及。

十九日　陰　改一文備與人生雜誌社。

二十日　陰　上課一時。下午與母親至九龍醫院看病，醫謂母親無明顯之疾，擬改請中醫看。

廿一日　晴　上課二時，與二妹一函。二妹小產後久不來函，殊令人掛念。

廿二日　晴　上課二時，夜至母親處。

廿三日　晴　上午上課一時。下午至珠海書院開旅港教授會。夜寫文論中國之心性觀三千五百字。

廿四日　晴　上午續昨文四千字，下午與廷光、錢先生、余天民遊荃灣東普陀寺，見寺外崖下有一東北來之和尚，日夜在崖邊誦經苦修，貌頗慈祥而有悲感，極令人感動。

廿五日　晴　作文六千字，夜至母親處，二妹久未來信，母親甚掛念。

廿六日　晴　上午作文六千字，心性論完。

廿七日　晴　下午及夜作文六千字，論中國人生思想。

廿八日　陰　作文三千字。上課二時。午後睡。

廿九日　陰　寫文六千字。

三十日　晴　寫文五千字。

七月

一日　晴　寫文八千字，人生思想一章完。

二日　晴　上下午考試四時。

三日　晴　寫文七千字，論中國之人格世界者。

四日　晴　寫文八千字。

五日　陰　寫文三千字中篇完。另為一刊物寫一短文二千字。

六日　晴　與宗三、鍾介民、二妹函，下午至母親處夜歸。

七日　晴　上午寫文三千字論中國之人格世界者。

八日　陰　寫文八千字。

九日　陰　寫文九千字，論中國之人格世界者完。

十日　陰　整理 Logic 筆記半日，閱試卷半日。

十一日　陰　整理 Logic 筆記完。

十二日　晴　鈔哲學史筆記至夜完。

十三日　晴　上午至牛池灣看屋，下午至母親處，夜鈔哲學概論筆記二時。

十四日　晴　上午與母親至國際電療院治腰痛，校閱人心與人文世界六時。

十五日　晴　校閱人心與人文世界五時完。

十六日　晴　寫中國宗教精神八千字。

十七日　晴　續寫昨文萬一千字完。

十八日　晴　至母親處同至電療院看病。鈔文三千字。

十九日　晴　至母親處鈔文三千字，同去電療院。

二十日　晴　上午新生考試，學生人數甚少。覆裕文、佛觀、二妹、四妹、五弟等各一函。閱一刊物載成都來人言楊叔明先生被共黨公審不屈槍斃，楊先生為我中學時老師，在教我們時頗有一段精神，我與同學赴北平後皆左傾，曾寫信責難彼，其反共初乃自責任感出發，以後搞到政治與軍閥相周旋，不盡合理，但其人本質實甚好。念共黨近殺人之多，頗覺悲痛。

廿一日　晴　下午至母親處。

廿二日　晴　上下午寫論張橫渠心性論一文成四千字，夜與友人游太平山。

廿三日　晴　續昨文三千字。精神甚倦。

廿四日　陰　續昨文二千字，改作一千字。

廿五日　陰　上午續昨文三千字完。

廿六日　晴　鈔西哲史筆記三時。與友人三函。
廿七日　晴　鈔西哲史筆記四時完。
廿八日　晴　改作一舊文三千字。午後至母親處。
廿九日　晴　改作舊文七千字。至母親處，母親小病。
三十日　晴　上午改文二千字完。擬名中國文化精神之寬平舒展面，校對人心與人文世界。
卅一日　晴　上午至母親處，下午與佛觀一函，校對文二篇。

八月

一日　晴　閱宗三邏輯典範。
二日　晴　寄邏輯典範與輔成，至母親處。
三日　陰　標點論張橫渠文。
四日　晴　改中國文化精神中一文三千字，閱羅素 Unpopulas Essays 一書完。
五日　晴　改文二時。
六日　晴　至母處，母病，夜歸。
七日　晴　全日在母親處，母親病稍癒，夜歸。

八日　陰　近來寫文，對作人精神當處處充滿于當前之事中之意有所了解，精神充滿于事卽是敬，與絕功利之心通。下午接母親來住。

九日　晴　閱裕文寄來美國哲學思想一書中論 Whitehead 處。將人心與人文世界寄南洋。

十日　晴　上午改論宗教文三時。

十一日　晴　閱 Ideas of American Philosophy，與友人談。

十二日　晴　閱某譯康德實踐理性批判，譯文太壞。

十三日　晴　寫文千字，作中西文化之哲學疏導最後章。

十四日　陰　寫文二千字。

十五日　陰　寫文六千字。

十六日　陰　寫文八千字。

十七日　陰　寫文八千字。

十八日　陰　寫文四千字完。甚覺疲倦，與鍾介民一函。

十九日　晴　下午睡，夜補作文四千字，此文綜合中西文化之問題而與以一疏導，以建立一具體之文化理想，乃昔所未有也。

二十日　晴　上午改文二千字完。

廿一日　晴　下午又著德國哲學精神與美國哲學一文三千字。
廿二日　晴　續昨文七千字。
廿三日　陰　今日精神甚倦，下午睡，夜應友人約晚飯。
廿四日　晴　友人約我與錢張二先生至金魚餐館吃飯，晤一美新聞處長，我們與之談世界文化理想與中國文化理想應配合之意。因彼美人尚不知尊中國文化精神也。下午至商務購書。
廿五日　晴　上午閱雜書，下午赴蔡貞人約晚飯。
廿六日　晴　與母親廷光等過海看電影。
廿七日　晴　今日招生考試，學生人數甚少，道不行亦無可奈何也。
廿八日　晴　赴劉百閔約。閱熊先生韓非子評論完。
廿九日　晴　訪伍憲子，下午排課。
三十日　晴　補寫人類文化道德理性一書第一章成九千字。
卅一日　晴　續昨文九千字完。

九月

一日　雨　改昨文二時。廷光又去學機繡，她恐教書無前途。

二日　陰　閱雜書，商學校事。

三日　陰　寫人類文化之道德理性基礎最後章六千字。訪趙冰先生。

四日　陰　續寫文八千字。

五日　陰　改作文七千字完。人類文化之道德理性基礎一書完。唯仍須細改。此書自民國三十六年一月開始寫，今已五年乃完。

六日　晴　改物質生命心與眞理一書。作一序二千字。

七日　晴　標點昨書完。交任東伯帶臺設法出版。九日來連續著文整理文無少暇甚倦，以後當少寫文矣。

八日　晴　閱雜書，下午訪友，復裕文、兆熊各一函。

九日　晴　今日開學。重閱康德道德形上學完。

十日　晴　今日選課註册，略準備各課大綱。閱某著論 Heidegger 哲學書。

十一日　晴　寫人文之道德理性基礎序一萬字。

十二日　晴　上午上課一時，下午至珠海上課，以選課未完未上課，赴鑽石山及六妹處，與母親同返校，復宗三一函。

十三日　晴　上午上課一時，略準備課兼辦註册事。

十四日　晴　上課二時，應友人約晚飯。
十五日　晴　下午睡，近日太熱。
十六日　陰　上午備課，下午睡，夜遊船。
十七日　晴　上課二時，下午睡。
十八日　晴　連日雜事多，精神疲倦而散漫。
十九日　晴　上課四時。至母親處。夜錄中世西洋史札記。
二十日　陰　上課一時指導數學生如何治學。
廿一日　晴　上課二時。
廿二日　晴　上課二時。下午錄西洋史筆記。
廿三日　陰　下午錄哲學史筆記，夜應友人招宴。
廿四日　晴　上課一時甚倦。
廿五日　晴　上課二時。
廿六日　晴　上課四時。夜廷光家來信言紹安兄及其他家中四人皆病逝，皆共黨逼迫所致也。
廿七日　晴　上午與胡漢同往訪伍憲子及毛以亨，下午與胡蘭成、韓裕文及岳父各一函。
廿八日　雨　上課三時。

廿九日　晴　上課三時並閱雜書。

三十日　晴　訪徐訏與其同訪他人。

十　月

一日　晴　上午上課，下午閱錢先生一書。

二日　晴　上午閱錢先生書。天文臺社約午飯。

三日　晴　上課二時。

四日　陰　上午訪陳雪光。下午至母親處。

五日　陰　上午上課三時，下午睡。

六日　陰　閱Northrop: Meeting of East and West。我近來頗欲向人格心理、比較宗教學、世界文化之比較三方面用心。

七日　晴　上午訪一友後至母親處。

八日　晴　上午閱 Idea of American Philosophy。下午與母親等遊荔園。

九日　陰　上下午應友約吃飯。夜十時乃歸。

十日　陰　與學生遊粉嶺。

十一日　陰　上午閱 Idea of American Philosophy。
十二日　晴　上課三時。
十三日　晴　徐訏言此間一書局或可印我中西文化書，今日開始改該書。
十四日　晴　改書。與母親等去沙田。
十五日　晴　改書。
十六日　晴　上課二時。
十七日　晴　上課四時，下午至母親處。
十八日　晴　改書下午睡，夜講演。
十九日　晴　改書，上課三時。
二十日　陰　改書上課二時。
廿一日　晴　標點文，與宗三一函。
廿二日　晴　標點文。
廿三日　晴　標點文四萬字，夜與廷光看一電影。
廿四日　晴　標點文四萬字。上課四時。
廿五日　陰　標點文。下午睡，夜講演。

廿六日　陰　上課三時，下午標點文。

廿七日　陰　上課二時，下午至母親處。

廿八日　晴　上午標點文，下午一友約吃飯。

廿九日　晴　上課二時並標點文。

三十日　晴　上午標點文，下午上課二時。

卅一日　晴　上下午上課四時，夜標點文。

十一月

一日　晴　上午標點文完，但尚須重閱一次。

二日　雨　上午考試三時，下午標點文。

三日　晴　下午至趙先生處，並應一友招宴。

四日　陰　寫序一篇九千字。

五日　雨　改序，及標點他文一時。

六日　陰　改序完。

七日　晴　重閱文。

八日　晴　校刊鈔寫錯字。
九日　晴　上課三時。下午校文至夜。
十日　陰　重閱文完。夜人生約商復刊事。
十一日　陰　珠海約吃飯。
十二日　陰　上午閱雜書。夜校刊中西文化書完。定名中西文化之價值與理想。
十三日　雨　閱 Jasper: Way to Wisdom 下午上課二時，閱林語堂吾國與吾民。
十四日　晴　上課四時。
十五日　晴　上午閱 Jaspers 書，下午訪伍憲子先生後至母親處。
十六日　陰　上課三時，下午睡。
十七日　陰　上課二時，下午至任東伯處，夜閱 Jaspers 書。
十八日　陰　重整理心物與人生一日。
十九日　陰　上課二時，下午應友人約，並訪謝扶雅。
二十日　晴　下午上課二時。
廿一日　晴　上課四時。今日安安生日，夜爲安安事母親責我與廷光教不得法。廷光又有不同意見，我怪她不能體我意。

廿二日　雨　甚覺人性難移。

廿三日　晴　上課三時。校改心物與人生完，寄臺。

廿四日　晴　下午出外製衣，並至母親處。

廿五日　晴　上課二時，閱 Northrop 書。

廿六日　晴　閱前書。

廿七日　晴　下午上課二時。寫一文論人類免于毀滅之道路與聯合國之文化使命五千五百字。

廿八日　晴　上課四時。

廿九日　晴　靈臣來信，欲六妹去穗，以六妹將生產，母欲同去，我意暫不去，商量不定。

三十日　雨　上課三時。至母親處。

十二月

一日　晴　上課二時。夜與母親等看一電影。

二日　晴　上午閱宗三書，下午至母親處。

三日　晴　上午考試。下午與廷光出街爲六妹購物並爲二妹購布料等。

四日　晴　閱宗三國史精神解析。與母親至張公讓處看病，彼謂爲腸痙攣似甚有理。

五日　晴　上課四時，與母親復至張公讓處看病。
六日　晴　與母親六妹廷光等過海至公園一遊。
七日　晴　爲母親六妹廷光過海至移民局旅行社等處。
八日　晴　送六妹、母親至羅湖，百感交集。
九日　晴　移六妹傢具數件來此，整理書物，此十日均以母親、六妹走事忙，明日可開始作他事。與母親一信。
十日　晴　上課二時，與二妹、四妹各一函。我之最大缺點在不定，無論在內心意念與說話態度行動上皆然。以後宜首在行路與說話時力求從容穩定。
十一日　晴　上午閱 northrop 書，下午上課二時，並赴教育司，與宗三及吳士選各一函。
十二日　晴　上午檢查身體上課二時，下午上課二時。
十三日　晴　上午閱 northrop 書，下午睡。
十四日　雨　上課三時，下午寫字，夜與廷光出外購物，與母親一函。
十五日　雨　上午考試，夜蔡貞人約晚飯。
十六日　晴　上午閱 northrop 書，下午過海爲兆熊購物，夜一友來談。
十七日　晴　上午上課二時，晚佛觀約看一電影並晚飯。

十八日　晴　上午訪友，下午上課二時，夜自由人約晚飯。
十九日　晴　上午上課二時。下午睡。
二十日　陰　送錢先生赴臺，五六日來夜間皆有約，甚倦。
廿一日　晴　上課三時。
廿二日　晴　上課一時，爲民評新年號寫一文約六千字。
廿三日　晴　標點文三時，下午出外購物。
廿四日　晴　上午標點文，下午送佛觀行。
廿五日　陰　上午標點文，下午過海。此二年中寫完中西文化理想與價值四十萬言，人心與人格世界六萬言，人生之智慧二萬言，補人文之德性基礎六萬言，孔子與人格世界四萬言，其他論文約十萬言。其中論近代西方及中國學術文化之發展者各一篇，論宗教精神人類罪惡之起原者各一篇，論中國傳統精神文化者一篇，論聯合國之使命及人類之創世紀各一篇，評中共之淸算父母者二篇，論中國自由精神一篇，斥蘇聯字典以聖經爲狂幻傳奇者一篇，反中國文字之拉丁化者一篇，編哲學概論講義約五萬言，中國文化之潛力三萬言，共七十六萬言。母親已九日無信，不知是否生病。
廿六日　晴　得母親來信，標點文。
廿七日　陰　標點文，夜謝扶雅來講演。

廿八日　雨　上課三時，下午睡，閱一宗教哲學書。
廿九日　晴　上課三時，下午睡。
三十日　晴　上午閱宗教哲學書，下午與廷光出外理髮夜歸。
卅一日　晴　上課一時。下午與廷光安安等看一電影。夜學生開除夕晚會。夜念我及此間師友皆不免有種種凡心習態，意氣客氣，此非澈底刮垢磨光，痛相針砭，則一切理想上之好名辭終與罪惡夾雜同流。念人類前途之艱難，吾人今日不發大心願，世界終將沉淪。自念我之文字與若干師友之文字亦多缺至誠怛惻之意，終不免隨時下習氣而多浮語虛詞，何能透至他人性情深處。又念眞宗教精神之高遠與宋明理學家之鞭辟近裏眞不可及，內心深感難過愧悔。

民國四十一年（一九五二年）

一月

一日　晴　今日元旦閱雜書並思自由與平等之概念之哲學意義，擬以後作一論一般社會理想之書，並多作分析一般社會文化之概念之意義之文，使雅俗皆能閱讀者。

二日　晴　上午標點文二時，中午珠海約聚餐，夜看一電影。

三日　陰　整理雜物。

四日　晴　上課三時。

五日　雨　上課二時，下午應一友約。

六日　晴　爲一刋物寫介紹 northrop 東方與西方之會合文一萬三千字。

七日　晴　續昨文五千字完，上課二時，下午開會。
八日　晴　上課二時，標點昨文。
九日　晴　上課四時，再標點文。
十日　晴　閱 W. S. Morgan 宗教哲學。
十一日　晴　上課三時，下午睡。
十二日　晴　上課二時，下午閱 Morgan 書，夜赴友人婚宴。
十三日　陰　上午閱 Morgan 書完，下午與廷光至黃大仙廟遊。
十四日　晴　上午上課二時，本期課結束，下午訪陳伯莊並閱雜書三時。
十五日　陰　上午覆梁漱溟先生一函，下午考試。
十六日　陰雨　上下午考試，與李源澄、錢子厚、錢賓四、牟宗三各一函。
十七日　晴　上午考試，下午爲學校事訪友，寫一短文約三千字。
十八日　晴　上午考試。
十九日　晴　上午王道約商人生雜誌事，下午睡，夜友人來談。
二十日　晴　上午與學生開談話會，下午訪唐天如老先生。
廿一日　陰　訪俞叔文、伍憲子老先生爲學校事。

廿二日　晴　閱雜文，今日為我四十三歲生日。

廿三日　晴　與佛觀及錢先生各一函，下午睡。

廿四日　陰　招生考試，夜講演哲學與文化。

廿五日　晴　閱雜書。

廿六日　陰　今日農曆除夕，上午至民評社，夜師生聚會。

廿七日　晴　與廷光去鑽石山並訪二友。

廿八日　晴　與廷光訪友，閱雜書三時。

廿九日　晴　與丕介訪友，下午歸閱雜書。

三十日　陰　上午閱論自由主義書，下午睡，夜與廷光看一電影。

卅一日　晴　閱人文主義教育書，下午約人來講演。

二　月

一日　晴　上午訪友，夜約贊助學校之人聚會。

二日　陰　上午參加教授聚餐會，下午閱西方民族性一書。

三日　陰　閱雜書。

四日　標點文三千字。
五日　陰　改人格世界文三千字。
六日　陰　改文千字，中國人格世界改完，購藥託人帶母親。
七日　晴　閱天主教書數種。
八日　晴　出外爲宗三製衣，下午與母親一函。
九日　晴　擬講稿中國文化精神之發展，閱羅素讚閒一書。
十日　晴　閱 Heideggor 論形上學一文。下午睡，夜學生夜校成立。
十一日　晴　閱 Heideggor 論眞理文。
十二日　陰　上午擬一講演稿哲學與文化價值，下午續完。
十三日　晴　上午訪一友，下午標點文四時。
十四日　晴　標點文四時。
十五日　陰　擬講稿，排課，閱 Cassirer 書。
十六日　陰　教務事排課等。
十七日　陰　上午改文二時，與母親一信。
十八日　陰　上課三時。

十九日　晴　上課二時，閱社會心理學書。

二十日　晴　閱教育學書。

廿一日　晴　上課一時，下午準備課，夜請一神父講演。

廿二日　雨　上課二時，下午準備課程，筆記六時。

廿三日　晴　上課二時，下午過海辦學校事。

廿四日　陰　赴調景嶺，講演中國文化精神，見難胞生活極苦甚可憫。

廿五日　陰　上課二時。寄羅馬傳信大學圖書館人生之體驗，道德自我之建立各一册。前裕文告我美國康乃耳大學已有我之中西哲學比較與人生之體驗，將來國內絕版，可以去抄。

廿六日　晴　上課二時，閱 Cassirer 書。

廿七日　晴　閱雜書數種，下午上課二時。

廿八日　晴　上課二時。

廿九日　晴　上課三時。

三　月

一日　晴　整理文稿竟日，擬將論中國文化者先閱一次。廷光去作繡花工，每天去半日，我很反對。

二日　晴　上午整理文，下午與廷光安安出遊，夜觀魔術。

三日　晴　上課二時，標點文一篇。

四日　晴　上課二時，標點文一篇。

五日　晴　標點文一篇，上課二時，與母親一信。

六日　晴　上課一時，排課程表備臺分校用，夜講演二時。

七日　晴　上課三時，標點文，今日爲母親六十五歲生日。

八日　晴　上課一時，標點文。

九日　晴　應友約中飯。

十日　晴　上課二時，標點文。

十一日　晴　上課二時，標點文五時。

十二日　晴　改作中國文化精神序三千字。

十三日　晴　標點文一篇。

十四日　晴　上課三時，標點文。

十五日　晴　上課一時，標點文，中國文化之部完。

十六日　晴　上午閱 Heideggor 書，下午與廷光安安看城市之光，夜請人講演。
十七日　晴　上課二時，閱 Heideggor 書。
十八日　晴　上課二時，閱 Heidggor 書。
十九日　陰　上課二時，閱 Heidggor 書完。
二十日　陰雨　上課一時，下午過海匯款與六妹。
廿一日　陰　上課三時，閱 Marcel: Mystory of Being 三時，亦論存在哲學者。
廿二日　陰　上課一時，赴毛以亨處請其講演。
廿三日　晴　上午過海，下午與廷光安安至荔枝角遊，夜請人講演。
廿四日　晴　閱 J. Laird: Recent Philosophy 及某著日本之面面觀。
廿五日　晴　閱 Cassirer 哲學，與母親一函。
廿六日　晴　閱 Cassirer 哲學，上課二時。
廿七日　晴　閱 Cassirer 哲學完。
廿八日　晴　上課三時，下午一友來訪。
廿九日　晴　應蔡貞人約過海，夜閱雜書。
三十日　晴　下午與廷光安安往看魔術，夜約人講演。

卅一日　晴　上午考試，下午鈔所著文目錄。

四月

一日　雨　鈔文二千字，下午上課二時。

二日　晴　鈔文六千字。

三日　陰　鈔文四千字。

四日　晴　鈔文七千字，夜與友人同看一影片。

五日　陰雨　上午鈔文三千字完。下午與廷光安安赴赤柱一遊遇雨。

六日　陰　重讀所著論中國文化完五章，下午訪蔡貞人，得母親信。

七日　陰　重讀所著論中國文化五章，校改錯字。

八日　晴　重讀所著書一章。

九日　陰　重讀所著書中國文化之精神價值完，夜與廷光安安看一影片。

十日　晴　上課一時，將所著書中國文化之精神價值寄臺與宗三兄及錢先生一閱。

十一日　晴　上午閱佛觀文，下午與劉百閔訪張君勱談。

十二日　晴　與宗三、兆熊、錢先生各一函。

十三日　陰　爲佛觀文作一序二千字。

十四日　晴　續昨文六千字完。

十五日　晴　改文二千字完，下午上課二時。

十六日　晴　上課二時。

十七日　晴　閱報知錢先生昨在臺講演以屋頂塌下受傷頗重。

十八日　晴　閱報知錢先生仍未脫離險境，同人皆極爲憂念，上課三時。

十九日　晴　閱 K. Menninger 論解心學之書，夜應陳伯莊約。

二十日　晴　錢先生傷已漸癒，與彼一函，夜赴同學主辦之音樂會。

廿一日　陰　上課二時，覆數友函。

廿二日　陰　補寫中西文化理想三千五百字，上課二時。

廿三日　陰　補寫昨文六千字，上課二時。

廿四日　陰　補寫文九千字。

廿五日　晴　續寫文六千，上課三時。

廿六日　晴　上課一時，整理雜物，閱 Menninger: The Human Mind。

廿七日　晴　上午閱 Menninger 書大體完，今日陰曆四月四日，下午參加孟子誕辰紀念會，夜講演儒家精神在思想界之地位。

廿八日　晴　上課二時，下午閱羅素西哲史，甚倦。

廿九日　晴　上午赴民評社，下午至珠海考試。

三十日　晴　上課二時。

五　月

一　日　晴　作文二千字。

二　日　晴　上課三時，下午開校務會議。

三　日　晴　上午上課一時，與宗三一函，下午睡。

四　日　晴　與丕介同訪蔡貞人，下午赴珠海開教員茶會，夜王書林講演。

五　日　晴　上午上課二時，下午睡並訪伍憲子先生

六　日　陰　閱雜書，下午上課二時。

七　日　陰　上午訪一友，下午上課二時又至沈燕謀先生處談。

八　日　晴　上課二時，寫一雜感文二千字。

九　日　晴　上課三時。

十日 晴 上午上課一時，下午爲校刊寫文二千字。
十一日 晴 上午復佛觀一函，下午過海訪佘雪曼。
十二日 晴 上課二時，夜復陳伯莊一長函三千字。
十三日 陰 上課二時，續中西文化理想最後章六千字完。
十四日 晴 上午閱學生之文，下午上課二時，夜赴陳伯莊處談三時。
十五日 晴 寫我國的文化一文六千字。
十六日 晴 與學生等遊青山，下午歸續文二千字。
十七日 晴 上課一時，改文三千字完，晚應蔡貞人之約晚餐，深夜一時乃歸。
十八日 晴 閱學生文稿下午睡。
十九日 晴 上課二時，下午標點我國之文化，夜應友約晚餐。
二十日 晴 上午閱學生文稿。
廿一日 晴 上午閱宗三文，下午上課二時。
廿二日 晴 上午上課一時，下午訪友。
廿三日 晴 上課三時，下午睡。
廿四日 晴 上課一時，改文。

廿五日　陰　上午重閱 Heideggor 書，下午睡。
廿六日　晴　閱羅素哲學問題。
廿七日　晴　上午寫信兩封，下午上課二時，夜應蔡貞人約商學校事。
廿八日　陰　今日端午，夜閱雜書二種。
廿九日　晴　上課一時與母親一函。
三十日　晴　上午上課三時，下午赴商務購書。
卅一日　晴　上午上課，下午數學生來談。

六　月

一日　晴　赴蔡貞人處。
二日　晴　上午寫文五千字。今日爲父親逝世二十一週年忌日。
三日　晴　寫文七千字，上課二時。
四日　晴　寫文八千字。
五日　晴　寫文五千字完，名爲論中國知識份子吸收西方文化之精神氣慨之建立。
六日　晴　上課三時，下午標點文。

七日 晴 上午上課一時，下午寫一短文二千字。

八日 晴 上午訪二友，下午與廷光等往習游水。

九日 晴 上午上課二時，下午準備星期日講演，並閱雜書。

十日 晴 閱 Idea of Progress 及生存哲學。與人談話見對方個體之了解，作文與講演皆表現自己之個體之思想與情意，然我不善在羣眾中講一般之話，此缺一般之人羣心理及一般人事之了解之故。

十一日 陰 上課二時，閱生存哲學及現代文化概論。

十二日 雨 閱現代文化概論，整理西洋現代哲學講稿。

十三日 陰 上課三時，下午與正中訂約出版所著中國文化之精神價值書。

十四日 陰 上課一時，整理明日講演稿二時。

十五日 陰 下午赴珠海開會，夜講演二時。

十六日 晴 上課二時，下午寫一短文二千字。

十七日 晴 上午有友來，下午上課二時。

十八日 晴 閱雜書，上課二時。

十九日 晴 上課一時並訪友兼赴民評社，下午歸。

二十日　晴　上課三時。

廿一日　晴　上課一時，下午訪明智法師，並寫一文介紹 Albert Schweitzer 論西方現代文明之弊端四千字。

廿二日　晴　寫一文論人生在世四千字。

廿三日　晴　上課二時，下午標點二文。

廿四日　雨　下午上課並開會。

廿五日　雨　寫一文介海德格存在哲學八千字。

廿六日　晴　上課一時，下午開教務會議。

廿七日　晴　上課三時，下午改寫文二千字，又增四千字，今日爲我與廷光結婚九年紀念日。

廿八日　雨　寫文三千字，上課三時。

廿九日　雨　寫文五千字。

三十日　陰　上課二時，寫文八千字。

七　月

一日　晴　寫文四千字完，考試四小時。

二日　晴　閱試卷。

三日　晴　改文二時並考試。

四日　晴　上下午考試並標點中國知識份子吸收西方思想之精神氣慨之建立一文。

五日　晴　上下午訪校中董事。

六日　晴　上午訪沈燕謀先生，夜請一友講演。

七日　晴　行第一屆學生畢業典禮並開歡送會。

八日　晴　上午辦理學校雜事，夜開校董會。

九日　晴　與二妹一函，下午睡後得二妹自廣州來函知已抵廣州。

十日　晴　上午寫信，下午訪蔡貞人並閱張東蓀思想與社會一書，夜赴音樂會。

十一日　晴　閱張書完，下午校刊所著文。

十二日　晴　得二妹一函，彼欲安安回去陪伴母親，因二妹等都太忙，母親寂寞，我意不如母親來此。

十三日　晴　上午二友來，下午與廷光安安赴鑽石山一遊並訪友。

十四日　晴　與錢先生一函，下午二學生來談。

十五日　陰　閱雜書，與母親一函，母親來信謂將去錫，我頗不舒服。

十六日　陰　閱諸子通考，鈔論海德格文四千字。
十七日　晴　鈔論海德格文八千字。
十八日　晴　鈔論海氏文四千字。
十九日　晴　鈔海氏文一萬字完。
二十日　晴　招考新生，鈔昨文目錄。
廿一日　晴　上午寫信三封，下午與各校教師開會。
廿二日　晴　閱雜書，辦校中事。
廿三日　晴　重閱所著論海氏文。
廿四日　陰　標點海氏文並改錯字。
廿五日　陰　母親來信已抵杭州。將論海德格文寄臺北新思潮社。
廿六日　晴　爲唐端正等所辦學生週刊寫一短文論青年的人生二千字。
廿七日　陰　應一友約過海。
廿八日　陰　與母親、六妹各一函。整理論菲希特哲學一文準備交摩象一刋。
廿九日　晴　再改論菲希特文。
三十日　陰　與廷光安安及端正赴長州，住端正家中。

卅一日　晴　遊山兼游泳。

八　月

一日　晴　閱 Burtt 宗教哲學之類型 Types of Religions Philosophy，下午游水。

二日　晴　略擬聖公會講演稿，下午游泳。

三日　晴　傷風，寫哲學雜記。

四日　晴　傷風漸癒。

五日　晴　閱 Burtt 書。

六日　晴　閱 Burtt 書。

七日　晴　返九龍。

八日　晴　回友人之信、閱雜書。

九日　晴　復友人之信。

十日　晴　至珠海招生一日。

十一日　陰　寫一短文名宗教精神的偉大，紀念目前爲祈禱世界和平而絕食四十六日的死者。

十二日　晴　寫一文名海上玄思三千字，夜開校務會。

十三日　晴　續昨文三千餘字，夜列席校董會。

十四日　晴　上午辦雜事，下午與廷光安安往看白蛇傳，此故事乃中國民間故事，意義甚好。夜赴九龍飯店吃飯。

十五日　晴　上午復友人信二封，並囑安安與母親信，下午至趙冰先生處，並帶安安至虎豹公園。

十六日　雨　下午摩象雜誌社約談話。

十七日　晴　閱 J. Collins The Existentialists, A Critical Study. 一書。

十八日　陰　得斯駿信謂岳父已於去年逝世，不知確否，亂世人生如草芥，翻其舊信頓生悲感，廷光歸來尤悲痛，惟望此非事實，乃寫二信至北京及眉山詢問。

十九日　陰　辦校中雜事，與母親一函。

二十日　陰　略準備後日講演。

廿一日　陰　閱 Burtt: Types of Religions Philosophy。

廿二日　陰　上午至南華總修會講演，下午至珠海書院便談。

廿三日　晴　閱 Burtt 論宗教哲學之類型一書。

廿四日　晴　與廷光安安出遊。

廿五日　今日補考新生，得母親一函。

廿六日　晴　閱 Burtt 書一百頁，下午與廷光安安看江湖兒女。
廿七日　晴　今日錢先生由臺返港，上午至鴨巴甸講演。
廿八日　晴　與錢先生談，午間約各先生午餐，夜應許延俊約。
廿九日　晴　上午排課程，下午至趙冰先生處。
三十日　晴　上午商學校本期聘任教師事。
卅一日　晴　上午與錢先生同至蔡貞人處，中午同訪二老先生並至元朗夜歸。

九　月

一日　晴　上午應王某約午飯，下午蔡貞人約晚餐。
二日　晴　訪任東伯及王書林商課程。
三日　晴　上午至香港天主教修會講演，下午歸，夜陳伯莊約。
四日　晴　訪胡建人至正中買書。
五日　晴　下午開教務會議。
六日　陰　足痛。
七日　雨　排課。

八日　晴　閱印度倫理學綱要完。
九日　晴　今日新生第三次考試，下午至港大開會，夜閱名理探原。
十日　晴　整理學校課程。
十一日　晴　今日開始講演週。
十二日　晴　上午由我講演。
十三日　雨　上下午準備課程，夜至青年會講演。
十四日　陰　思課程內容。
十五日　陰　上午赴港大，下午與四妹、弢弟、六妹各一函，望四妹去蘇州。
十六日　晴　寫文名自由人文與孔子精神三千字。
十七日　晴　開師生談話會，續昨文七千字。
十八日　晴　上課二時，續昨文七千字。
十九日　晴　作文七千字。
二十日　晴　作文六千字。
廿一日　陰　改文並標點文一日。
廿二日　晴　上午改文完，下午上課二時。

廿三日　雨　上課四時。

廿四日　雨　上午至港大上課，下午與廷光看浮生六記。

廿五日　晴　復友人信三封，與母親一函。

廿六日　晴　上午過海購物，下午應友人約。

廿七日　晴　上午辦校中雜事，下午與廷光出外購物。

廿八日　晴　上午數友來，下午出遊。

廿九日　晴　上午至港大上課，閱心理學簡編。

三十日　晴　上課四時，並商學生免費事。

十　月

一日　晴　上午至港大上課，下午至任東伯處，得母親一函。廷光再去學縫衣。

二日　晴　校中師生遊梅窩。

三日　晴　上午閱社會思想史，下午與廷光安安看羅賓漢一片，今日中秋，與母親兌款。

四日　晴　上午閱社會思想史完，下午與廷光安安過海登太平山夜歸。

五日　晴　閱詹姆士心理學簡編。

六日　晴　上課三時，閱詹姆士心理學簡編完。
七日　晴　上課四時。
八日　晴　上午港大上課二時，下午與廷光看地球停頓記一片，並覆友人信數封。
九日　晴　上課四時。
十日　晴　今日國慶，街上掛青天白日旗者極多，足徵人心之轉變，中國之國家必須依中國文化之原則並由中國民族自主的建立，終當爲一切人所認同。上下午分赴教授及文化界宴會。夜學校舉行國慶及校慶。
十一日　晴　上午辦雜事，下午與廷光至張公讓處看病，歸睡。
十二日　陰　上午訪二友。
十三日　晴　上午閱雜書，中國文化之精神價值一書寄至港印，乃改數處。
十四日　晴　上課四時。
十五日　晴　上午至港大上課，下午閱所著書。
十六日　晴　閱所著書。
十七日　晴　上課四時，閱所著書。
十八日　晴　閱所著書完。

十九日　晴　重閱所著書完，明日送還正中付印。

二十日　晴　上課三時，連日閱改所著論中國文化書甚倦。

廿一日　晴　上課四時，閱 Northrop 一書。

廿二日　陰　上課二時。

廿三日　晴　上課三時，午後開教務會議。

廿四日　晴　上午閱 Northrop: The Logic of Science and Humanities，下午囑安安寫信與母親及四妹六妹，又至律師樓爲新亞書院登記事簽字。

廿五日　陰　上午閱 Northrop 書，下午過海購物。

廿六日　晴　上午覆友人信。念我過去寫文雖多，然未寫攻擊人諷刺人之文，亦未寫逢迎人或媚世悅人之文，並常求于文中勿有傷及他人及驕傲誇耀之語氣，此乃我之好處。但我寫文乃因常要自己說出自己之異乎流俗處而未能儘量求使人喻解，此乃仁智不足之故，宜改之。

我有一天生厭惡機械性之活動或紀律組織之性格，故少年時厭惡軍事操。廿二年在南昌直斥當時國民黨中之藍衣社之理論並欲自內部加以修改。當時程兆熊囑我代寫一文化宣言，我即首指出中國文化精神爲寬容博大。廿九年在教部時對陳氏之思想，甚欲其能改變。今之厭惡共黨根本理由亦在其與我之重寬容博大之意不合。然我之生活亦因此有無條理而雜亂之病，若干年來之思想漸使我之廣博思想秩序化，以後我之生活當亦求整秩方是，此固不礙我之重寬容博大之胸襟境界也。

廿七日　晴　閱 Northrop 書，並至港大上課。

廿八日　晴　上課四時，並赴二處約

廿九日　晴　整理書物並閱 Northrop 書。

三十日　晴　閱諾氏書夜完。

卅一日　晴　再閱諾氏書。

十一月

一日　晴　出外購物，閱諾氏書。

二日　晴　今日甚倦，下午思一文題並睡。

三日　晴　上課三時，閱物理世界眞詮。

四日　晴　上課四時，閱物理世界眞詮。

五日　晴　上午赴港大上課，下午閱自由與權力一書完。

六日　晴　上課四時。

七日　晴　閱雜書。

八日　晴　寫文三千字論民主與人文。

九日　晴　終日寫文成七千字。

十日　晴　寫文一萬二千字。

十一日　晴　寫文五千字，校對中國文化精神之價值一書。

十二日　晴　港大上課二時，寫文二千字。

十三日　晴　寫文五千字，大體完，但尚須改正。

十四日　晴　閱雜書二種。

十五日　晴　改前日所作文，下午與廷光看一影片。

十六日　陰　覆董介魁、周德偉各一函。

十七日　陰　上課三時。

十八日　晴　上課四時，又標點文三時。

十九日　晴　上課一時，標點文三時完，夜赴友約商人生一刊事。

二十日　晴　上課四時，改所作文，夜與廷光安兒看撒克遜刧後英雄傳一片。

廿一日　晴　校刊中國文化之精神價值稿。

廿二日　晴　校刊並出外購物。

廿三日　晴　上午校刋，下午睡，夜譚維漢講演。
廿四日　晴　港大上課二時，校刋稿。
廿五日　晴　上課四時，校刋稿。
廿六日　晴　上課二時，下午校稿。
廿七日　晴　上課四時並校稿。
廿八日　晴　上午辦校中事，下午寫中國文化精神價値封面，夜與錢先生赴一處之約。
廿九日　晴　上午辦雜事，下午再寫封面。
三十日　晴　校文六時。

十二月

一日　晴　上課三時，下午校文。
二日　陰　上課四時，校所著書完。共費時半月。
三日　陰　上課二時，得母親信謂已到穗六妹處。
四日　晴　上課四時。
五日　晴　重校所著書一日。

六日　晴　重校所著書，下午及夜應友約外出。

七日　晴　重校所著書完。

八日　晴　上課二時。

九日　晴　上課四時。過海爲安安買小車，今日爲彼九歲生日。

十日　晴　上午補校所著書，下午閱友人請閱之文稿完。

十一日　晴　上課四時。

十二日　晴　上午赴東南印務所，與母親一函。

十三日　晴　與錢先生至港大，並至一處購書。

十四日　晴　上午赴東南印務所並至趙冰先生處。

十五日　陰　與吳士選一函，上課二時。

十六日　晴　久不得母親函不知何故，今日安安去一械。上課四時，夜與廷光安安看一電影。

十七日　晴　往印務所改錯字，今日乃眞將此書校刊事弄完，所費時亦不少也。

十八日　陰　安安出痲子，今日得母親信知其尚好。上課三時，擬哲學系課程綱要，並閱雜書。

十九日　陰　安安出痲子尙順遂，已全身現紅點，與佛觀一函，閱宗三文，擬選一篇載民評。

二十日　陰　改一序擬交一刋發表。

廿一日　晴　應一友之約赴鑽石山並赴陳伯莊處一談，夜主持講演會。並寫一短文三千字，三時始睡。

廿二日　晴　安安痲子已出完，上課二時。

廿三日　晴　上課四時，夜往請一佛學家講演。

廿四日　陰　爲王道書寫一序一千五百字。

廿五日　陰　下午參觀國貨展覽會。

廿六日　晴　赴民評校刋文。

廿七日　陰　上午未作事，下午再赴民評校刋文。

廿八日　晴　上午準備講演，下午睡，夜講演眞理之標準二小時。

廿九日　晴　上課一時並過海，夜與廷光安安看錦繡人生一片。

三十日　晴　上課一時，過海購物，夜劉百閔來商民評事。

卅一日　陰　上午未作事，下午睡，廷光與母親一函。

民國四十二年（一九五三年）

一月

一日　晴　下午至夜寫懷鄉記四千字，夜應王道人生社之約。

二日　晴　上午改作文，赴珠海聚餐，今日廷光生日，同出吃飯，夜看兒女經。

三日　晴　與宗三一函，四時赴英京酒家商民評事夜歸。

四日　晴　爲校刊寫文，題爲論學問之階段三千字。

五日　晴　上課二時並至港大上課一時。

六日　晴　上課四時。

七日　晴　上課二時，改舊作三時，安安與母親一函。

八日　晴　上課四時。

九日　晴　改寫所作文，下午至民評社。

十日　晴　過海改身分證地址，下午看學生校刋文。

十一日　晴　上午寫一短文，題爲亞洲社會主義在仰光開會感言，下午辦雜事。

十二日　晴　上課三時。

十三日　晴　上課四時。閱 Collins: The Existentialists。

十四日　晴　上課一時，至劉百閔及傑克處。下午與母親一信，夜商人生一刋事。

十五日　晴　上課二時。

十六日　晴　上午過海購物，下午開教務會議。

十七日　晴　覆韓裕文、張澄基各一函，張曾任金大助教，並曾入康藏學佛，又在美教佛學，曾誓言不澈悟不說一字。彼以讀我文來函，觀其函知其爲一宗教性格之人，故覆彼一函。人類中確有各種向上精神強之人，此人類之可愛也。

十八日　晴　改一文交人生一刋，夜請張性人講佛學。

十九日　晴　至港大上課，下午考試。

二十日　晴　閱試卷，下午至珠海上課。

廿一日　晴　至港大上課，下午考試監堂。

廿二日　晴　終日考試監堂並閱試卷。

廿三日　晴　考試並辦雜事，整理此二期講演之筆記五時完。

廿四日　陰　上午整理教務處表册，下午與廷光看一電影，歸來整理形上學筆記五時完。

廿五日　陰　上午整理知識論筆記，下午應二友之約，夜余協中講演。

廿六日　雨　上午至港大上課。

廿七日　雨　下午至珠海考試並還書，夜與廷光安安送六妹小孩衣物至蕪湖待托人帶至穗。

廿八日　晴　上午至港大上課，鈔筆記三時，夜商學校事。

廿九日　晴　上午辦學校事整理文件，下午閱 Brand Blanshard: The Nature of Thought 。

三十日　陰　赴移民局領母親入境申請書。

卅一日　陰　上午辦學校事，中午應友約，夜閱 Russell: Meaning and Truth 一章。

二　月

一日　陰　赴珠海約午餐，歸來閱 Russell 書一章。

二日　晴　上午赴港大上課並至圖書館借書，下午未作事，夜與安安下棋。

三日　晴　上午閱 Russell 書，下午赴鑽石山訪陳伯莊。
四日　晴　上下午均在港大上課開會。
五日　晴　閱 Russell 書，下午辦學校事。
六日　陰　上午閱 Russell 書二時，下午寄母親六妹入境申請書與移民局。
七日　晴　陳伯莊來下棋至夜。
八日　晴　上午閱衞禮賢釋之易經二時。
九日　晴　至港大上課，下午至民評社開會。
十日　晴　今日考試。
十一日　晴　至港大上課，下午與廷光購物。
十二日　晴　辦校中事。
十三日　陰　今日陰曆除夕。寫信二封。
十四日　陰　今日元旦上午有人來，下午出謁友。
十五日　陰　上午仍有人來，下午與廷光安安看孽海花一片覺頗有情味。
十六日　晴　下午至鑽石山拜年，夜應數青年之約講學問之開始一題二時。
十七日　晴　辦學校事。

十八日　陰　上午至港大上課，下午至集成圖書公司。
十九日　陰　上午辦學校中事，下午作一文論哲學與學問二千餘字。
二十日　陰　上午續昨文二千字完。交人生一刋。
廿一日　晴　寫信二封，下午回拜拜年者，夜至九龍酒店。
廿二日　晴　明日開學，今日商課程事。
廿三日　晴　今日開學，上午至港大上課，下午辦雜事。
廿四日　晴　全日辦校中事。
廿五日　晴　上午至港大上課，下午至珠海開會，夜應友人約晚餐。
廿六日　陰　上午應中國學生報約寫一短文新春與青年談立志二千字，下午辦學校事。
廿七日　晴　今日正式上課並補考學生。
廿八日　晴　今日我開始新亞上課。

三　月

一日　晴　上午改文，中午赴教授聯會聚餐，下午改學生文卷。廷光今日又開始去學裁剪。
二日　晴　上課三時，夜人生雜誌會開會。

三日　晴　上課三時，夜與廷光安安看一片。
四日　晴　上午赴港大上課，下午在該校開會晚歸。
五日　陰　上課二時，下午過海購物，與母親一函。
六日　陰　上課一時。
七日　陰　上課三時，報載俄酋史大林死人心稱快。
八日　晴　準備課。
九日　晴　赴港大上課，下午開會，夜至民評社晚歸。
十日　晴　辦校中事並上課三時。
十一日　陰　至港大上課，下午至趙冰先生處，請其代寫一函與移民局催母親入境證。
十二日　陰　上課二時，下午訪一友。
十三日　晴　重排課費時甚久。
十四日　陰　上課三時，夜同學開晚會。
十五日　晴　與母親一函。
十六日　晴　上課二時夜準備課。
十七日　晴　上午上課一時，下午港大上課二時。

十八日　晴　上午思時空問題；下午友約外出，並辦校中事。
十九日　晴　上課二時。閱Russell: Human Knowledge。
二十日　晴　上課一時。閱 Russell 論 Leibnitz 一書。
廿一日　陰　上課一時，閱昨書。
廿二日　陰　下午赴筲箕灣，夜開文化講會。
廿三日　晴　鈔知識論筆記八時，上課二時。
廿四日　晴　準備知識論筆記。
廿五日　晴　準備知識論筆記。
廿六日　晴　上課二時，出外理髮，下午閱 Russell 書。今日為母親六十六歲生日，下午與廷光安安出外攝一影以便寄去。
廿七日　晴　上課一時，閱 Russell: Meaning and Truth。
廿八日　晴　上課三時，閱Introduction to Metaphysics。乃天主教之書。
廿九日　晴　與錢先生、張丕介過海看一房屋，下午歸，夜主持講演會。
三十日　晴　上課一時，港大上課一時，兼閱同學之文稿。
卅一日　陰　上午閱一同學之論神學稿，六妹來信言母病，乃去一函。閱 Introduction to Me-

taphysics。

四月

一日　陰　閱 Lotze's: Theory of Reality。

二日　晴　閱昨書完。

三日　晴　閱羅素 Meaning and Truth 完。

四日　陰　上午閱 Nature of Thought，下午與廷光安安赴沙田一遊。

五日　晴　思哲學問題，夜講演會。

六日　陰　上午與佛觀一函，下午過海訪趙先生詢可否請醫生證明母親入境事並與廷光安安看馬戲電影。

七日　陰　上午得母親函謂將去蘇州，此間入境久辦不成，眞令人作急，與母親一函，下午至珠海上課二時，歸來閱雜書。

八日　陰　上午港大上課二時，下午閱中國憲法並上課一時。

九日　陰　上課二時，寫文二千字不好，夜整理一舊文二千字。

十日　晴　上課一時，整理昨文至下午四時畢，共約八九千字。

十一日　晴　上課三時，下午閱 Nature of Thought 四十頁。

十二日　晴　上午閱 Nature of Thought 數十頁，下午與廷光安安赴鑽石山，夜請饒宗頤講演。

十三日　陰　港大上課二時與佛觀一函，下午上課一時，並改文。

十四日　陰　上午至亞洲書店訂心物與人生一書契約，下午上課四時。

十五日　雨　港大上課二時。

十六日　晴　上午二時。

十七日　雨　上課一時，閱 Nature of Thought。

十八日　陰　上課三時，閱杜威 Logic 一章。

十九日　陰　閱羅素數理哲學，復友人信二封。

二十日　陰　港大上課一時，赴移民局詢母親入境證事，彼允查。

廿一日　陰　閱穆勒名學半卷。

廿二日　陰　港大上課二時，至移民局知編號弄錯，手續未完，歸來補塡申請書二張。

廿三日　陰　上課二時。

廿四日　陰　至移民局重交母妹申請書。夜林仰山請吃飯。

廿五日　陰　上課三時，晚與廷光安安赴牛池灣。

廿六日　晴　與佛觀等函，下午與廷光過海購物，請講演，夜失眠。
廿七日　晴　港大上課一時，甚倦，下午復友人信，命安安與母親一函。今日正中寄來我所著中國文化之精神價值，夜學校宴謝幼偉以彼初自印尼來。
廿八日　晴　上課四時。
廿九日　晴　港大上課二時。下午赴九龍城，夜請麋文開看一影片。
三十日　晴　至移民局取母妹身分證寄去。

五　月

一日　晴　上課一時，下午睡，夜與安安廷光看一電影。
二日　晴　上課三時，閱雜誌。
三日　陰　準備講演稿五時。
四日　陰　上午港大上課，下午上課一時，並閱理則學試卷。
五日　陰　寫信二封，上課四時。
六日　陰　上午港大上課二時，港大課今日卽結束。下午與同事商學校事。
七日　晴　上課二時，整理雜物以便母親來住。

八日　晴　上課一時，閱羅素數理哲學。

九日　晴　上課三時，中午赴一約會。

十日　晴　閱羅素數理哲學，多不了解，下午與廷光安安看一片，與母親一信，夜請人講演膨脹的宇宙。

十一日　晴　復友人三信，上課一時，閱羅素書。

十二日　晴　閱羅素書，上課二時，母來信謂六妹不能來。

十三日　陰　整理筆記，並思數之問題。

十四日　晴　上課二時，下午至港大圖書館。

十五日　晴　上午上課一時，下午過海至商務購書。

十六日　陰　上課三時，廷光與母親一函。

十七日　晴　與畢業同學同遊青山寺，下午歸。

十八日　晴　得母親一函謂不能來，想係出境證未許之故，頗不快樂，並與母親一函，請其改請單程不知可否。

十九日　晴　上課四時，牙痛。

二十日　晴　牙痛增劇未作事。

廿一日　晴　牙痛未癒乃請假，閱聊齋誌異。
廿二日　晴　牙痛漸癒，與母親一函謂如此次不能來以後再請。
廿三日　陰　上課三時。
廿四日　陰　閱培根論文集，傷風。
廿五日　晴　閱培根論文集完，傷風漸癒。
廿六日　晴　思著中西哲學之比較大綱，下午赴九龍城，夜卜母親來事，晚睡。
廿七日　陰　至港大考試。
廿八日　陰　上午考試，母親來信謂暫不能來。
廿九日　陰　至移民局為母親入境證請延期。
三十日　陰　考試二時，約友人商圖書館事，夜閱卷。
卅一日　陰　上午辦學校事，下午與廷光安安看一片。

六　月

一日　晴　上午閱 Leibniz 書，下午上課一時。
二日　晴　閱羅素數理哲學，下午赴花園飯店。

三日　晴　閱羅素哲學中之科學方法。

四日　晴　上課二時，中午應友人約。

五日　晴雨　上課一時，夜與廷光安安看白蛇傳遇暴雨。

六日　晴　上課三時。

七日　陰　上午整理舊文，下午過海，夜講演會。

八日　陰　上午過海送宗三書至亞洲書店，下午上課二時，夜改前著論羅近溪文四時。

九日　陰　上午至港大開會，下午至移民局領母親入境證，尚未辦好，夜改羅近溪文三時完。

十日　晴　上午赴移民局領母妹入境證，下午上課一時。

十一日　晴　閱羅素數理哲學並思其中問題，與母函。

十二日　晴　上午上課一時。

十三日　晴　上午上課三時，下午思個體問題。

十四日　晴　寫信五封。

十五日　晴　全日改文，今日端午。

十六日　晴　上午改文，下午上課二時。

十七日　晴　上午過海。

十八日　晴　上午上課二時，下午孟氏圖書館開會。
十九日　陰　上午上課一時，改寫心物與人生序。
二十日　陰　上課三時，改西方文化根本問題一文，今日父親忌日。
廿一日　晴　爲校刊及學生周報寫讀書之重要及論讀書之難易二文共四千字。
廿二日　晴　改文，下午上課二時，寫學問與學問方法文四千字。
廿三日　晴　上午改昨文，下午上課二時。
廿四日　晴　上午至港大校改張橫渠一文，下午上課一時。
廿五日　晴　上午上課二時，下午開孟氏圖書館會。
廿六日　晴　上課一時，赴亞洲書店，下午出外購物，夜至劉百閔處晚餐。
廿七日　晴　上課三時，下午開教務會議。
廿八日　晴　連日事多極倦。
廿九日　晴　上午辦教務事，下午上課二時，寫學問之始點一千字。
三十日　陰　上午寫學問之始點二千字，下午上課四時，夜續完上午文共四千字。

七　月

一日　陰　上午改昨文二時。

二日　晴　今日開始考試，夜閱 Hegel: Philosophy of Right 。

三日　晴　考試，閱 Hegel 書。

四日　晴　閱 Hegel 書正文完，但皆未細看。

五日　晴　閱 Hegel 書，畢竟是天才之大作。

六日　晴　閱 Hegel 書，下午還港大圖書館。

七日　晴　上午商課程事，下午至珠海考試，閱 Dewnlf: Medieual Philosophy。

八日　晴　上午辦雜事，下午睡，母親來信謂出境證仍未得，已不能來矣。

九日　晴　上午至港大開會，下午睡並閱鬼谷子。

十日　晴　上午改文，中午赴一約會，夜與廷光安安往看一影片。

十一日　晴　與友人信三封，今日第三屆同學行畢業禮，此班學生乃此校開辦時所招，亦對學校情意最厚者，今日畢業頗有惜別之感。

十二日　晴　與母親一函，今日頗感疲倦，下午睡並閱試卷。

十三日　晴　上午至民評社校文，下午赴孟氏圖書館開會。

十四日　晴　上午閱 Dewnlf: Medieual Philosophy 大體完。

十五日　晴　辦學校事，閱論 Dilthey 書。
十六日　晴　思改作西方文化根本問題之後篇。
十七日　晴　下午赴林仰山約。
十八日　晴　寫文九千字，論西方文化中之悠久和平問題。
十九日　晴　上午開各校教科書會。
二十日　晴　寫文四千字。
廿一日　雨　寫文五千字。
廿二日　晴　改文一日完。
廿三日　晴　考試，並閱天主教神學書。
廿四日　晴　校改文稿一日。
廿五日　雨　上午至港大開會，下午至民評社。
廿六日　陰　閱 Dilthey 書，下午睡，夜應友約。
廿七日　晴　上午辦學校中事。
廿八日　晴　下午至港大取宗三書，以亞洲書店不印，眞無出息之書店也，夜看學生演劇。
廿九日　晴　上午未作事，下午校文。夜與廷光安安看寸草心一片甚好。

三十日　晴　上午閱 Dilthey 書，下午校所著文。

卅一日　晴　閱 Dilthey 並校文。

八　月

一日　晴　上午閱 Dithey，下午睡，夜應友人宴。

二日　晴　閱 Berdyaev: The Destiny of man 三時，得母信知四妹已到穗。

三日　晴　赴沙田下午歸。

四日　晴　閱 Berdyaev 書五時。

五日　晴　閱 Berdyaev 書二時，下午看一影片。

六日　晴　閱 Berdyaev 書。

七日　晴　閱 Berdyaev 書完，此書甚好，意亦多，與我所思相合。

八日　晴　閱 Cunningham：十九世紀英美之理想主義百餘頁。

九日　晴　閱昨書，下午赴沙田一遊。

十日　晴　閱昨書百餘頁。

十一日　晴　閱昨書百數十頁完。

十二日　晴　閱 Husserl: Ideas General Introduction to Pure Phenomenology 書八十頁，此書昔年閱過，今重讀，乃知昔日並未了解。

十三日　晴　閱 Husserl 現象學八十頁。

十四日　晴　赴珠海監考一日。

十五日　晴　閱 Husserl 書五十頁。

十六日　晴　與友人一長信四千字。

十七日　晴　補改昨信四千字。

十八日　陰　補改昨信一千字，下午睡，閱 Husserl 書數十頁。

十九日　陰　閱 Husserl 書五十頁。

二十日　陰　上午開英文教學會，下午訪二友，夜赴饒宗頤約晚餐。

廿一日　陰　上午孟氏圖書館開會，下午閱 Husserl 書卅頁。

廿二日　陰　閱 Husserl 書五十頁。

廿三日　晴　上午辦雜事，下午至荔枝角一遊。

廿四日　晴　上午閱 Husserl 書完，下午閱 The Existentialists數十頁。

廿五日　晴　上午與佛觀、兆熊、麇文開各一函。閱 Existentialists 一書數十頁。

廿六日　晴　閱昨書完，下午圖書館開會，閱 Sorokin: Socio & Cultural Dynamics 第四册。
廿七日　晴　閱昨書百頁，傷風。
廿八日　晴　傷風未癒，閱昨書。
廿九日　晴　閱昨書二百頁大體完。
三十日　晴　上午寫信二封，夜思西洋哲學史中之理性與非理性問題，失眠。
卅一日　晴　重閱 Husserl 書數十頁。

九　月

一日　晴　至港大還書兼赴亞洲出版社取所著書校刊。
二日　晴　整理文稿。
三日　晴　改信稿。
四日　晴　辦校中雜事。
五日　晴　今日新生考試，安安與母親一信。
六日　晴　與廷光安安至大埔墟。
七日　晴　閱 Sorokin 書。

八日　晴　擬將年來所著論中西文化而照顧現實之文編爲一集，夜作一序五千字。
九日　晴　上午辦雜事，下午至港大開會。
十日　晴　作文三千字，擬定名中西文化之反本與開新。
十一日　晴　整理人文精神之重建。閱 Sorokin 書。
十二日　晴　校對心物與人生，並辦學校事。
十三日　晴　上午校心物與人生，下午排課。
十四日　晴　辦理教務事，廷光謂擬旁聽我與錢先生課，甚好。
十五日　晴　辦學校事，下午至珠海上課。
十六日　晴　校刊文四時。
十七日　陰　上午與學生談話，下午閱兆熊書及李定一中國近代史。
十八日　雨　閱昨書完。
十九日　晴　校刊文三時。
二十日　陰　今日第二次新生考試。
廿一日　晴　上午上課三時，下午英文測驗。
廿二日　晴　上午校刊文，下午看一片。

廿三日 晴 赴港大。

廿四日 晴 上午辦校中事，下午赴珠海上課。

廿五日 晴 上午赴港大，下午閱 Sorokin 書第三册。

廿六日 陰 辦學校事，閱 Sorokin 書二時。

廿七日 晴 辦學校事。

廿八日 晴 今日孔子生日，港大上課一時，下午赴孟氏圖書館。

廿九日 晴 上課四時並辦學校事。

三十日 晴 上課三時。

十月

一日 陰 上午港大上課，下午珠海上課，夜至蔡貞人處。

二日 晴 辦教務事一日。

三日 晴 上午港大上課，下午辦教務事。

四日 晴 上午辦教務事。

五日 晴 上午上課三時，下午辦學校事。

六日　晴　上課五時。
七日　晴　上課一時，改文。
八日　晴　上課三時。
九日　陰　今日甚倦。
十日　晴　國慶校慶。
十一日　晴　校刊文二時，下午出外。
十二日　晴　休息。
十三日　晴　上課五時。
十四日　陰　上課一時，下午睡。
十五日　晴　上課四時。
十六日　晴　與學生遊蝴蝶谷，與佛觀一函。
十七日　晴　上午港大上課一時，下午與廷光安安看楊汝梅先生病。
十八日　晴　改舊文半日。
十九日　陰　上課三時。
二十日　晴　上課三時，下午淸書。

廿一日　晴　上課一時，改舊文三時。

廿二日　晴　上課四時並改文。

廿三日　陰　上午改文完，分名東方道德宗教之智慧及日常的社會文化生活與人類和平及人文悠久。

廿四日　陰　上午至港大上課，下課後廷光與安安來。

廿五日　晴　上午閱雜書，下午看電影。

廿六日　晴　上課三時，下午準備人文主義之歷史發展講演。

廿七日　晴　上課四時，並校文。

廿八日　晴　上課一時，下午未作事。

廿九日　陰　上課四時。

三十日　陰　上課一時，開圖書館會，夜應友約。

卅一日　雨　赴港大閱書，下午廷光安安來。

十一月

一日　陰　整理筆記一日。

二日　晴　上課三時，整理雜物。
三日　晴　上課五時，鈔筆記三時，乃十七年前在中央大學教中哲問題時所用者。
四日　晴　續鈔昨筆記。
五日　晴　上課三時，鈔筆記完。
六日　晴　整理西哲史筆記一部。
七日　晴　整理筆記完。擬明日講演人文主義之歷史發展大綱。
八日　晴　應友約遊荃灣青山。夜講演二時。
九日　晴　終日整理講演筆記。
十日　晴　上課五時甚倦。
十一日　陰　上課一時。
十二日　陰　港大上課一時，下午出遊。
十三日　陰　上課一時，覆友人信。
十四日　陰　閱吳著基督教與中國文化一書完。
十五日　晴　上午補試新生，下午準備講演，夜講演二時。
十六日　雨　上課三時，寫信二封，閱林語堂生活的藝術一冊。

十七日　晴　上課五時，閱試卷。

十八日　晴　上課一時，閱孫璋性理眞詮一書。

十九日　雨　上課四時，夜與廷光安安看馬戲。

二十日　晴　上課一時，寫研究計畫二千字，下午開會。

廿一日　晴　港大上課一時，整理人文精神之重建。

廿二日　晴　上午整理人文精神之重建，下午至商務爲孟氏圖書館選書，夜主持文化講座。

廿三日　陰　上課三時，下午整理人文精神之重建。

廿四日　晴　上課四時，整理人文精神之重建至深夜。

廿五日　晴　寫研究計畫三千字，上課一時。

廿六日　晴　上課三時。

廿七日　雨　上課一時，下午出外購書。

廿八日　雨　上課一時，校文三時，夜新亞同仁聚會。

廿九日　晴　今日安安滿十歲，上午至荔枝角，下午過海爲安安購書，並購一洋娃娃。

三十日　晴　上課三時，下午至孟氏圖書館閱書。

十二月

一日　晴　上課三時。
二日　晴　上課五時，夜赴人生社。
三日　晴　上午至港大圖書館，下午上課二時，夜看一影片，閱思想自由史。
四日　陰　上課一時，下午至研究所，夜看一影片。
五日　陰　上午過海購書，夜閱思想自由史完。
六日　晴　與胡漢仿、盧毅安看相，彼謂明年二三月可見母親云，下午未作事。
七日　晴　上課三時，下午閱西洋政治思想史。
八日　晴　上課五時。
九日　晴　上課一時，下午開研究所會。
十日　晴　赴港大開會，上課二時，閱張東蓀知識與文化。
十一日　晴　上課一時，下午辦雜事，夜赴友約晚餐。
十二日　晴　整理人文精神之重建目錄，閱浦薛鳳西洋政治思想史。
十三日　晴　閱西洋政治思想史。

十四日 晴 上課三時，閱昨書，並出外爲孟氏購書。

十五日 晴 上課五時，閱西洋政治思想史完。

十六日 晴 上課一時，下午至研究所閱書。

十七日 晴 上午抄錄札記，下午上課二時，夜閱 Muller Lynen：社會進化史。

十八日 晴 閱昨書完。

十九日 晴 上午開始作中西學術思想之比較論。夜成三千字。

二十日 晴 續昨文六千字。

廿一日 晴 續昨文四千字完，上課三時。

廿二日 晴 上課二時，今日廷光生日，出外看電影並吃飯。

廿三日 晴 改昨文二千字，校改標點前日之文夜三時乃畢。

廿四日 晴 再標點昨文至下午乃畢，閱甲寅雜誌存稿。

廿五日 晴 辦雜事並出遊，夜閱甲寅雜誌存稿。

廿六日 晴 閱雜書，下午睡。

廿七日 晴 步行至牛頭角過海。

廿八日 晴 上課三時校稿二時。

廿九日　晴　上課五時。
三十日　晴　上課一時，下午赴研究所。
卅一日　陰　上課二時，夜開聯歡會。

民國四十三年（一九五四年）

一　月

一日　晴　今日新年，上午出外看一影片。

二日　晴　寫文七千字。

三日　晴　上午二友來訪，下午出外看電影，夜主持講演會。

四日　晴　上課三時，下午赴研究所。

五日　晴　上課五時，夜應友人約宴。

六日　晴　上課一時，下午研究所開會。

七日　晴　上課四時夜閱 Robinson 心理之改造完。

八日　陰　上課一時。
九日　晴　至港大上課，閱蔣著近世我之自覺史完。下午廷光安安來。
十日　晴　下午出遊，夜主持講演會。
十一日　晴　上課三時，下午閱某譯語言與人生一書完，乃講意義學者。
十二日　晴　上課四時。
十三日　晴　上午赴港大，下午至研究所。
十四日　晴　上課三時。
十五日　晴　上課一時，下午赴研究所。
十六日　晴　上午港大上課一時，下午訪費醫生，夜人生聚餐。
十七日　晴　上午訪楊宗翰，下午睡。
十八日　陰　上課三時，下午赴研究所。
十九日　晴　上課三時，下午赴珠海考試，歸閱試卷。
二十日　晴　上課二時，下午閱學生徵文。
廿一日　晴　上課一時，下午至珠海考試。
廿二日　晴　復宗三一函，下午至孟氏圖書館開會，夜赴港大東方文化研究所開會。

廿三日 陰 上午開哲學書目，夜至港大聽崑曲。

廿四日 陰 上午看學生徵文，下午看安徒生傳，夜赴史學聚談會聽講。

廿五日 陰 上午考試。

廿六日 陰 上午考試，下午校刊文。

廿七日 晴 上午至港大上課。

廿八日 陰 閱政治中之人性完，閱 LeBon 政治心理數十頁。

廿九日 陰 閱政治心理完。

三十日 晴 上午港大上課，下午辦雜事。

卅一日 晴 與母親一函，下午爲學生校刊文，寫文二千字，題爲略說學問中之生死關。

二 月

一日 晴 下午至研究所看書，命安安與二妹四妹各一函，夜閱 Hegel: Ethical Teaching 數十頁。

二日 晴 今日舊曆除夕，下午閱昨書。

三日 晴 今日出外拜年。

四日　晴　至鑽石山，夜閱 Hegel: Ethical Teaching 完。

五日　晴　出外拜年。

六日　陰　上午至港大借書，夜閱 Lossky: Russian Philosophy。

七日　陰　上午數友來訪，閱自然哲學與社會哲學。

八日　晴　與同學遊荃灣鹿野苑。

九日　晴　上午清理雜物，下午出外飲茶。

十日　晴　上午至港大上課二時，得母親一函。

十一日　晴　與人生雜誌同人遊沙田慈航淨苑。

十二日　陰　招考新生。

十三日　晴　閱試卷並赴港大上課。

十四日　陰　爲竺摩法師題布袋和尚一篇，本布袋和尚笑歌意題曰：伏羲畫卦來，太極粉花碎。袋裏復何如，乾坤了無寄。復潘重規及兆熊函。下午看一影片。

十五日　晴　辦學校事，閱 Berdyaev: Freedom and the Spirit。

十六日　晴　上午融熙法師來，開英文科會議，夜看電影。

十七日　晴　上午至港大上課二時並買書，夜排課至深夜。

十八日　晴　辦學校雜事，寫一信與佛觀介胡漢。下午至浸信會講演：感覺世界與超感覺世界。
十九日　晴　辦雜事出外購書。
二十日　晴　上午港大上課，下午至錢先生處，彼病，代其閱試卷。
廿一日　陰　今日補考學生。並寫秦以後中國哲學講稿五千字。
廿二日　晴　補昨稿六千字。
廿三日　晴　上午標點昨稿，辦學校事，校刊所著論羅近溪理學一文。
廿四日　晴　至港大上課二時，並至民評社。
廿五日　晴　今日開學與學生講話，下午辦學校事。
廿六日　晴　上午閱太戈爾森林哲學。
廿七日　晴　至港大後赴史學座談會，夜至信義會團契會講演：現代哲學對宗教之態度。閱 Joad Decudeme Philosophical Euquiry。
廿八日　陰　閱 Joad 書大體完。

三　月

一日　晴　上課一時，閱羣學肄言，下午赴研究所，夜赴香港大學中文系會並晚餐。

二日　晴　上課三時，下午赴研究所。
三日　晴　上課二時，下午赴研究所。
四日　陰　上課三時，下午指導學生開系會。
四妹昨來信，謂彼去彭家場，問我們所存劉家之書，云以劉家為地主之故而被沒收，我十五至卅五年之日記與札記詩稿等，皆已無踪跡矣。我在此十五年中乃學問最進步之時，日記中所記之生活反省及思想皆最詳，札記中則包含三十以前之思想系統，此皆我過去最寶貴者，今已不知所在矣。唯聞父親之日記手稿尚多存于宜賓云，此則可慰。
五日　晴　上午辦雜事，夜至太子道開港大聚餐會。
六日　陰　上午至港大，下午至錢先生處開系主任會議，審查學生請免費等事。
七日　陰　全日辦教務事。
八日　晴　上課一時，下午與廷光安安遊淺水灣。
九日　晴　上課二時，下午赴研究所。
十日　晴　上午赴港大，下午補考新生。
十一日　陰　上課三時，下午指導學生開級會，夜上課二時。
十二日　陰　上午辦校中雜事，閱胡蘭成山河歲月，下午開孟氏圖書會。

十三日 晴 上午港大上課並至商務購書，下午歸寫信。

十四日 晴 上午補考學生下午過海購書，夜主持講演會。

十五日 晴 上課一時，下午赴研究所閱羣學肆言。夜念我過去之寫文可分五時期：自廿六歲至廿九歲數年皆喜論中西哲學問題之比較後輯成中西哲學之比較論集于正中出版，卅歲至卅三歲數年中喜論道德人生成人生之體驗及道德自我之建立二書在中華商務印行，卅四歲後應教育部之約寫中國哲學史綱十七萬言，至卅六歲復補作宋明理學論廿萬言，後又寫朱子理氣論七萬言，此文後只零星在刊物上發表若干篇，大約見于理想與文化歷史與文化及學原，卅八歲至四十一歲時寫文化之道德理性基礎，其中有二篇四十二歲時乃完成，四十一歲至今則又著重論中西文化及人類文化前途等問題而針對時代立言。回想起來，皆四年一變，乃不期然而然者亦異事也，不知此後數年尚如何。

十六日 晴 今為母親六十七歲生日。上課二時，下午至牛頭角一遊。

十七日 晴 上午至港大，下午至研究所，一美國學哲學者來與我談中國文化，夜乃歸。

十八日 晴 上課三時，下午指導系會，夜至珠海上課二時。

十九日 晴 校正中國文化精神價值一書錯字，寄正中書局，下午閱胡蘭成山河歲月一書完。

二十日 陰 閱羣學肆言完。

廿一日 晴 閱雜書，夜主持講演會。

廿二日　晴　上課一時，介胡漢至孟氏圖書館作事與之同去。
廿三日　晴　上課二時，閱雜書。
廿四日　晴　上午準備課，下午至錢先生處開會商學校事，夜辦學校雜事。
廿五日　晴　上課五時，學生開級會，並至太子道研究所商學校事。
廿六日　晴　辦雜事，開級會，夜再至錢先生處商學校事。
廿七日　晴　爲學校事過海，夜參加史學會。
廿八日　陰雨　整理課程表，夜主持講演會。
廿九日　晴　上課一時，擬課程表。
三十日　晴　上課二時，研究所開會並招待外國友人。
卅一日　陰　上午至港大，下午擬學校課程，夜新亞校董會開會，招待耶魯至本校商合作事之代表。

四　月

一日　陰　上課三時，下午與新亞同人及昨來之耶魯代表郎家恆同往覓新校址地，夜教授會招待郎氏。

二日　陰　上午擬課程表。

三日　晴　上午郎氏來校參觀，下午辦雜事。

四日　晴　上午出外看校地，下午乃歸倦甚，夜復宗三、蘭成信。

五日　晴　上午辦學校事，下午過海看竺摩畫展並購書，約陶先生在太子道聚談。

六日　晴　上午覆友人信，下午出遊牛頭角，夜整理課程表。

七日　晴　港大上課二時，下午出遊。

八日　陰　上午上課三時，下午至太子道研究所談。

九日　陰　出外購書。

十日　陰　上午至港大，下午準備一講稿，夜閱科學理論書。

十一日　晴　上午閱科學理論書，下午過海購書，夜主持講演會。

十二日　晴　上課一時，夜應友人約。

十三日　陰　上課二時，下午考試。

十四日　陰　港大上課二時，下午主持講演會，夜至珠海上課二時。

十五日　晴　上午考試三時，下午閱試卷，至崇基講演人在宇宙之地位。

十六日　陰　閱西哲史書，下午過海購書。

十七日　陰　上午過海購畫，下午閱西哲史書。
十八日　晴　上午閱西哲史書，下午至荔園一遊，夜主持講演。
十九日　晴　上課一時，思哲學問題，下午看一片。
二十日　陰　上課二時。
廿一日　陰　與哲教學生遊蝴蝶谷下午歸。
廿二日　陰　上課三時，下午鈔明儒學案與劉蕺山相關處。
廿三日　晴　準備夜間所講劉蕺山與宋明理學，夜港大同人聚會，講劉蕺山。
廿四日　晴　港大上課，下午睡，夜友人約宴，開書目。
廿五日　晴　至沙田一遊，夜主持講演會。
廿六日　晴　上課一時，開哲學書目。
廿七日　晴　上課二時，下午至錢先生處商學校事。
廿八日　晴　港大上課二時，下午主持講演會，並至珠海考試。
廿九日　晴　上課三時，覆友信三封。
三十日　晴　上下午均有客來，夜賀友人八十生日。

五月

一日　晴　港大上課一時，閱 The Nature of Thought。

二日　晴　閱魯賓孫新史學完，夜主持講演會。

三日　陰　閱The Nature of Thought。

四日　晴　上課二時，下午復勞思光一長函三千字。

五日　晴　上午港大上課，下午至半島酒店與日本人清水談，夜珠海上課二時。

六日　陰　上課三時甚倦，夜閱史學一書。

七日　陰　閱 The Nature of Thought，下午應劉百閔約與清水等談。

八日　晴　赴港大閱書，下午睡並參加學生辯論會。

九日　晴　與學生遊荔枝角下午歸，夜主持講演會。

十日　陰　上課一時並準備課。

十一日　陰　上課二時，閱 The Nature of Thought。

十二日　陰　上午赴自由亞洲會，下午未作事。

十三日　晴　上課三時，下午與友人過海看電影。

十四日　晴　上午校改昔所作文。
十五日　晴　與學生遊青山寺。
十六日　晴　標點人文精神之重建。
十七日　晴　上課一時標點昨書。
十八日　晴　上午考試二時並標點昨書至下午完。
十九日　晴　標點昨書至夜。
二十日　晴　上午考試並上課，下午至錢先生處開會。
廿一日　晴　上午擬人文叢書計劃至下午乃畢。睡二時。夜應林仰山約晚飯。
廿二日　晴　應中國一週約寫短文千四百字。
廿三日　晴　閱 Schilpp: The Philosophy of Alfred North Whitehead。
廿四日　晴　閱昨書，下午至錢先生處談。
廿五日　晴　上課二時，得五弟信言成蕙去世，與五弟一函安慰之，並兌款百元去。
廿六日　晴　上午至港大考試，下午閱 Schilpp 所編書。
廿七日　晴　港大考試並至圖書館閱書，下午四時歸。
廿八日　晴　至珠海問安安入中學事，下午整理書目，夜閱 Schilpp 所編書。

廿九日　晴　閱 Schilpp 編論 Whitehead 中一文，下午重訂學校圖書館擬購書目。
三十日　陰　上午一舊同學來訪，下午睡，夜主持文化講座。
卅一日　陰　上課一時，下午睡後改人文精神之重建錯字至夜深。

六　月

一日　陰　上課二時。
二日　晴　辦雜事，下午看 Schilpp 所編 Whitehead 哲學之文。
三日　晴　上課三時，下午看人生雜誌徵文卷。
四日　晴　上午港大開中文系會，下午開孟氏圖書館會。
五日　陰　看學生徵文卷。
六日　陰　上午準備課，下午睡，夜主持講演會。
七日　晴　下午寫論今後中國之翻譯事業一文五千字。
八日　晴　上課二時，下午校對人文精神之重建。
九日　晴　上午校對，下午上課二時，晚上課二時。
十日　晴　上午至港大，下午閱 Hegel 書。

十一日 晴 閱 Lorsky: Russian Philosophy。晚簡又文約晚餐。

十二日 晴 上午閱昨書。

十三日 晴 爲學生校刊寫一短文三千字談讀書與聽講。

十四日 雨 上課一時，改昨文。

十五日 晴 上課二時，下午校刊文。

十六日 晴 上午校刊文，夜珠海上課二時。

十七日 晴 上課三時，下午至蔡貞人家，因學校借其處宴客。

十八日 晴 上午未作事，下午應何明華約編中文書事，夜校刊文。

十九日 陰 閱 Emmet: The Nature of Mataphysical Thinking 二章。

二十日 陰 上午準備講演，夜講人文主義之發展。

廿一日 晴 上課一時，閱 Emmet: The Nature of Mataphysical Thinking 二章。

廿二日 陰 上課二時，下午睡閱雜書。

廿三日 晴 閱 Emmet 書。

廿四日 晴 上課三時，下午校刊文。

廿五日 晴 閱 Emmet 書完。又翻閱 Kretschmer: Psychology of men of Genius J. F.

Nisbet: The Insanity of Genius。

廿六日　晴　閱 Berdyaev: Freedom and the Spirit百餘頁。

廿七日　晴　閱昨書完。

廿八日　晴　上課一時，閱 Lorsky: Russian Philosophy。

廿九日　晴　上課二時，下午睡，晚往看地。

三十日　晴　至港大還書，下午睡兼辦雜事。

七　月

一日　陰　準備明日考試事，下午出遊，並訪錢清廉。

二日　晴　今日考試。本期考試從嚴。

三日　晴　續考試。

四日　晴　與陳伯莊兄妹及廷光安安遊石澳赤柱。

五日　晴　考試。

六日　晴　考試。

七日　晴　上午與日人高橋談。夜同仁等宴錢先生六十壽。

八日　陰　上午辦雜事，下午睡。
九日　陰　辦雜事兼校人文精神之重建稿。
十日　陰　辦學校中事。
十一日　陰　牙痛。
十二日　晴　今日學校行第三屆畢業禮。
十三日　晴　下午開校務會議。
十四日　晴　錢先生擬去臺，至其處談，夜應約晚餐。
十五日　晴　校刋文。
十六日　晴　閱試卷。
十七日　晴　閱試卷。
十八日　晴　臺灣各大學在此招生，往監考一日。
十九日　晴　辦理學校中事。
二十日　晴　上午開圖書館會議，下午開研究所會，夜畢業同學聚餐。
廿一日　晴　閱試卷，下午整理圖書。
廿二日　晴　整理舊稿，晚至研究所開會。

廿三日 晴 至港大圖書館。下午同往看校舍。

廿四日 晴 上午復友人書，下午重閱 Friedell: A Cultural History of the Modern Age 百頁。

廿五日 晴 閱現代文化史百頁，並校稿。

廿六日 晴 辦雜事，夜開招生委員會。

廿七日 晴 閱圖書館學一册。

廿八日 晴 招考新生竟日。

廿九日 晴 倦甚，下午以事過海。

三十日 晴 上午以事過海，夜開校務會議。

卅一日 晴 送錢先生赴臺。

八 月

一日 晴 上午辦雜事，下午看一影片。

二日 晴 全日辦教務事。

三日 晴 閱現代文化史。

四日 陰 上午辦學校中事，閱現代文化史。

五日　雨　上午開教務會議，下午往看校舍兼至研究所。
六日　雨　上午辦教務事，下午閱現代文化史。
七日　陰　與友人信，閱現代文化史中譯本三冊完。
八日　晴　上午摘錄現代文化史，校對文，夜至毛以亨處晚餐。
九日　晴　與宗三兄一函，下午拔牙二枚，擬作一文論「理」字涵義在中國哲學中之變遷。
十日　晴　標點人生之體驗一書竟日。
十一日　晴　上午作人生之體驗一書重版前言四百字。
十二日　晴　寫信二封。
十三日　晴　校刋文，下午至孟氏圖書館開會，晚又校文。
十四日　晴　至太子道研究所開校舍之會，下午辦雜事。夜與母親一函。
十五日　晴　上午改人生之體驗錯字，下午赴阿羅頻多哲學會。
十六日　晴　上午校改文，下午睡，晚開始學太極拳。
十七日　晴　閱雜書，下午睡。
十八日　晴　下午睡。
十九日　晴　下午至鑽石山遊。

二十日　雨　寫文四千字。

廿一日　雨　續昨文一萬字，擬名我對于哲學與宗教之抉擇。

廿二日　雨　上午過海看校舍，下午略改昨日文。

廿三日　晴　辦理雜事，校刊文。

廿四日　晴　標點昨文完。夜研究所招待一外賓。

廿五日　晴　至蔡貞人家弔孝，下午歸。

廿六日　晴　與友人四信，下午出外看校舍。

廿七日　陰　與謝幼偉勞思光各一緘。

廿八日　晴　閱基督教與近代思想完。

廿九日　雨　寫信一封。學拳。閱 Schilpp 編 Philosophy of Whitehead。

三十日　陰　閱昨書並校刊文。

卅一日　晴　準備明日新生考試事。

九　月

一日　晴　第二次考試新生。

二日　陰　上午清書，下午開孟氏圖書館會，夜校文。
三日　晴　辦學校事。
四日　晴　辦學校事。
五日　晴　遊荃灣鹿野苑，夜應友約晚餐。
六日　晴　校改文，辦雜書。
七日　晴　辦雜事。
八日　晴　草研究所報告三時，修理房屋。
九日　晴　校對文。
十日　雨　考試新生。
十一日　雨　辦理教務事。
十二日　陰　辦理教務事。
十三日　晴　辦理教務事。
十四日　晴　今日學校開學與學生講話。
十五日　晴　至港大上課二時，下午至移民局。
十六日　晴　校對文。

十七日　晴　今日開始上課，並赴港大上課。
十八日　晴　上課二時。
十九日　晴　遊沙田。
二十日　晴　上課二時並辦學校事。
廿一日　晴　上午赴移民局，下午上課二時，訪郎家恆。
廿二日　陰　赴港大上課。下午覆友信三封。
廿三日　晴　上課三時，孟氏圖書館開會。
廿四日　晴　港大上課三時，下午睡後寫信二封。
廿五日　晴　去移民局，上課二時。
廿六日　晴　準備課。
廿七日　陰　上課二時。
廿八日　晴　孔子聖誕放假。
廿九日　晴　上午港大上課，下午睡。
三十日　晴　上課三時。

十月

一日　晴　港大上課，下午至移民局，並至錢先生處。
二日　晴　上午上課三時，下午赴阿羅頻多哲學會。
三日　晴　準備課並校刋文。
四日　晴　上課二時。
五日　晴　補考新生。
六日　晴　港大上課二時。
七日　晴　上課三時。
八日　晴　上午至港大，下午校刋文。
九日　晴　上課二時，回信六封。
十日　晴　閱西洋政治思想史完，夜國慶校慶開會。
十一日　晴　放假。
十二日　晴　上課二時，閱 Muirhead: German Philosophy and the War。
十三日　晴　上午至港大上課二時，下午至移民局並購書，夜開會。

十四日　晴　上課三時，下午睡。

十五日　晴　至港大上課，下午校刊文。

十六日　晴　上課二時，閱雜書，下午出席新亞社員會。

十七日　晴　上午校對文，下午與廷光、安安遊粉嶺，並訪羅香林一談，歸來廷光腹痛。

十八日　晴　廷光腹痛稍癒，得母親函。下午應友人約至半島飯店與在崇基教哲學之 Roy 談，其人尚好。

十九日　晴　昨得宗三所發起之人文友會數次聚會文記錄，覺宗三與其學生之問答已有宋明人講學之風，甚善事也，廷光病今似加重，請費醫生來診視。

二十日　晴　港大上課二時，下午鈔舊講稿一册。

廿一日　晴　上課三時，下午鈔筆記，費醫生來診視廷光病云是秋瘟，今日服藥後似稍好已未嘔吐。

廿二日　晴　港大上課二時，下午列席董事會。

廿三日　晴　上課二時，廷光腹痛稍好。

廿四日　晴　復友人信三封。

廿五日　晴　上課二時。

廿六日　晴　上課二時，延光今日已能起床。
廿七日　晴　上午至港大上課。
廿八日　晴　今日小考。
廿九日　晴　港大上課二時。
三十日　晴　上午考試，下午回訪牟潤孫。
卅一日　陰　閱 Weinberg: An Examination of Logical Positivism 數十頁，夜宴牟潤孫。

十一月

一日　晴　上課二時。
二日　晴　上課二時，夜校中宴客。
三日　晴　上午至港大。
四日　晴　上課三時。
五日　晴　上午至港大後至民評社，與佛觀一函。
六日　風雨　閱 Reichenbach: The Rise of Scientfie Philosophy 二章。
七日　陰　上午訪友，下午赴中文系系會。夜主持文化講演會。

八日　晴　上午至研究所，下午與 R. Walker 談至六時，至半島酒店。

九日　晴　上午校刊文，下午上課二時，夜閱 Reichenbach 書。

十日　陰　赴港大上課。

十一日　陰　上課三時，下午請 Walker 至校中講演。

十二日　陰　港大上課二時，夜重閱人文精神之重建。

十三日　晴　上課二小時，編人文精神之重建目錄。

十四日　晴　編人文精神之重建目錄，中午王健武家吃飯，午後去趙冰家，晚八時去伍家。

十五日　晴　上課二時，寫人文精神之重建前言千餘字。

十六日　晴　上午與廷光過海購物，下午上課二時，夜郎家恆約晚飯。

十七日　晴　上午至港大，下午至荃灣參加鹿野苑水陸道場，夜應友人約晚飯。

十八日　晴　上課三時，下午再至鹿野苑，夜買玩具與安安作生日禮物。

十九日　晴　上午至港大上課，下午開孟氏圖書館會。

二十日　晴　上課二時，下午睡，夜閱 Riechenbach 書百餘頁。

廿一日　晴　閱 Riechenbach 書百餘頁。下午赴阿羅頻多哲學會聆 Swani Randas 講演，據云彼爲印度教之Saint，已證道者，觀其態度頗虔誠，惜我聽英文程度不足，不能全解。

近來時與他國人接觸，英文太差諸多不便，實當謀補救。
廿二日　晴　上西哲學二時，並抄寫荀子中論及其理字之語。
廿三日　晴　閱 An Examination of Logical Positivism，上課二時。
廿四日　晴　上午港大上課，下午開會。
廿五日　陰　上課三時，下午閱雜書。
廿六日　陰　港大上課二時，夜赴友宴。
廿七日　晴　爲民主評論錢先生紀念專號寫文二千字，上課二時。
廿八日　晴　上午至民評社，下午看一影片。
廿九日　晴　上課二時，擬學校有關教務之計劃。
三十日　晴　擬學校五年計劃有關教務方面者，下午上課。

十二月

一日　晴　港大上課二時，下午準備晚間會議，夜開行政會至十一時。
二日　晴　準備課並上課。
三日　晴　上午港大上課，下午開英文會議。

四日　晴　上課二時。下午開始向蔡鶴鵬老師學太極拳。

五日　晴　赴陳伯莊處，下午睡。

六日　晴　上課二時，夜開聯席會。

七日　陰　上課二時，夜寫文二千五百字。

八日　晴　寫文三千字，下午復勞思光一緘二千字。

九日　晴　上課二時，改寫昨緘。

十日　晴　寫文五千字。

十一日　晴　改昨文二千字，上午上課二時，下午赴孟氏圖書館，夜與廷光安安出外購物，今日廷光三十九歲生日，明日入四十矣。

十二日　晴　上午標點文三時。

十三日　陰　上午考試，夜開行政聯席會。

十四日　陰　改文五百字完，此文名論人生中之毀譽現象共萬二千字。

十五日　晴　考試。

十六日　晴　上課三時，中午孟氏圖書館會議，下午練太極拳。

十七日　陰　閱學生文二篇。

十八日　晴　中午聚餐會，下午孟氏圖書館會議。

十九日　晴　上午至中國學生週報講演樂觀主義與悲觀主義一時半，下午與廷光安安看梁山伯祝英臺一片，夜主持文化講演會。

二十日　晴　上課二時，下午打拳，夜開會十二時始返。

廿一日　晴　閱 Hartman: New Ways of Analogy，下午上課二時。

廿二日　晴　擬哲學概論大綱。

廿三日　晴　上課三時，下午校文。

廿四日　陰　上午看試卷，下午赴林仰山約。

廿五日　陰　上午校舊文，下午看一片，夜閱 Thilly and Wood 西哲史。

廿六日　晴　閱昨書。

廿七日　陰　與學生遊荃灣，夜開行政會議。

廿八日　晴　準備課，上課二時，夜開研究所會。

廿九日　晴　閱雜書。

三十日　晴　上課三時，閱羅素哲學大綱八十頁。

卅一日　陰　擬英文課程計劃，法國已批准巴黎協定，此為一好消息。

民國四十四年（一九五五年）

一月

一日　晴　上午校刋希望警覺與心願一文，下午睡，夜友人招宴，歸改文一千字。

二日　陰　將昨文改千字共三千五百字。

三日　陰　閱人類知識原理，夜開行政會。

四日　陰　閱人類知識原理完。

五日　晴　上課二時。

六日　晴　上課三時，閱 Hartman: The New Ways of Analogy 完。

七日　晴　上午至港大上課，下午至夜寫文四千字，論中國哲學史中理之六義。

八日　晴　上課二時，寫文四千字。
九日　晴　改昨文千字，續寫三千字。
十日　晴　寫文五千字上課二時。
十一日　晴　上課二時，續昨文四千字。
十二日　晴　上午至港大上課；續昨文四千字。
十三日　晴　上課二時，續昨文六千字。
十四日　晴　港大上課二時，下午寫文四千字完。共三萬二千字，以後再改正，此二學期共寫文五篇七八萬字，唯此文最長。
十五日　晴　上午出試題，下午為學生講人文主義與宗教二時。
十六日　晴　上午閱文稿，下午看京戲。
十七日　陰　本日開始考試，夜請教師吃飯，我略報告考試方法之改進及課本購置之情形。
十八日　陰　閱羅素哲學大綱數章。
十九日　晴　港大上課二時，今日我四十六歲生日。
二十日　晴　上午復友人書五封，過海訪友，閱卷。
廿一日　晴　上午港大上課，下午歸與沈燕謀等談。

廿二日　晴　上午改文二千字，下午孟氏圖書館開會。與錢先生談。我談話情理皆至，彼亦同意，惟難接受，蓋木已成舟矣。

廿三日　晴　上下午鈔文四千字，今日除夕，夜約學生吃飯。

廿四日　晴　學生等來拜年，下午三時後出外爲他人拜年，夜與宗三兄一函。

廿五日　晴　上午學生友人來，下午出外。

廿六日　晴　過海訪友夜歸。

廿七日　晴　訪郎家恆商英文課程事。

廿八日　晴　至港大上課，下午至鑽石山，夜羅香林約晚餐。

廿九日　晴　鈔文二千字。

三十日　晴　鈔文六千字。

卅一日　晴　鈔文七千字。

二　月

一日　晴　鈔文二千字完。

二日　晴　至港大上課，下午與胡應漢及學生至沙田。

三日　晴　辦學校中事。
四日　晴　至港大上課，標點文，夜應友人約宴。
五日　晴　辦學校中事。
六日　晴　辦學校事，下午睡，夜看一影片。
七日　晴　上午辦學校事，閱雜書。
八日　晴　新生考試，下午口試，看學生徵文。
九日　晴　上午港大上課，下午孟氏圖書館開會。夜看學生徵文。
十日　晴　上午辦公，下午招生委員會及圖書委員會開會。
十一日　晴　上午港大上課，下午睡，並閱書。
十二日　晴　復友人信三封，至嘉林邊道第二院辦公。
十三日　晴　上午辦公下午過海購書。
十四日　晴　今日開學。
十五日　晴　至第二院辦公，下午爲研究所事過海，夜閱文。
十六日　晴　至港大上課，下午辦公，夜應簡又文、徐訏約宴。
十七日　晴　今日開學與學生講話，大意是謂讀書可由讀近人書而與古書比較，以進而讀古書。

又學英文非爲功利之目標或求一切西化，而是了解西方文化而求超過之。又學校一向對學生重以情理感動，但學規亦當守，否則精神不落實，又謂教務上一切規則必依原則無例外的執行。下午舉行英文測驗，夜校對人文精神之重建。

十八日　晴　至港大上課，校對中國哲學史中佛學精神一章付油印，下午上課二時，夜閱 Whitehead 論文集 Science and Philosophy 中哲學一部。

十九日　晴　上午閱 Whitehead 書，上課二時，下午英文會議。

二十日　晴　爲英文班分班。

廿一日　晴　重閱 Stace: Hegel 哲學百餘頁。

廿二日　晴　上課二時。

廿三日　晴　港大上課二時。

廿四日　晴　上課三時，閱所著論文。

廿五日　晴　上午港大上課，下午上課三時，夜友人約宴。

廿六日　晴　上課二時，下午出遊。

廿七日　晴　補考新生。日來爲學校教務處事，頗覺繁瑣不堪。

廿八日　晴　上午辦公，下午睡，夜開行政會議。

三　月

一日　晴　上課二時，下午睡。

二日　晴　港大上課二時，下午閱 Sellars 編 Reading of Philosophical Analysis。

三日　晴　上課四時。

四日　晴　上課四時。

五日　晴　今日爲母親六十八歲生日，時局如此不知何日能得見，唯有遙祝吾親康壽耳。上課二時，下午出外。

六日　晴　閱 Sellars 所編書，下午至荔枝角遊。

七日　晴　連日爲學校事忙，頗生厭煩感。

八日　晴　上課二時，下午與陳伯莊談。

九日　晴　港大上課二時。

十日　晴　上課四時。

十一日　陰　上課四時，人文精神之重建一書印出。

十二日　陰　今日放假，閱雜書。

十三日　晴　至鑽石山下午歸。

十四日　晴　連日學校事多，精神疲倦，夜開會。

十五日　晴　上課二時，標點文。

十六日　晴　閱 Sellars 所編書，夜預備講演。

十七日　晴　上課四時，夜復友人信。

十八日　晴　上課四時。

十九日　晴　上課二時，下午出外看 Hamlet 電影。夜閱 Reading of Philosophical Analysis 書中唯物論之二文。

二十日　陰　上午與謝扶雅一函約千字，閱 Russell: New Hopes for Changing World三篇。

廿一日　陰　閱 Russell 書完。

廿二日　晴　上午上課二時，夜至道風山講演。

廿三日　晴　準備明日研究所講稿，下午校中開會。

廿四日　陰　上課四時，夜與研究所學生談話，略說學哲學應重哲學史，對不同哲學取欣賞態度，並由知文化史而知錯誤理論之價值，哲學問題與哲學史之研讀之二元化，學歷史者應重哲學，如舊歷史家重三代之治與顧頡剛之層壘造成古史觀皆有哲學為背景。又歷史問題與時代有關。中國未來之學術發展，講中國學術當融之於哲學社會科學中，而不只名爲中國之學。

廿五日　晴　上課二時，晚赴徐慶譽家吃飯。

廿六日　晴　上課二時，閱 Mackinzie 書六十頁。

廿七日　晴　閱 Mackinzie: Elemants of Constructive Philosophy九十頁。

廿八日　晴　閱昨書數十頁。

廿九日　晴　閱昨書百頁。

三十日　陰　監考，閱昨書數十頁。

卅一日　陰　閱昨書數十頁，中午孟氏圖書館開會。

四月

一日　陰　閱昨書完，港大上課二時。

二日　陰　閱 W. H. F. Barnes: The Philosophical Predicament 乃一評 Logical Positiv-ism 之書，夜至沈燕謀家晚餐。

三日　陰　閱昨書二章。

四日　晴　寫一文論中國人文精神之發展七千字。

五日　晴　續昨文五千字。

六日　晴　港大上課二時，下午赴中央大學同學會。

七日　陰　上課三時，爲孟氏圖書館買書。

八日　晴　復友人信，下午出遊。

九日　晴　上課二時，研究所開會四時，夜至皇仁書院聽古樂。

十日　晴　思一哲學問題，下午在樂宮樓晤池田。

十一日　晴　閱 Adams: Idealism and Modern Age。

十二日　晴　上課二時，閱昨書。

十三日　晴　港大上課二時，閱 Adams 書。

十四日　晴　上課四時，閱 Adams 書完。

十五日　晴　上課四時，閱 Barnes 書二章。

十六日　晴　閱 Barnes 書完，夜應日領事館約晚餐。

十七日　晴　閱 Mises: Positivism 七十頁，下午應印人 Pater 約晚餐。

十八日　晴　閱 Mises 書三十頁，赴友人結婚宴。

十九日　晴　上課二時，學校行政會。

二十日　陰　閱 Windelband 哲學史 Kant 後之 Idealism。
廿一日　晴　閱 Windelband 書數十頁。下午孟氏基金會開大學教科書編輯會。
廿二日　晴　港大新亞共上課四時。夜看摩登時代一片。
廿三日　晴　上課二時。
廿四日　晴　寫科學與中國文化一文六千字並開孟氏圖書館會。
廿五日　晴　續昨文六千字。
廿六日　晴　上課二時，開行政會，續文六千字。
廿七日　晴　港大上課二時，續文六千字。
廿八日　晴　上課四時。
廿九日　晴　港大新亞共上課四時，並訪友，夜開港大東方文化學會。
三十日　晴　上課二時，下午校中開會，又開孟氏大學教科書會議。

五　月

一日　晴　寫文三千字。
二日　晴　寫文三千字。名中國文化與科學共三萬字。

三日　晴　上課二時，下午行政會議。

四日　陰　標點並改正中國人文精神之發展二千字。

五日　晴　上課四時。

六日　晴　重閱科學與中國文化一文下午完。上課二時，約池田在研究所晚餐。

七日　陰　上課二時，並閱中國人文精神之發展一文。安安與廷光均病。

八日　雨　改寫文四千字，廷光病癒，安安病爲耳下腺炎已較好。

九日　雨　至港大監考，下午歸改文二千字。

十日　陰　上課二時，下午開行政會議。

十一日　陰　閱日人木村泰賢著大乘佛教思想論百頁，下午開會。

十二日　陰　上課四時。

十三日　晴　港大監考，上課二時並改文。

十四日　晴　上課二時並改文，下午開預算會議三時，閱大乘佛教思想論。

十五日　晴　閱昨書，相繼有友來談。

十六日　晴　校刊文，下午睡，閱木村泰賢書完。

十七日　晴　上課二時。

十八日　晴　今日考試，夜至研究所晚餐與一美人談。
十九日　晴　校改科學與中國文化一文。
二十日　晴　校刊文稿。
廿一日　晴　港大考試，下午遊雲山約至寶覺學校參觀，夜赴唐氏宗親聚餐會。
廿二日　晴　校文。
廿三日　晴　至港大考試，下午至郵局。
廿四日　晴　校文。
廿五日　雨　上午校文，中午研究所約哈佛教授伊利舍午餐，夜港大約彼晚餐。
廿六日　晴　上課四時。
廿七日　晴　連日皆甚忙，竟疲倦不支。
廿八日　晴　上課二時，下午約晤張雲過海至謝扶雅處共商港大考試學生分數，又至東蓮覺苑參加遊藝會。
廿九日　晴　覆友人信數封，下午睡。
三十日　雨　上午訪池田與之談胡蘭成與佛觀失和事，下午睡二時至研究所開會。
卅一日　陰　上課二時，閱司徒雷登作在中國五十年完。

六　月

一日　陰　過海購物，下午行政會議，夜復胡欣平信。

二日　陰　上課四時，一學生來談。

三日　晴　上課二時，並辦公。

四日　晴　上課二時，下午開各院校招生會，夜看電影。

五日　陰　上午為中國學生周報寫文二千字閱 Ruggiero: Modern Philosophy 數章。

六日　晴　閱昨書，夜研究所晚飯。

七日　晴　上課二時，下午行政會，閱昨書數章。

八日　晴　上午閱昨書，下午孟氏開會並準備課。

九日　陰　港大開會，共上課四時。

十日　晴　港大開會，上課二時，閱 Ruggiero 書。

十一日　晴　閱 Ruggiero 書完。上課二時，下午睡，覆友人信並與五弟一函，五弟寄來像片只有彼父女二人相依矣。

十二日　陰　閱宗三認識心批判，下午與廷光安安遊沙田夜歸。

十三日　陰　閱宗三書竟日。
十四日　晴　上課二時，下午整理課程表並開會，夜開各院校聯合招生會。
十五日　晴　上午閱宗三書，下午睡。
十六日　晴　上課四時，夜購物。
十七日　晴　上課二時，閱宗三書。
十八日　陰　上課二時，下午整理課程表並改卷。
十九日　晴　閱 Hill: Comtenporary Ethical Theory 百頁。
二十日　晴　閱昨書二百餘頁完。
廿一日　晴　閱宗三書。
廿二日　晴　上課二時，下午開會。
廿三日　晴　閱宗三書。
廿四日　晴　上課三時。
廿五日　陰　閱宗三書完。
廿六日　晴　閱 Bosanquet: The Value and Desting of Individual 最後三章百餘頁完。
廿七日　晴　參加港大授錢先生名譽博士典禮。閱 Bosanquet 書數十頁。

廿八日　晴　閱 Bosanquet 書百餘頁完。閱 Ewing: Fundamental Questions of Philosophy 六章大體完。

廿九日　晴　閱 Collingwood: An Essay on Metaphyics 完。

三十日　晴　閱 Keyserling 哲學家旅行日記。

七　月

一日　陰　上午辦學校事，下午開行政會，夜應友宴。

二日　陰　上午舉行畢業典禮，下午睡，夜聯歡晚會。

三日　陰　復友人信四封，下午看一影片。

四日　晴　上午修改科學與中國文化下篇完，下午睡。

五日　晴　重閱昨文，暑假開始須將教育部請作之 Hegel 精神哲學文及張君勱七十紀念册文、人生文及允國防部著之中國文化問題文寫成，共約十餘萬字。下午開行政會，夜與畢業同學聚餐。

六日　晴　上午標點經濟意識與道德意識文，午後睡。

七日　晴　校刋文。

八日　晴　上午至校中開會，下午與廷光往看病，因彼咳嗽已久。

九日　晴　至校中辦公，下午標點文，夜往訪郎家恆。
十日　陰　連日皆時有友人來，致作事甚少，下午標點文二時。
十一日　陰　上午閱 Readings of Philosophical Analysis 一文，下午與廷光往看病，據X片照肺略有傷云。
十二日　晴　至學校商校務，下午行政會。
十三日　晴　至容龍別墅遊，晚歸。
十四日　晴　至校中辦公，中午樂宮樓開孟氏圖書館委員會。午後至珠海開聯合招生會，夜至研究所開會並爲蕭世言餞別。
十五日　陰　上午辦雜事，下午赴珠海畢業典禮，夜約蕭世言晚飯，以其將赴西班牙參加研究。
十六日　晴　與廷光至張公讓處看病。
十七日　雨　晨至晚至德明中學考試。
十八日　陰　至校中辦公，下午復胡蘭成信。
十九日　陰　上午至珠海參加閱卷會議，下午睡。
二十日　雨　擬寫一文論中國建國精神之思想基礎，下午成三千字。
廿一日　雨　寫文七千字。

廿二日 雨 寫文六千字。

廿三日 雨 續文四千字。

廿四日 晴 寫文七千字。

廿五日 晴 寫文七千字大體完。

廿六日 陰 校中開會。

廿七日 晴 上午寫千五百字，下午出遊沙田，歸補寫千五百字。

廿八日 晴 續昨文七千字名心靈之開發與心靈之凝聚，俟後再修改。

廿九日 晴 港大開會，中午至學生家吃飯，下午至珠海開招生會，夜應教部代表約在其處晚餐。

三十日 晴 甚倦，復宗三一函。

卅一日 晴 整理所作論心靈之凝聚與開發文完。

八 月

一日 晴 至校中辦公，下午至荔灣遊，夜新亞同人聚餐並與錢先生祝壽。歸改文二時。

二日 晴 上午開行政會，午後睡二時。

三日　雨　至校中辦公，下午睡後閱 Haldar: Hegelianisim and Human Personality。
四日　晴　至校中辦公，下午至荔灣游泳。
五日　陰　上午至校中辦公，下午睡並閱 Aaron: The Theory of Universals. 三十頁。
六日　晴　閱昨書四十頁並至校中辦公。
七日　晴　上午訪丁乃通，下午游水。
八日　晴　上午訪陳伯莊，下午至校辦公。
九日　晴　上午行政會議，下午校刊文後赴沙田慈航淨苑，夜宿其處。
十日　晴　與遊雲山談。
十一日　晴　來此兩日覺心情清靜許多。
十二日　晴　上午返九龍至學校辦公，歸家復友人信三封，安安留慈航淨苑學畫。
十三日　晴　上午至學校辦公，下午整理安安及其他雜物，三時至珠海開聯合招生會。
十四日　晴　招生監試竟日。
十五日　晴　招生監試竟日。
十六日　晴　上午至校中辦公，下午至沙田。
十七日　陰　閱 Aaron: The Theory of Universals百頁。

十八日　雨　閱 Aaron 書八十頁完。下午開招生會議，安安由沙田回來。

十九日　陰　與佛觀一函，寫文與校刊二千字。下午閱 Hegel: Phenomenology至數十頁。

二十日　晴　上午閱 Hegel 書四十頁，安安與江千月去沙田，下午參觀友聯社，夜至人生社開會。

廿一日　陰　寫一文論六十年來中國青年精神之發展，八千字完。

廿二日　晴　上午口試學生，校刋昨文，下午與友人信二封。

廿三日　晴　上午至研究所開會，下午過海至趙先生處談，與廷光看一片夜歸。

廿四日　晴　上午至學校辦公，下午至慈航淨苑宿其處。

廿五日　雨　上午閱 Hegel 至數十頁。

廿六日　陰　與遊雲山胡應漢談佛教中學及專修科事，夜閱 Hegel 書。

廿七日　晴　上午思中國現代知識份子之病痛，下午入城，夜至蔡鶴鵬教拳老師處賀七十歲壽辰。

廿八日　晴　上午閱 Hegel 書數十頁，下午至荔灣游泳。

廿九日　陰　上午至校辦公，下午閱 Hegel 書，並睡二時。

三十日　陰　上午學校辦公，下午與友人一信，並閱 Hegel 書。

卅一日　陰　上午至學校辦公，下午擬開學之選課須知等章則。

九　月

一日　陰　整日有客來訪，夜閱 Hegel 書三十頁。

二日　晴　今日第三次招生。

三日　晴　整理書物竟日。

四日　晴　至學校辦公並口試研究生。

五日　晴　上午學校辦公，下午過海至趙先生處商課務。

六日　晴　上午開招生會及教務會議，下午編排各系課程。

七日　晴　上午研究所會，下午閱 Hegel 書。

八日　晴　上午與陳伯莊一函，友人二函，下午數學生來。

九日　晴　上午港大開會後至商務購書。歸至嘉林邊道開生活輔導會。

十日　晴　上午辦學校事，下午改課表。

十一日　晴　上午至學校。下午至山頂。

十二日　晴　上午與新生講話，下午與哲教系學生講話。

十三日　晴　終日辦公。
十四日　陰　港大上課二時，下午指導學生選課。
十五日　晴　上午港大上課一時，歸與舊生講話，下午上課二時。
十六日　晴　上課二時，下午閱 Hegel 書廿頁。
十七日　晴　上午辦公下午睡。夜研究生宴 Taylor。
十八日　晴　上午閱 Hegel 書百餘頁。
十九日　晴　上午閱 Hegel 書廿頁完。上課一時，下午閱雜書二時。
二十日　晴　上午校改文，下午上課二時。
廿一日　晴　上午至港大上課，中午孟氏圖書館會議，下午上課一時。
廿二日　晴　港大上課二時，下午上課二時，夜赴宴郎家恆父之會。
廿三日　晴　上課二時。
廿四日　晴　標點改正經濟意識與道德理性一文，並作引言千字以為張君勱七十壽辰紀念。
廿五日　陰　重校昨文一日完。
廿六日　陰　上課一時。
廿七日　晴　上課四時。

廿八日 晴 今為孔子聖誕，至港大上課二時，下午系會，夜研究所會。
廿九日 晴 港大上課二時。下午睡後閱宗三歷史哲學。
三十日 晴 閱宗三歷史哲學，夜游冰島公園。

十月

一日 晴 閱宗三書完。
二日 晴 上午準備中國思想課三時，夜新舊同仁聯歡於樂宮樓。
三日 晴 準備課二時，上課一時。
四日 晴 上課四時，開獎學金會二時。
五日 晴 港大上課二時，下午上課一時，復友人信二封。
六日 晴 港大上課二時，下午閱近世人物志。
七日 晴 上課二時，下午閱 Satre: Existentialism。
八日 晴 上課二時，與游雲山過海。
九日 晴 閱雜書，下午過海，歸睡四時。
十日 晴 寫文介宗三書五千字。

十一日　晴　寫文三千字，上課二時，開會二時。
十二日　陰　上課四時。
十三日　晴　準備課二時。下午睡夜郎家恆約晚飯。
十四日　晴　上課二時，下午寫文二千五百字完。
十五日　晴　標點文完，下午開會並上課一時。
十六日　晴　上午改文二時後至沙田，五時返城參加學校破土禮，夜參加學校公宴。
十七日　晴　上午至太平山，下午歸。
十八日　晴　上課四時。
十九日　晴　上課三時，夜看一電影。
二十日　晴　上課三時，下午睡二時，夜寫一短文論華僑社會中之文教工作二千字。
廿一日　晴　上課二時，下午至飛機場送錢先生赴日。
廿二日　晴　上午張沙鷗來談，下午上課二時，夜校對文三時。
廿三日　晴　與哲教系學生遊荃灣鹿野苑等處。
廿四日　晴　寫一短文我與宗教徒二千五百字。
廿五日　晴　上課四時並校對一文。

廿六日　晴　港大新亞共上課三時。
廿七日　晴　港大上課二時，下午孟氏圖書館開會，夜友來。
廿八日　晴　復友人信二封，上課二時，下午至美新聞處晤 Bleehem。
廿九日　晴　上午改百年來中國政治意識之發展一文五時。
三十日　晴　竟日改昨文及與今後建國精神不相應之氣息觀念一文完。
卅一日　晴　上課二時。

十一月

一日　晴　上課四時。
二日　晴　上課三時，修理房屋。
三日　陰　港大上課二時，下午與友人二信。
四日　陰　上課二時，下午睡，夜應一約會。
五日　晴　整理個人社會組織與國家一文，上課二時。
六日　晴　終日整理昨文完。
七日　晴　上課二時。

八日　晴　上課四時，下午行政會議。

九日　晴　上課三時。

十日　陰　上午港大上課二時，午後睡起復宗三一信，夜改前日所作文五時。

十一日　晴　上課二時，校刊文三時。

十二日　晴　寫論黑格爾精神哲學文六千字，上課二時。

十三日　晴　終日寫文九千字。

十四日　晴　續昨文八千字完。

十五日　晴　今日開始考試。

十六日　晴　港大上課二時。

十七日　晴　港大上課二時，下午開學生免費會及孟氏圖書館會議。

十八日　晴　改所寫黑格爾文並標點之。

十九日　晴　上午重讀黑格爾文，下午赴孟氏圖書館主持一講演會。

二十日　晴　上午重改昨文，下午至慈航淨苑，夜再校黑格爾文。

廿一日　晴　再校黑格爾文，卽寄臺，上課二時。下午準備課，夜看一電影。

廿二日　晴　上午上課二時，準備課，下午上課二時。

廿三日　晴　港大新亞共上課三時。
廿四日　晴　港大上課二時，至民評社，歸整理一稿。
廿五日　晴　上午鈔舊稿二時，上課二時，下午至鹿野苑觀水陸道場，晚歸。
廿六日　晴　寫我們的精神病痛文五千字，上課二時。
廿七日　晴　上午寫文二千五百字，至王道處午餐，下午至錢先生處，夜約董作賓牟潤孫等晚飯，飯後聽董講演。
廿八日　晴　上午上課二時，寫文五百字，下午睡，夜勞思光來晚餐。
廿九日　晴　上課四時。
三十日　晴　港大上課二時，中午應友聯約午飯，夜應林仰山約。

十二月

一日　晴　港大上課二時，下午睡，夜學校招待哈佛教授。
二日　晴　上課二時，下午校刊文。
三日　晴　上課二時，寫論人生的艱難文六千字。
四日　晴　寫文五千字完。

五日　晴　寫我們的精神病痛文四千二百字完。

六日　晴　上課三時。

七日　晴　上課一時，標點文。

八日　晴　終日標點前二文，並改錯落。

九日　晴　上課二時，下午睡。計今年寫文約廿萬字，近日所寫尤多，頗感疲乏。今後半年當少寫文，多看看英文。

十日　晴　復胡蘭成一信，與蕭世言一信，下午上課二時。思精神上之大赦義，擬以後作我們之精神病痛下篇。

十一日　晴　寫昨文下篇三千字。

十二日　晴　續昨文三千字，上課一時，下午開會。

十三日　晴　上課四時，研究所開會二時。

十四日　陰　上午及夜寫文一萬字，下午上課一時。

十五日　晴　續昨文一萬餘字。

十六日　晴　上課二時，續昨文二千字完共三萬字。

十七日　晴　復宗三、佛觀各一長函，下午開新亞社員會。

十八日　陰　至鑽石山打拳，參加哲社系討論會。下午睡。
十九日　晴　上課二時，下午寫文四千字，論墨、孟、莊、荀之言心，爲研究所年刊寫。
二十日　晴　上課四時，夜寫文二千字爲民評寫社論，名中國人心情向世界宣訴的開始。
廿一日　晴　上課一時。續寫文六千字論墨、孟、莊、荀言心。
廿二日　晴　寫文一萬字。
廿三日　晴　上課二時，寫文四千字完，共二萬六千字。
廿四日　晴　上午閱雜誌，下午遊堅尼地城。
廿五日　晴　至鑽石山習拳，下午睡後與友人二函，夜寫一短文二千字論耶穌聖誕正名。並閱 Monnier: Existentialist Philosophy 四十頁。
廿六日　晴　上午至慈航淨苑，夜歸。
廿七日　晴　閱 Mackintosh: Types of Modern Theology 。
廿八日　晴　續閱昨書大體完。又閱 Mure: A Study of Hegel's Logic 數十頁。
廿九日　晴　上午標點文，下午研究所開會。
三十日　晴　上課二時，下午閱雜書，夜看馬戲，今日廷光四十生日。
卅一日　陰　上午開行政會，下午至孟氏圖書館並出外購物，夜校中舉行除夕晚會。

民國四十五年（一九五六年）

一月

一日　陰　上午二學生來，下午與廷光安安及游雲山與其學生等四人乘船去大嶼山夜乃達。

二日　陰　山上多霧，遊山頂及他處。

三日　陰　晨五時下山，天雨路滑，七時半後搭船返九龍，十一時抵家。

四日　陰　港大上課二時，下午上課一時。

五日　陰　港大上課二時，下午閱雜書。

六日　陰　廷光病，下午較好，上課一時半，下午改鈔孟、墨、莊、荀之言心文七千字。

七日　陰　改鈔昨文三千字，下午上課二時並赴吳椿處。

八日　晴　上午閱雜書，下午看電影，夜重閱所作文四時。

九日　晴　標點文至夜。

十日　晴　上課三時。美某君信，謂韓裕文已逝世，念彼最後一函尚謂彼不至死，因其尚未對社會他人恩惠加以報答。彼十六年來一直在孤獨中生活，在友人中彼對我為最信賴者，聞其噩耗甚為悲痛。

十一日　晴　上課三時，夜校對民評所刊文。

十二日　晴　上課四時，夜看電影。

十三日　晴　上課二時，下午睡，夜看雜書改文二時。

十四日　晴　復友人信四封。

十五日　陰　上午魏澄平來，下午至荃灣訪倓虛法師，夜研究所開會。

十六日　晴　上課二時，下午睡，夜改文。

十七日　晴　上課二時，下午學校奠基典禮。

十八日　晴　上課三時，夜重閱精神上之大赦文。

十九日　晴　上課三時，下午標點及改正精神上之大赦文至夜乃完。

二十日　晴　上課二時，下午重標點現代文化生活與反求諸己之精神一文。

廿一日 晴 上午改昨標點之文完，下午上課二時。
廿二日 晴 上午重改昨文，下午看電影，夜研究所宴會 Kunn。
廿三日 陰 閱 Encounter: With Nothingness 三、四十頁。
廿四日 陰 爲一報寫一短文，名人與人之共同處之發現與建立二千五百字。並改江右王門學交原泉，寫二信。
廿五日 陰 上課二時，校對民評一文，夜數友來，得母親信知已抵廣州。
廿六日 陰 港大上課二時，下午睡，夜閱 Encounter: With Nothingness 大體完。
廿七日 陰 與友人信，下午睡並校對文。
廿八日 晴 上下午監考，晚約哲系一年級女生來談。
廿九日 晴 赴沙田，夜閱 Monnier 存在主義書。
三十日 晴 上午閱 Lovejoy 書，下午港大開會，夜應錢先生約晚餐。
卅一日 晴 上午閱 Lovejoy: The Great Chain of Being 下午看電影偉大的中國。

二 月

一日 晴 港大上課二時，下午行政會，夜閱 Lovejoy 書七八十頁。

二日　陰　港大上課三時，下午閱 Lovejoy 書百頁。
三日　陰　閱 Lovejoy: The Great Chain of Being 大體完。
四日　晴　上午校刋文，下午孟氏圖書館開會，夜過海宴客。
五日　晴　上午至鑽石山，下午至慈航淨苑。
六日　晴　上午至校中辦公，下午睡，夜約哲教系二、三、四年級學生來談。
七日　晴　上午校刋文，下午辦公。
八日　晴　港大上課，下午辦公。
九日　晴　港大上課，下午招生考試。
十日　晴　校刋人生之體驗，與友人信。
十一日　晴　校刋人生之體驗，約學生團年。
十二日　晴　今日正月初一上午學生來拜年，下午至九龍城鑽石山拜年。
十三日　晴　上午學生友人來拜年，下午訪趙先生，寫文二千字。
十四日　陰　上午修改文，下午回拜年。
十五日　晴　港大上課，下午在家，夜胡建人約晚飯。
十六日　晴　港大上課三時，下午回拜年，歸有客來，夜勞思光約晚飯。

十七日　陰　至鹿野苑下午歸。

十八日　陰　上午過海，下午至游雲山家。

十九日　晴　校刊文。

二十日　陰　今日開學全日辦公，夜應友人邀宴。

廿一日　陰　全日辦公，夜爲友人餞行。

廿二日　陰　港大上課三時，下午辦公。

廿三日　晴　港大上課一時，歸來與學生作開學講話，下午睡三時，並與前欲自殺之青年談話。

廿四日　晴　上課二時。

廿五日　晴　上課一時，至孟氏圖書館看書，中午應友約午飯，午後休息，晚又應友晚餐。

廿六日　陰　復友人信五封，中午張瑄約午餐。

廿七日　晴　上午閱 Sellars 編 Philosophy for the Future 二時，上課一時，下午睡，一客來談，夜準備課二時。

廿八日　晴　準備課二時，上課二時，下午睡。

廿九日　晴　港大上課三時。

三月

一日　晴　港大上課二時，下午孟氏圖書館會議。

二日　晴　上課二時。

三日　晴　上課三時。

四日　晴　晨爲學生講人學與一般學術，今日爲人學講會第一次，以後擬每月一次。

五日　晴　上課一時，下午睡。

六日　晴　上課二時，簡又文約晚餐。

七日　晴　上午港大上課，夜至青年商會晚餐。

八日　晴　港大新亞共上課四時，夜赴一學生訂婚宴。

九日　晴　上課二時，夜赴友人女結婚宴。

十日　晴　上課三時，午後睡，夜開行政會。

十一日　陰　上午應游雲山約赴粉嶺，晚歸，夜二客來。

十二日　陰　復宗三復觀各一函。

十三日　晴　上課二時復友人一函。

十四日　晴　寫悼裕文一文三千餘字，下午上課二時。
十五日　陰　上午閱一文，理髮，下午睡復友人信三封，夜應約至天香樓晚餐。
十六日　晴　上課二時，下午游雲山王道來，夜閱 Monnier 之存在哲學十餘頁，連日事多而無意義，精神甚覺散緩。
十七日　陰　上課三時，下午研究所開會，夜看一影片。
十八日　晴　上午寫信一封，約友人樂宮樓午餐，下午至沙田慈航淨苑商蓮華書院事夜歸。
十九日　陰　上課一時，下午睡後閱 Monnier 之存在哲學一書。
二十日　陰　上課二時，下午閱 Monnier 書。
廿一日　陰　閱 Monnier 書完，下午上課二時。
廿二日　陰　得母親信望廷光安安去穗一遊，惜今不能去，命安安繪一畫去祝壽，母親明日為進七十生辰，相距咫尺竟不得返悲哉，夜錢先生約晚飯。
廿三日　晴　上課二時，約佘雪曼、陳伯莊及錢先生午飯。
廿四日　晴　上課三時，下午睡，夜研究所開會。
廿五日　陰　上午二學生來，下午出遊。
廿六日　晴　上課一時，寫信二封，校刊文稿。

廿七日　晴　上午上課二時，下午至夜整理舊札記。

廿八日　晴　上課三時，整理舊札記。

廿九日　晴　上課三時，整理札記二時，夜赴一學生婚禮。

三十日　陰　上課二時，再整理舊札記。

卅一日　陰　上課三時，準備明日人學講會內容，並至人生社開社務委員會。得裕文之友人信，並將前寄去之美金五十元退回，謂其墓已立碑云。

四　月

一日　陰　晨思每日應事稍多，恒覺神思散亂，此蓋由應事時或以矜持心、或以計較心或以尅核心、或以得失心應之之故。人之意念行為實在不自覺加以檢點，即有陷于非之可能，人生實長在有過中，欲立于無過之地亦為私欲，要在隨時自覺加以反省耳，今日人學講會第二次舉行，下午看一劇。

二日　半陰半晴　與哲教系學生遊小夏威夷。

三日　晴　閱雜書，午後孟氏圖書館開會。

四日　晴　今日為兒童節，港大上課後與安安、廷光看卡通片。

五日　晴　晨送安安與唐端正去廣州看母親，港大上課二時，下午開行政會。

六日　晴　上課二時，下午睡。

七日　晴　上午上課三時，出港大考試題，夜與廷光看一影片並校文。

八日　晴　上午校刋文，下午安安回。我近來精神常感不足，須注意身體營養，念我所兼任之教授、導師職務及刋物社務委員與孟氏圖書館委員等已達十個之多。另外尙須寫文讀書，已爲兼人之任，故對營養等稍加注意亦不爲奢，又作事時不宜心情太忙迫亦可節省精力，無事時使心中若空無所有亦所以養神。

九日　晴　上課一時，下午睡後復嚴綺雲一信。

十日　晴　上課二時，復宗三、復觀各一函。

十一日　晴　港大上課二時，嘉林邊區上課二時，夜至達道處晚飯。

十二日　晴　港大上課三時，下午開大學教科書會議，夜校刋文。

十三日　晴　上課二時，午後睡後校刋文至夜。

十四日　晴　上課三時，下午在孟氏圖書館講演：存在哲學與儒家思想。

十五日　晴　上課一時，下午校文。

十六日　晴　上午復友人信上課一時，下午睡。

十七日　晴　上課四時。

十八日　陰　至港大上課三時。
十九日　晴　港大上課二時。
二十日　陰　上午上課二時，下午閱一文。
廿一日　晴　上午游雲山來同至達道處，閱 Hosking: Science and Idea of God。
廿二日　晴　閱昨書大體完。
廿三日　晴　上午寫一短文，應印尼中華學校囑，上課一時。夜約何福同與張瑄晚餐。
廿四日　晴　今日期中考試，夜應約晚飯。
廿五日　晴　上課二時，夜閱黑格爾論文集。
廿六日　晴　港大上課三時。
廿七日　陰　校改雷一松翻譯我之文，下午出外購物，夜有客人來。
廿八日　晴　校改雷一松之文。
廿九日　晴　上下午皆有客人來訪。
三十日　陰　上午上課一時，下午睡，夜辦理雜事。

一日　晴　上午上課一時，下午標點文，夜應游雲山約晚飯。

二日　晴　港大新亞共上課四時。

三日　晴　上午至港大，下午相繼有人客來。

四日　晴　上午上課二時，下午標點改正科學哲學意識與道德理性文，與蕭世言一信。

五日　晴　上課三時，下午睡，夜應人生出版社宴。

六日　陰雨　上午人學講會二時，下午與游雲山及泰國 Marni 太太至新界荃灣佛教學校參觀。

七日　晴　上課一時，下午改科學哲學意識文。

八日　晴　上課二時，仍改昨文。

九日　晴　上午改昨文，下午上課二時。

十日　晴　上午與友人信，下午閱雜書，晚開行政會議。

十一日　晴　上課二時，下午準備孔聖堂講演。

十二日　陰　上課三時，下午數客來。閱性命古訓辯證。

十三日　晴　終日有友人來。

十四日　陰　上課一時，下午至港大監考。

十五日　陰　上課二時，下午至港大監考。

十六日　陰　上午準備課，下午上課二時。
十七日　陰　赴樂聲參加釋迦滅度二千五百年紀念，改中哲史中一文擬交民評。
十八日　晴　上課二時，中午應友約，晚開行政會。
十九日　晴　上午至自由人開會，下午至孔聖堂講演二時許。
二十日　晴　終日有客來。
廿一日　陰　校改蕭世言譯我之文。
廿二日　陰　上課二時，下午購冰箱。
廿三日　晴　至校辦公並閱港大試卷，下午上課二時。
廿四日　晴　上午訪錢先生並至孟氏圖書館開會。下午所購冰箱送來安置故未作事。
廿五日　晴　上課二時，下午睡後閱僞書通考。
廿六日　晴　上課三時，夜友約晚餐。
廿七日　陰　過海訪謝扶雅商港大考試事，下午與廷光安安至荔枝角。
廿八日　晴　上課一時，閱雜書。
廿九日　晴　上課二時，復友人函。
三十日　晴　上午閱經學通志，下午上課二時。

卅一日 晴 閱雜書，下午以事外出，夜與錢先生商學校事。

六 月

一日 晴 上課二時，下午研究所開會。

二日 晴 上課三時，下午看日本歌舞，夜參加各院校教授聚餐會。

三日 晴 上午人學講會三時，下午行政會議五時至十時乃畢。

四日 陰 上午出外看屋至夜乃歸。

五日 陰 上午整理圖書目錄並上課二時，下午出外看屋兼辦雜事，夜二學生來談。

六日 陰 改在孔聖堂講演稿，並出畢業考試題。

七日 晴 寫一短文為張君勱先生致美哲學教授丕理書讀後四千字。

八日 晴 上課二時，下午閱陳榮捷 Religion Trends in modern China。

九日 晴 上午畢業考試，重閱蕭世言所譯我論張橫渠之論文，夜閱陳書。

十日 晴 上午閱雜書，夜講演中國人思想之現代意義二時。

十一日 晴 閱 Wright: Introduction to Philosophy of Religion 三章。

十二日 晴 上課二時閱昨書二章。

十三日　陰　閱繆著中國固有道德。

十四日　陰　閱昨書，下午至書店爲孟氏圖書館選購書數百册。

十五日　晴　上課二時，下午閱 Wright 書。

十六日　晴　上課三時，下午睡，晚閱試卷。

十七日　陰　上午出外看屋，下午歸，夜看宇宙人一片。

十八日　晴　上午至港大開會並上課一時，下午閱 Giles：中國的文明一書。

十九日　晴　上課二時，下午數客人來。

二十日　晴　上午與宗三及章力生一函，下午上課二時半。

廿一日　晴　全日閱 Wright 書後半部完。

廿二日　晴　上課二時，下午出外看屋，已定嘉林邊道卅號屋，尙好，擬下月遷去。

廿三日　晴　下午與廷光至沙田爲蓮華書院看地，夜歸甚倦。

廿四日　晴　今日開始考試，閱性命古訓辯證。

廿五日　晴　今日爲舊曆五月十七日乃父親七十歲冥誕。郎家恒來謂去美事已決定，但可移後。

廿六日　晴　上午監考，下午校務會議。

廿七日　晴　擬下月初搬家，昨今二日皆整理雜物，並參加劉百閔處座談會。

廿八日　晴　上午考試，兼校對科學哲學意識與道德意識文，並閱試卷。
廿九日　晴　上午校對昨文二時許，整理雜物，閱試卷，下午監考。
三十日　晴　上午校刊文，下午整理雜物。

廷光代筆（一）

（廷光按：君毅日記，每日不斷。惟終日匆匆，忙中、病中、或旅途中，偶亦囑廷光代筆。凡代筆處皆註明「廷光代筆」四字，並以楷書排出。）

今天已是六月三十日，後天我們要搬家了。在此生活了六年餘，臨別不禁依依。雖然桂林街時代，我們甚窮，但窮中有樂，有我們生活的意義，有時三人一同讀詩唱詞或聽毅兄講讀書為人之道，我們的生活十分愉快，在擾攘的環境中，我們的精神是寧靜的。幾日來毅兄清理雜物，發現了他少年時的詩章寫在零零碎碎的紙上，特為鈔記于日記中。

有　感

十四歲作

天始黎明，荷鋤而去。烈日當天，汗水淋漓。夕陽已下，尚在耕犂。日日疲勞，年年如此。納稅上糧，自餘幾許。

生日

十五歲作

泰山何崔巍，長江何浩蕩。鬱鬱中華民，文化多光芒。非我其誰來，一揭此寶藏。孔子十五志於學，吾今忽忽已相埒。孔子十七道中庸，吾又何能自菲薄。孔子雖生知，我今良知又何缺；聖賢可學在人爲，管他天賦優還劣。

少年遊

十六歲作

和風習習，蕩漾春池。池水碧漣漪，談後還歌，歌盡還釣，拂面柳絲絲。清醪濁酒頻斟酌，未忍負良時，含笑酡顏，無言造化，何處去尋詩。

初飛乳燕，樹影參差，麥浪已黃時。□□□□，□□□□，□□□□□。小橋西去知何處，橋畔草離離，流水一灣，荒煙幾縷，紅杏兩三枝。

臨江仙

十六歲作

霧下歸螢秋夜靜，籬花竹影斑斑，素輝斜照綺窗前，未知明月夜，爲何到人間。故雁不來花又謝，芳心塵土誰憐，石闌憑倚曉風寒，遙思千里外，珠淚自潸潸。

滿江紅　十七歲作

□□□□，□□□□□□□。□□□□□□，□□□□。嘉陵江（又名白水江）上渡船稀，野塘蒲裏蛙聲急，急煞人火熱水尤深，誰拯溺？大道晦，橫流決，身未死，心先滅。挽狂瀾既倒，吾安逃責。破浪乘風當有時，壯志休爲閒愁泣，自今後重振好精神，須勤力。

感　懷　十七歲作

残照映疏林，暮鴉啼亂枝，徘徊芳草徑，我心悲已凄。憶我幼年時，事事縈我思，猶憶二三歲，敏慧世所奇。親朋交口讚，所成未可期，日月隨節易，童年背我馳。感事戕我心，處世觸藩籬，心傷不能復，藩籬焉可越。愴然望前途，撫膺徒躑躅，臨淵羨鯤龍，登高慚鴻鵠。有志隨流水，此心如槁木，得失烏足計，死生猶夢覺。旦暮數十年，何爲自束縛，不如飲美酒，寄情滿罇淥。

感　懷　十八歲作（南京）

其一：江南二三月，春色勾人履，飛花舞陌頭，亂撲遊春侶。吾心反悽然，郊原獨徒倚，臨池鑑清瘦，神情何頹靡。舊恨逐煙生，新愁隨波起，我生何不辰，飄泊同浮羽。狂飆振林木，吾身何所止，我欲登高山，懸崖高難躋。我欲臨深池，泉水深無底，我欲御波行，狂濤安可駛。我欲坐如癡，荒原誰與椅，我欲臥如尸，大地皆氷矣。乾坤莽浩浩，容身不吾許，中心愴以摧，俯仰淚如雨。吾聞古人言，艱難唯一死，吾身旣如此，留戀空復爾。

其二：躑躅涉山側，荒塚纍纍列，蔓草任縱橫，螢火隨明滅。愚智同枯骨，堯桀誰能別，顯赫與沉淪，冥冥不相識。萬歲千秋後，碑碣渾無迹，沒世名不稱，何足縈胸臆。

二十歲作

夢二十歲死

我本峨嵋採藥仙，赤塵不到白雲邊，爲緣意馬無人管，游戲人間二十年。
死中滋味耐君嘗，舊恨新愁兩渺茫，此去不知何處好，彩雲爲被嶺爲床。
爲報親朋莫浪哀，他年無事要重來。（另兩句已不憶）

二十歲作

生日

今日吾生，試去回思，二十年來，憶兒時敏慧，親朋驚讚，少年志趣，幾次安排，十五之年欲爲孔子，十七曾思闢草萊，年三六想投書革命掃蕩塵埃，雖然志志成灰，任逝水韶光去不回，但志多思廣，心存萬象，振新文化，舍我其誰，使身常在，病魔不繞，轉思潮何足道哉，君莫笑，我葫蘆中藥，你自難猜。

孔　子　二十歲作

夫子何爲者，栖栖不暖席。天下如有道，丘亦不與易。行道固有時，直尋非枉尺。無義卽無命，怨尤斯盡絶，知我者其天，君子恆自得。

孟　子　二十歲作

此心天與我，知命卽知天。枉死非正命，不立巖牆邊。盡道命斯立，夭壽安足言。浩氣今何在，塞乎天地間。

墨　子　二十歲作

孔席不暇暖，墨突亦不黔。枯槁終不舍，形勞天下先。天志在兼愛，力行人所賢。

詠　史　二十歲作

五千載中華故國，

九萬里綠野神州。
堯舜禹湯開禪革，
周孔垂文教澤流。
老子騎牛過關去，
莊生鵬鳥任遨遊。
孟荀繼踵開聖道，
墨翟兼懷天下憂。
江山代有哲人出，
同此一心高明博厚長悠悠。

說詩人溫柔敦厚，
說賢王布政優優，
說禮樂鸞鳳和鳴，佩玉琤琤，
故能使人耳目聰明，血氣和平，
移風易俗，天下皆寧。

民國四十五年（一九五六年）

秦漢及今二十世紀，
神州原是一家親，
如此莊嚴國土，爲問世間何處有，
唯我大中華，矗立東亞誰與儔。

且莫說二千年來朝代興亡事，
且莫說二千年來四方邊塞憂，
今且說海通以還天地變，
西洋商船戰艦紛紛來寇我南海東海頭，
從玆神州大亂起，不盡茫茫今古愁。

砲艦海上來，砲臺處處摧，
商船江中去，沿江商埠開，
教士傳教來，告我神祇偶像祖宗靈木只合付寒灰。
可憐義和團兵敗如山摧，
圓明園燬未足惜，

堪悲刼餘文物從茲件件等蒿萊。

離家赴寧

廿五歲作

蜿蜒長江水，送我返蓉城。言歸方二載，重登萬里程。披衣待曉曦，漸漸天微明。妹忙雇車子，弟忙作湯羹，母爲治行裝，箱笥理頻頻。長跪別父靈，兒今又遠行，父靈應有驗，佑母長安寧。蹀躞登車去，車聲何轔轔，但聞叮嚀語，哽咽不成聲。低頭避人面，有淚還自吞，郊原樵牧少，田圃待春耕，錦江在何處，回首亂煙横。父去人間世，悠悠歷兩春，猶殯柏溪畔，蕭蕭無墓門。每當風雨夜，念及淚滿襟，貧者士之常，知命夙所欽，唯茲大事在，何以解予心。

毅兄嘗言：在重慶中印學會一屋中，懸畫一幅，繪一哲人坐石上，皓首蒼髯，凝神遠視，曠野寂寥，惟潤以一片淡綠之色，蓋萋萋芳草也。天際落日，餘暉尚在，煙靄中羣山綿亘，山上隱約有宮殿巍峨，意其淨飯國之遺址耶。余與友生恆在此屋中，聚談今古，懷哲人之已往，悲人間之何世，救國有心，回天無力，每觀此畫，倏爾移情。友人程兆熊兄先咏以詩，余亦步韻和之：

迷濛烟靄遠山低，淨飯城高日下西。大地有情隨意綠，碧空無礙任雲棲。慈懷煦育三千界，慧照能通萬劫迷。誰道禪心長寂寞，年年芳草與天齊。

以上是毅兄年少時所作詩歌共十餘首，雖然行文並不一定合格律，但詩言志，重在其內容以見其情性。

桂林街時的生活很有意義。我們住在三樓，學校課堂就在四樓，毅兄鼓勵我去聽教授們講課，又要我陪同安兒讀詩詞，並叫我學作詩，我亦想試試。報載長江水災，我們十分難過，毅兄以此為題，要我塡一詞依浪淘沙調，我就塡了。這段時間對詩詞很有興趣，無事時即讀詩詞，一人讀，與安兒二人讀，有時我們三人齊讀，同時亦作了一些不成詩的詩。安兒十歲了，亦自動在學作詩，她進步神速，很快我就不如她了。我是媽媽我自然高興，但亦覺慚愧，從此就不敢作詩了，擬毀去詩稿。毅兄笑我孩子脾氣，不許我毀去詩稿，並要我記在日記裏：今記詞一首詩數首聊當紀念。不敢言詩詞也。

浪淘沙 甲午聞長江水災有感

故國夢魂中，急雨狂風，馮夷底事出幽宮，嘯湧驚濤沉萬戶，無數哀鴻。回首憶眉峯，廬里塵封，流離骨肉絕音蹤，守墓舊童應尚在，何日相逢。

郊遊即事

㈠

郊原雨後物清新，修竹千竿傍水濱，坐視夏雲多變幻，碧波如鏡海潮平。

(二)

長夏無聊郊外遊，漫趨山徑散離愁，野花提上清香發，帆影殘霞送海鷗。

(三)

明月吐山巔，山腰燈火寒，天末微風起，颯颯過林間。

(四)

聞道秋光好，相邀入遠林，高枝鳴翠鳥，流水響清音，白雲何冉冉，雲外海天清，天涯何所有，風送一帆輕。

(五)

山中方靜寂，歌聲自抑揚，鄉情寄何所，吁嗟江水長。

(六)

嶙峋怪石出山泉，泉水無聲心自閒，最恨嬌兒閒不慣，野花背我滿頭簪。

庚寅中秋偕君毅率安兒夜遊太平山

與君客香州，難得君歡顏，今日逢君興，言登隔岸山。纜車扶搖上，羣星爍已繁，下車步山徑，幽邃任迴環。振衣陟高崗，河漢正清淺，海月相輝映，彷彿非人間。玉蟾中天立，方知夜已闌，天風何太急，催我返塵寰。

憶偕君毅及安兒丙戌遊靈巖山

去灌十五里，突兀靈巖起。逶迤拾級上，行行復止止。浩歌振林木，餘音渡溪水。朝霞映遠雪，漫山紅葉美。

憶　錦　城

二月春風起，錦城花亂飛。林際草初萼，微風拂我衣。登高縱遠眸，鬱鬱使我愁。山河色已改，千載恨悠悠。回首望舊鄉，大江空自流。悲哉無母人，何用解深憂。

泛　舟

小艇泛清溪，雲山幾度迷，一篙芳草綠，回望四山低。

秋日感懷

雨後明月吐，清光照我房。倚枕不能寐，出戶獨徬徨。佳節異鄉過，對月情內傷。迢迢望故鄉，歸期渺茫茫。微風動丹葉，蒹葭秋水長。

（「廷光代筆之一」止）

七月

一日　晴　上午人學講會，主講二時，並開行政會。

二日　陰　今日遷居嘉林邊道三十號，在桂林街已住六年餘，今日爲第二次遷居，第一次則爲由沙田遷桂林街，回首前塵，不勝悵惘。

三日　晴　與哲教系學生旅行梅窩，下午歸甚倦，小睡起，校刊文。

四日　晴　上午校刊文，整理雜物，下午相繼有友來。

五日　晴　上午至校中開會，下午又相繼有客來。

六日　晴　上午到校，下午爲游雲山取款。

七日　雨　上午至校，下午歸，有客來。

八日　晴　寫文二千字，名爲論西方人文主義之發展及其現階段之問題，下午至校開招生會議。

九日　晴　上午寫文八千字，下午到校。

十日　晴　今日招生考試，夜寫文五六百字。

十一日　晴　至校中開會，下午參加人文學會兼辦公甚倦。

十二日　晴　上午寫信五封，有三學生來，下午續寫文至夜成七千字。

十三日　晴　上午六時起寫文七千字，下午招生會。夜歸補文一千字完。

十四日　晴　上午標點文二時，下午睡起準備明日畢業禮講話及二十日沙田之講演。

十五日　晴　上午學校行畢業禮。

十六日　陰　寫論立志之涵義一文至夜成九千字。

十七日　晴　上午改昨文一時許，中午應約樂宮樓，下午二學生來，晚應畢業同學宴。

十八日　陰　至學校商談夜校事。我意日校宗理想原則，重承中西文化，夜校當本現實原則，求適應香港社會之需要。

十九日　晴　將昨文刪去一千字，另作四千字完。夜又寫中國宗教問題三千五百字。

二十日　晴　上午至沙田信義神學院講演，下午赴慈航淨苑，夜歸寫文二千餘字。

廿一日　晴　上午寫文七百餘字，並開行政會議，下午睡二時，夜寫文二千五百字。

廿二日　晴　為聯合招生考試監考，晨及晚寫文二千餘字。

廿三日　晴　寫文萬二千字。
廿四日　晴　寫文七千字完。下午孟氏圖書館開會。
廿五日　晴　上下午皆至學校。
廿六日　晴　上午至學校，下午改文。
廿七日　晴　全日皆爲學校事忙。上午赴丕介處。夜應佘雪曼約晚飯，歸來已夜深，久不能眠。念學校教務事與友人約赴臺及去美事，皆增加麻煩，頗欲辭教務，臺美皆不去了，但復念去去亦好，只要心能行無所事，則忙中亦可偸閒也。
廿八日　陰　上午至學校並至移民局辦回港證，以辦公時間已過而歸，下午整理文件並與廷光安安往看一電影，夜應友人約晚餐。
廿九日　晴　上午出外，下午睡後寫信三封。
三十日　晴　上午至移民局並至學校，下午寫信一封。夜友約晚飯。
卅一日　晴　上下午皆至校中辦公。

八　月

一日　晴　上午至美新處接洽赴美事，擬年底去，下午至學校，並校對科學哲學意識及道德理性文下篇四五時，夜陳伯莊約晚飯。

二日　晴　上午至移民局取回港證，下午睡後校文，夜整理雜物，明日將赴臺一行。

三日　晴　乘機飛臺，下午五時到，下榻圓山飯店，迎接者甚多，大皆不相識。宗三、復觀亦來，彼等身體尚好。

四日　晴　上午訪教育部等政府機關，下午應國民黨中央委員會約談話，我略說今日反共者有自中國文化個人自由民主政制之信仰及宗教與三民主義等出發之不同，反共乃爲其視人爲物，今國民黨應開擴胸襟勿自蔽。又謂此次約香港文教界人士來臺，本宜出自政府或民間團體當可更表示大公無私。

五日　晴　上午至民評社與復觀兄訪方東美先生及陳康後至宗三兄處，彼已去民評社，乃又返民評社見宗三，與宗三同來有人文講會學生十數人，大體上氣度尚好。與宗三、復觀、朱世龍等同談後又至碧潭一遊，下午歸與廷光一函。

六日　晴　上午參觀師範大學並訪二友，中午應約午餐。下午教育座談會，我亦略發表對教育之意見，尚爲人所未忽視。夜赴僑務委員會宴。見一人謂彼曾參加一中華聖道會，該會以敬天尊祖崇聖爲宗，頗與我年來對宗教之持論合。

七日　陰　上午乘機赴金門，該地劉玉章將軍人頗篤實。該處雖在前方，但軍民皆有嚴肅安定氣象。又見鄭成功弈棋處足資嚮往。下午六時返臺北，夜赴教育部宴。並與錢先生及廷光函。

八日　晴　上午訪劉泗英先生、陳啟天後至復觀處談。中午應正中書局約。下午赴外交及國際座談會，我亦略談外交與政治及社會意識之關係，並舉數年來之事實以明之。夜應行政院約。

九日　晴　上午新亞學生來約至一處茶會，我與彼等談新亞近狀後赴中央圖書館訪蔣復璁，並參觀該館及臺灣博物館。下午應蔣經國約談，我與彼談國家高於領袖及個人之義與民主政治之不容否認，繼赴梁寒操宴再赴新聞座談會，夜赴蔣經國約晚飯。

十日　晴　上午參觀廣播公司，中午赴臺大校長宴。下午赴陽明山應蔣先生茶會，我略言反共應當先自良知理性出發，然後乃有對祖宗及政治上領導人物負責之義。彼謂其意與我同，實則仍有不同。蔣先生之為人有毅力與一段精神，但又可使其左右人之智慧不易發展，此意甚難言。後赴陳副總統宴，彼頗有懇切之意。

十一日　晴　上午至師大為新亞研究所招生口試。赴立法院茶會，午赴報業公會宴，下午參加座談會，乃總結性質。繼赴師範大學人文友會講演一時半，略講人自身之學問之重要，心性之學，倫理之學，知人之學及今日之文化政治問題等。歸於青年不應只批評破壞為一炸彈，而當為一照明彈，一燈塔。

十二日　晴　上午赴張其昀約，數人同至淡江英專一遊，後赴教育部宴，下午訪夏濟安、黃建中、沈剛伯及韓寶鑑，夜應中央研究院周鴻經、李濟、郭廷以宴。

十三日 晴 上午參觀中央研究院並訪數研究者，中午應劉季洪、吳兆棠宴後訪四川同鄉會及內政部，四時赴設計考核委員會座談會，略說數語，五時赴鐵路飯店與數人商大陸救災會，救濟港澳知識分子。晚赴省府主席宴，再赴民主潮社，有宗三、復觀及自由中國社之雷震等同在。我發言略謂不同思想路向可相容，望大家多寫作，各從良知理性出發立論，皆爲有理想之青年所喜云云。歸與廷光及錢先生、伍鎮雄各一函。

十四日 晴 上午與唐惜分等數人乘機飛高雄參觀航空軍官學校及航空機械學校，下午參觀漢陽號軍艦及海軍學校，夜遊高雄市。

十五日 晴 上午參觀海軍軍官學校，中午至屛東參觀臺灣糖廠，規模甚大，平時職工千餘人，在忙時臨時工作者至萬人。卽在該處午飯，飯後便道看李滿康先生，彼住一農家，生活甚刻苦。下午返高雄參觀煉油工廠，爲遠東最大之煉油工廠，但原料仍須來自南洋。五時參觀鋁業工廠，六時參觀碱廠，諸廠雖皆由日本時代來，但戰後皆大加補修，生產量較前增加云云。晚碱業公司宴。

十六日 晴 上午至臺南參觀砲兵學校及成功大學，下午參觀赤崁樓乃荷蘭人所築城堡，爲鄭成功攻克者，又至孔子廟參禮，並謁延平郡王廟及安平古堡乃鄭成功至臺登陸處，夜赴鹽業局長宴。

十七日 晴 上午應鹽政局局長朱玖瑩約爲其局及鹽廠職員講演，題爲我們的信心，略講中國文化之潛力及中國思想中之重人性國性及個性與共產之只重黨性階級性之不同，並連盟之象徵意義以說之。後又赴文廟徘徊於兩廡諸賢神位及孔子神位前，頗生感動之情。下午乘車過開元寺至吳鳳廟，吳乃臺灣先賢。五時乘車至關子崖。宿該處，該處之旅館建築爲日本式即古代中國式，樓臺相望，人如在空中，夜豪雨，暑熱爲消。

十八日　晴　上午乘車至高雄，參觀廣播電臺，繼赴日月潭，渡潭至玄奘靈骨安放處，再至山胞所居地，偕同人與山胞同攝一影，並觀其歌舞表演，頗有原始人之情調。夜於涵碧樓晚飯，睡前獨於旅館後亭中坐半時。

十九日　晴　上午乘車赴臺中，途中思種種問題。中午抵臺中卽往訪兆熊，彼已赴山中考察，見其夫人正在洗衣。兆熊家人口有九，月入只千餘臺幣，房屋亦局促，但兆熊安之若素，著作不息，其著文處只一斗室，是誠可佩。繼赴臺中農學院及東海大學參觀，東海大學在一高坡上，俯視臺中，氣象頗濶大，夜宿復觀處與之談種種問題。彼對臺灣之政治之批評多有深刻之見。

二十日　晴　上午與吳德耀、張佛泉談。中午下山入城與復觀、孔德成、黃金鰲等共午餐，飯後回旅館，有數青年立候於旅館門前，乃訪我於東海大學不遇而來此者，但我已與孔德成約赴故宮博物院、中央博物院之器物保存處參觀，乃改約彼等於五時至黃處晤面，由保存處歸來至黃處與彼等略講爲學之歷程，後又攝數影，七時半乘火車返臺北宿中國之友社。

廿一日　晴　上午訪雷震、周德緯、黃季陸皆不遇。至師大交招生費與劉眞，又至謝幼偉處談，我勸彼多從事學術工作。中午監察院于梁正副院長請吃飯，下午乘車至孔廟參禮後，在階下補成與廷光函，又至一寺看印順法師病，與談時局政事而不及儒佛之學。中國之友及圓山飯店皆招待外賓處太洋化，故今晚移居鐵路飯店。夜鄧文儀來訪同至河邊一茶店小坐，歸來黃振華及麋文開來。

廿二日　晴　上午雷震來談臺灣不民主之事，夏濟安來，王澈來談宗教問題，下午睡，夜應夏約晚餐，謝幼偉來，某記者約廣播一小時。夜深一時始睡。

廿三日　晴　上午雷震、劉泗英先生、夏濤聲、柯樹屏來，繼與樹屏至宗三處午飯，見兆熊自山上下至宗三處，午飯後同赴指南宮一遊，歸至旅館閒談。夜共赴鄧文儀約晚飯，九時半歸。李琢仁、方遠堯等同鄉在餐室中候，同談至十一時，整理雜物，一時睡。

廿四日　晴　上午與兆熊往看蘭花，又至動物園小坐，中午應劉泗英、陳啟天二先生約午餐，並談文化政治問題，三時半至兆熊處睡一時，應四川同鄉會約晚飯，八時參加中國哲學會歡迎座談會。

廿五日　晴　上午方東美、黃建中二先生來談，楊彰、王澈來談，十二時半應雷震約午飯，晤見自由中國社之人。下午大陸救災會開會，夜至謝幼偉處晚飯，八時應道德勵進會講演，題爲科學民主與道德宗教，聽者約數百人，十時歸。

廿六日　晴　上午一學生季少齡來，繼赴民評社與人文友會學生談，中午彼等請吃飯，下午與宗三及彼等同至一竹林中論學，夜應方東美先生約晚飯，十時返旅社與范仲元一函。

廿七日　晴　上午臺大哲學系學生江炳倫、張尙德、謝文孫來談，繼曾子友來，中午居浩然約午飯，下午睡，夜吳士選約晚飯，十時歸，宗三來談至深夜二時。

廿八日　晴　上午臺大學生劉述先、楊漢之來談並訪徐晴嵐、陶佩珍及殷海光，下午至佛觀、宗三處同至烏來，夜陳建中請吃飯。歸來新亞同學九人王岳峰太太、方先生及陶佩珍與錢先生等分別來談。王澈為我整理行李，並約新亞九位同學便飯。

廿九日　晴　晨宗三、方先生及宗三數學生同來旅館送行，八時半至機場，劉泗英先生、過鍾粹、朱世龍、王思曾及人文友會之學生數人亦來送行，九時起飛十一時半抵港，廷光、安安及學生十餘人在機場相候，十二時抵家，午後睡二時，夜至香港在聯合國同志會講演，題為西方現代人文主義之四型及中國人文精神，約講一時半，十時返九龍。

三十日　晴　上午略翻閱一月來所送之各雜誌，王道及數學生來，下午睡二時並整理書物。

卅一日　雨　上午至牟潤孫處，繼至校中與諸同事談，下午訪楊汝梅、張瑄及王書林後至商店購衣服，六時始歸。

九　月

一日　晴　上午復友人信八封，至學校辦公兼至丕介處一談，下午改課程表至六時許完。

二日　晴　上午入學講會講三時，下午數學生來。閱梁漱溟先生中國文化要義及中國之教育學術文化，夜胡應漢及學生來。

三日　晴　上午至學校辦公，下午睡，夜數友及學生來。

四日　晴　上午至學校，下午睡二時，魏澄平來。夜與廷光、安安看一影片。

五日　晴　上午開行政會議至下午一時，下午睡未成眠，三學生來。

六日　晴　上午至學校，下午整理課程表，夜有學生及友人來。

七日　晴　終日考試。

八日　晴　上午至學校辦公，有二美國人來詢道教問題。下午寫信二封，閱方東美先生英文人生哲學，夜馬定波、王茂富、夏仁山等來。

九日　晴　上午任文正、廖俊修、陳伯莊、胡應湖來，閱方先生書至晚完。

十日　晴　上午至學校，下午二時歸，晚寫文應中美月刊約三千字。

十一日　晴　上午至下午三時續昨文四千字，夜再續千餘字完。夜梁崇儉等四學生相繼來。

十二日　晴　今日開學，上午行開學禮，我與學生講話，自新亞歷史存在基礎學校目標課程行政所希望造就之人才，學生學習之原則及學生活動等方面說新亞性質。下午與哲教系學生談話一小時，說明新亞一般課程及哲教系課程之性質。
十三日　晴　今日開始選課，上下午皆至學校辦公。
十四日　晴　晨標點文二時，上下午至學校辦理學生選課事夜歸。
十五日　晴　晨將昨文再看一次，復梁寒操一函，十時至學校辦理學生選課事，下午六時返家。
十六日　晴　終日有客來。
十七日　晴　今日開始上課，上課二時。
十八日　晴　上午至書店買書，下午上課三時。
十九日　晴　今日中秋，夜約教務處工讀生來賞月。
二十日　晴　上午至港大上課二時，下午新亞上課一時，並應友人約至宇宙俱樂部，夜與魏澄平共至王道處。
廿一日　晴　上午上課二時。魏澄平來，彼在此求工作極困難，我爲彼介紹二處事皆未成就。
廿二日　晴　上午在家聽英文 Linguaphone ，下午至學校。
廿三日　晴　下午過海至趙先生處並至英京酒家賀游雲山之弟結婚，夜約伍鎭雄及郎家恆夫婦及二位英文教員晚餐。
廿四日　晴　上下午共上課二時。

廿五日 晴 下午上課三時。

廿六日 晴 上下午上課四時。

廿七日 晴 上午上課三時。

廿八日 陰 今日為孔子聖誕校中舉行儀式,上課一時,下午開會。

廿九日 雨 上午在家寫信四封,夜約牟潤孫及張瑄夫婦晚餐。

三十日 晴 上午在家,下午至荔枝角訪毛以亨,並訪王愓亞、伍鎮雄,夜至樂宮樓與同仁聚餐。

十 月

一日 晴 上午上課二時,至孔聖堂參加祝聖會。下午上課一時。

二日 晴 上下午上課三時。

三日 晴 上午至港大上課三時,下午校改昔年所著劉蕺山文。

四日 晴 上午港大上課二時,下午新亞上課二時。夜約伍鎮雄及 Reaves 在家晚飯,請彼等及 Eckart 分別教我英文會話,以後每週三次。

五日 晴 上午上課二時,下午至美新處詢問我之去美事,夜 Eckart 及伍鎮雄來教我英文會話。

六日　晴　上午上課二時，下午睡二時，夜應郎家恆約晚飯。

七日　晴　上午至學校，爲人學講會例會之期，我講了二時，中午應友人約午餐三時返，小睡後重校劉蕺山文。

八日　晴　上下午共上課四時。

九日　晴　下午上課三時。

十日　晴　上午港大上課四時，下午睡，夜參加校中紀念會。

十一日　晴　上午港大上課二時並開會，下午三時返校，今日九龍爲懸國旗事引起騷動，交通爲之斷絕，學校亦放假，夜標點文一萬字。

十二日　晴　標點所著文三篇竟日。

十三日　晴　重閱昨標點之二文並校改文字竟日至夜乃畢。

十四日　晴　上午復佛觀、兆熊、張君勱及中山優、和崎等各一函。下午出外看一影片，夜孫述宇、劉裕略來。

十五日　晴　上午復張遵騮一長函約三千字。李召宣來，夜 Eckart 及 Reaves 來。

十六日　晴　上下午上課三時，夜看一影片。

十七日　晴　上午港大上課 Tutorial，下午睡，何福同、胡漢、王道、勞思光等相繼來至夜十時乃去。

十八日　晴　上午港大上課三時，下午學校行啟鑰典禮，夜在樂宮樓聚餐。

十九日　晴　上午與方先生一函，並改與張遵騮函。

二十日　晴　上午上課二時，校對文稿，下午主持孟氏講演會。

廿一日　晴　上午聽英文靈格風，下午睡後出外看電影。

廿二日　晴　上下午共上課四時，夜聽靈格風。

廿三日　陰雨　上午過海取護照表，歸上課一時，下午上課二時，夜 Eckart 及 Reaves 來教英語會話。

廿四日　陰雨　港大上課三時，下午開行政會，夜辦雜事。

廿五日　晴　上午聽英文，下午上課二時，夜 Eckart 來學英文會話。

廿六日　晴　上午上課二時，下午校對文，夜 Viell 請吃飯。

廿七日　晴　上午上課二時，看牙醫，下午準備課。

廿八日　晴　與哲社系同學遊清水灣，晚歸。

廿九日　晴　上下午共上課四時，夜 Eckart 與 Reaves 來。

三十日　晴　上下午上課三時，並至九龍總商會開會，夜過海至巴黎飯店招待 Viell。

卅一日　晴　上午港大上課三時半。至樂宮樓參加教授聚餐會，下午開大學教科書會議，夜校對文。

十一月

一日　晴　上下午共上課五時，夜 Eckart 來。

二日　晴　上午上課一時，日人小田來參觀陪之午飯，下午校刊文。

三日　晴　上午上課二時，中午至機場送 Viell，下午睡二時，夜研究所開會。

四日　陰　上午人學講會二時，下午準備課並出外看一影片。

五日　晴　上午上課三時，下午上課一時，聽英文唱片。夜 Eckart 及 Reaves 來。

六日　晴　上下午上課三時，夜有友人來。

七日　晴　港大上課三時，Tutorial 一時，下午至移民局，夜聽靈格風。一友人來。

八日　晴　上下午上課五時，聽靈格風一時，夜 Reaves 來。

九日　晴　上午上課二時，下午至九龍總商會開會，夜 Eckart 來。

十日　晴　上午上課二時，下午至蔡貞人處開會。夜至牟潤孫處晚飯。

十一日　晴　校改藝術文學意識與求眞意識文，夜赴唐氏宗親會。
十二日　晴　校改昨文及論宗教文，夜 Eckart 及 Reaves 來。
十三日　晴　上午再校改論藝術文初校完，上下午上課三時，夜往看馬戲。
十四日　晴　港大上課二時，Tutorial 一時，下午開行政會議，夜閱雜書。
十五日　晴　港大上課三時，下午開學生徵文會，夜 Reaves 來。
十六日　晴　上午至學校監考，下午往拔牙並聽 Linguaphone 英文二時，夜整理筆記二時。
十七日　陰　上午重校論文學藝術與道德理性文五時，下午看一影片，夜聽靈格風一時許。
十八日　陰　上午閱舊文，下午至丁文淵處開會，夜閱雜書。
十九日　陰　上課四時，夜 Eckart 等來。
二十日　陰雨　上課三時，往看沈燕謀先生病，夜聽 Linguaphone。
廿一日　雨　港大上課三時，Tutorial 一時，至吳本中處午餐，下午四時歸，聽靈格風二時。
廿二日　陰　上下午上課五時，辦公一時，夜約錢賓四、陳伯莊四人晚飯。
廿三日　陰　上午至九龍總商會。又上課二時，下午睡二時，聽靈格風二時許，夜 Eckart 來。
廿四日　陰　上午上課二時，準備課二時，下午至孟氏圖書館。
廿五日　晴　上下午皆有客來，夜出外看一片，今日安安滿十二歲。

廿六日　晴　上下午上課四時，校對文三時。寄澳門外交部函。
廿七日　晴　上下午上課三時，校文三時，夜看電影。
廿八日　晴　港大上課三時 Tutorial 一時，下午校對文二時許，夜聽靈格風一時許。
廿九日　晴　港大上課三時。下午新亞上課二時，開會一時，夜 Reaves 來。
三十日　晴　上午上課二時，下午看試卷，準備課二時，夜至自由道開中國文化會。

十二月

一日　晴　上午上課二時，開孟氏圖書館會，下午開新亞社員會，夜開人生社務委員會。夜胡漢來談。
二日　晴　上午爲人學講會講二時，與王道及史君談，並與蘇明璇一函，下午劉裕略、毛以亨來，改文一篇。
三日　晴　上下午上課四時，看一影片，夜 Eckart 及 Reaves 來。
四日　晴　上下午上課三時，下午開中國文化會。
五日　晴　港大上課三時，Tutorial 一時，下午開行政會議。
六日　晴　港大新亞共上課五時，夜 Eckart 來。

七日　晴　上課二時，準備課二時，下午過海至工展會購物。

八日　晴　上午上課二時，閱書二時，下午代孟氏圖書館購書，夜在樂宮樓歡送卓宣來。

九日　晴　上午整理文稿三時，中午請蘇明璇、王書林、牟潤孫、張瑄吃飯，下午出外看一電影。

十日　晴　上下午上課四時，夜 Eckart 來。

十一日　晴　上下午上課三時，夜整理文稿二時。

十二日　陰　上午編舊作成青年與學問一書，四時完，寫一序二千字。下午作中國人文思想之發展序二千字。夜學英文二時。

十三日　陰　上午讀英文二時，上課二時，夜 Reaves 來。

十四日　陰　上課二時，下午睡三時，讀英文二時，夜開中國文化會。

十五日　陰　上午上課二時與學生談二時，下午改舊文四時，夜研究所開會。

十六日　晴　上下午改文九時，夜參加哲社系聯歡會。

十七日　陰　上午上課三時，下午改文二時，上課一時，夜 Reaves 來。

十八日　晴　上下午上課三時，夜剪裁文稿二時，出外看一片，今日廷光生日。

十九日　晴　上午整理文稿二時，下午睡，夜學英文三時。

二十日　晴　上午與方東美先生及宗三兄與日友人及在日某君各一緘，中午張國興來望我赴印出席亞洲作家會議，下午至錢先生處談，上課一時許，五時訪曾特詢其是否願隨我去印一遊，夜至吳椿家悼唁其夫人逝世。

廿一日　晴　上課二時，改文二時，睡三時，夜 Eckart 來。

廿二日　晴　上午上課辦公，中午鈔錄佛學筆記，午後二時至校中爲院際學生講演比賽事，夜赴文化講座講演會，並抄佛學筆記三時。

廿三日　陰　上午抄佛學筆記完。

廿四日　晴　上午閱英文會話書四時，下午至慈航淨苑遊夜歸。

廿五日　晴　整理文化意識與道德理性，終日相繼來客五位，出外看亞力山大一片。

廿六日　陰　上午改文三小時，一學生來，下午又改文二時。

廿七日　陰　改文三小時，下午 Reaves 來，夜參加學生辯論會作評判。

廿八日　晴　改文二時，上課二時，下午改文三時，夜赴中國文化協會開會並參加學生辯論會。

廿九日　晴　上午上課二時，並與學生談話一時許，下午讀英文二時，Rickatt 來，改文一時，夜參加學生辯論會。

三十日　晴　上下午改文十小時，文化意識與道德理性一書校改完。皆只修正字句根本意見全無更動。此書寫於十年前，十之八完成於南京與無錫，六年前乃補前後之三章，然迄今未能有重看一度加以校改文句之時。此月內乃發憤將未校之二十萬字全部細閱一次，覺其立義皆能通過我今日之理性之印證，亦足證十年前我之思想已大定也。此書囑學生補抄一部份後，當設法付印。

卅一日　晴　上午至醫生處看牙及眼再至彌敦道購物，下午聽 Dalin 講演，夜赴學校除夕聯歡會。

民國四十六年（一九五七年）

一月

一日　晴　上午閱英文，下午至半島飯店與 Dalin 談。

二日　晴　寫文七千五百字論中國之天命觀。

三日　晴　寫文一萬字名先秦哲學中之言命釋義，夜 Eckart 來。

四日　晴　上午上課二時校對文二時，下午睡三時，夜 Reaves 來後再讀英文二時。

五日　晴　上午上課二時校對文二時，下午過海看書畫展覽並看一片，夜二學生來，余協中來，未作他事。

六日　晴　上午人學講會，講自然生命與精神生命二時半，並與哲社系學生遊馬鞍山，歸來已九時甚倦。

七日 晴 上下午上課四時，夜學英文三時。

八日 晴 上午上課三時，校刋文四時，夜讀英文二時。

九日 晴 港大上課三時半，下午新亞開會至夜，與友人信三封。

十日 晴 港大新亞上課共五時，睡二時，夜 Eckart 來。

十一日 陰 上課二時，閱英文會話書四時。

十二日 晴 上午上課二時，下午閱英文文法書。

十三日 晴 上午閱文法書三時，下午出外購物，看一影片，夜訪友。

十四日 晴 上午上課三時，下午上課一時，夜 Reaves 來後閱英文文法書二時。

十五日 陰 上午過海至移民局，上課一時，下午復友人信三封。閱文法書五時至夜完。

十六日 晴 至港大上課三時半，下午開行政會，夜開中國文化會。

十七日 晴 港大新亞上課共五時，夜約 Hulme 等吃飯。

十八日 晴 上午上課二時，下午出外購物五時歸，夜 Eckart 來。

十九日 陰雨 上午上課二時，至孟氏圖書館開會，下午參加一同學婚禮，夜聽 Hulme 講演。

二十日 陰 上午寫文化意識與道德理性一書之前言一千字閱雜書二時。

廿一日　晴　上午閱英文，下午至領事館辦簽證手續，夜 Eckart 來。

廿二日　晴　上午學校考試，十二時半過海午飯，下午至圖書展覽會購書。夜應 Eckart 及 Reaves 之約至沙田晚飯。

廿三日　晴　上午至港大上課三時半，中午應港大學生約在一處午飯。至學校監考，四時至孟氏圖書館開大學教科書委員會後至荃灣張雲處晚飯十一時返家。

廿四日　晴　上午至港大上課三時，午後寫信一封，至學校辦公，夜 Reaves 來，八時至樂宮樓爲唐惜分餞行，十時至中國文化會開會。

廿五日　晴　上午開研究所會，下午開學校行政會，與友人信四封，夜與 Reaves 及 Eckart 及廷光安安過海參加音樂會，十二時後歸。

廿六日　晴　上午出外購物一時歸，下午至學校參加徵文等頒獎典禮，夜整理書物並出題至夜一時許，今日爲我舊曆生日，足四十八歲，依廣東算法五日後即五十歲矣。

廿七日　晴　上午改文四時，下午出外購物並看一電影，夜改文三時。

廿八日　陰　上午改文二時許，寄書，下午至孟氏爲大學教科書委員會簽約。

廿九日　晴　上午至美領事舘，下午出外購物，夜赴校中同學餞別宴。

三十日　陰　上午至港大上課三時，Tutorial 一時，下午余協中、郎家恆來，夜請哲社系及教務處學生無家者來晚飯團年。

卅一日 晴 今日爲夏曆新年，終日有學生來拜年。

二月

一日 陰 上午有客來拜年，下午至數友處拜年，六時返，續有友人來，夜閱英文書一時許。

二日 陰 上午閱試卷，友人來拜年，下午伍鎭雄等來。

三日 陰 上午人學講會二時，中午請四川同鄉吃飯，下午至鑽石山拜年，夜應樊仲云約。

四日 雨 上午至美領事館，下午寫信三封，送郎家恆，晚應自由人學社約於厚德福晚飯。

五日 雨 上午過海至日領事館辦簽證，中午應達道約，下午開行政會，夜應新亞同事約於樂宮樓。

六日 陰 上午至港大上課三時，Tutorial 一時，至錢先生處午飯，夜應丁文淵約晚飯。

七日 晴 上午至港大上課三時，至日領事館簽證，三時應調景嶺流亡出版社胡虎生、陳沭儀、何聘儒、胡麟、黃熠、黃熙夫婦約在心園午餐，夜應新亞研究所約在厚德福晚飯。

八日 晴 上午閱文二時，過海交涉飛機票事，下午又過海交涉機票，六時應中國文化會約晚飯，七時赴學生歡送會，夜學照像一時許，閱舊稿一時。

九日　陰雨　上午辦雜事，中午應民評社約午飯，下午理髮洗牙，夜應四川數同鄉約晚飯，定明日動身去日本。

十日　陰　乘機至東京，下午五時半到達，有胡蘭成及池田、清水、小林、和崎及中國大使館之吳先生來接，當夜宿小相旅舍，飯後又至一麵店吃麵，作麵者一面切麵一面唱其鄉土之歌。

十一日　晴　訪中國大使舘及日本外務省後至安崗先生處由彼招待午飯，下午四時返旅舍，夜應各界歡迎會約，我略講中國文化與共黨，又至一團體略談豪俠精神。

十二日　晴　至亞細亞大學講演人類社會進化之意義，下午鄧有德來約出遊，並至一處晚飯。

十三日　晴　上午應外務省約，我略談中國文化之原理與唯物辯證法之不同及中共所以得勢之原因，下午乘車赴日光，夜宿東照宮旅館與胡蘭成談至深夜。

十四日　晴　遊日光東照宮，並觀瀑布，下午返東京，夜應沈大使約晚飯。

十五日　陰　上午應亞細亞研究會約與財界人共午飯。我略講東方文化對天神與物之態度異於西方者，下午應教育界人士談話會約，我略講自太平天國革命以來中國之歷史之意義。

十六日　陰　上午參觀明治時代日本孔廟，廟由鋼鐵成仍不失中國建築之形式與莊嚴之美。至日本廣播電臺廣播十五分鐘，略言東方人文主義之通天地義。下午亞細亞研究會約，與師友會一部份人及數青年學生講話，我講對日本文化之希望，望日本保存其固有文化勿氣餒。夜在西尾家晚飯並宿。

十七日　陰　上午數人來談，爲日本人屬書者寫短幅字二三十張。下午至三瀦信吾家飲茶並聞日本國歌，類兒時所聞孔子聖誕歌，又聞唐代雅樂。夜至尾崎處晚飯。與廷光及 Reaves 新亞同事各一信。

十八日　晴　上午至東方文庫參觀藏書約百萬册，西文書約佔其半，多研究東方諸國之書。下午文化界座談會，夜乘機赴伊勢。

十九日　晴　上午參觀日本神宮，並觀神宮樂舞。下午在神宮皇學館講演，我略講所見日本神宮之意義及不同宗教文化可不同而和之理，並發揮樂記日則相親夜則相敬之義，夜至奈良。

二十日　晴　上午遊東大寺及奈良博物館，下午遊法隆寺、藥師寺、招提寺；夜宿京都妙心寺。

廿一日　晴　上午訪小松教授問西田之哲學，並遊龍安寺一花園甚有名，只有五名，聞係禪宗僧所建，下午訪問京都大學人文科學研究所及其哲學教授西谷，又遊日本皇宮，頗似中國之大農家，夜宿四天王寺，云係唐代迎中國人之賓館。

廿二日　晴　上午理髮並換錢，下午續完與廷光信並改完天命觀一文，夜在師友會講演東方文化與五倫及師友之道。

廿三日　晴　上午訪小田信三，彼乃日皇太子師，年已六十餘，爲日本非共之理論家，後赴日本友人之送別會，三時返旅店，夜登機赴檀香山。到時仍爲廿三日，似過一經度時間計算不同之故，夜宿 Alexander Young Hotel 與廷光、鮮季明、伍鎭雄各一函，整理雜物三時乃睡，今夜爲離家後一人獨居之日，以在日本皆有池田等同室也。

廿四日　晴　上午在旅館中頗覺無味，至旅館外街頭散步，一切色彩線條太分明與東方迥異。下午 Ching Hung Wai 來約遊檀香山四週，彼爲 C. A. Moore 行時託其照拂我者，彼家中人同車，皆只能說英語，彼開車極快至郊外尤快，見其他車亦風馳電掣於馬路中，覺有魔物之感。此處有自然風景與物質文明，但無歷史文化，故無大意味，五時半赴中山學校參加某華僑團體之春宴聯歡會，有表演中國武技及夏威夷土風舞者，臺上尙有中國之大鑼，此乃在中國亦不易見者。

廿五日　晴　上午由 Ching 君帶同訪問夏威夷大學得見其文學院 Dean Sounder，乃治政治學者，又略至圖書館參觀，訪其哲學系教授皆不遇，下午回旅館寫二信。

廿六日　陰　上午訪 Honolulu Academy of Art 之 Ecke 教授，參觀其處所藏中國美術品。下午何佩韋君來同遊 Waikiki，夜十時乘機飛舊金山。

廿七日　晴　晨抵舊金山，鮮季明及孫遹安來接。後同遊科學院及 Woods，夜至 Academy of Asiatic American Studies of Pacific University 參加季明之 Class。

廿八日　陰雨　上午至 California 大學參觀訪問，見馬似棨、陳世驤及 Brown、Repper 等，Lessing 雷鳴宇 Institute of East Asiatic Studies，夜參加 Academy of Asiatic Studies of

Pacific University 中 Watts 之禪學之 Class。彼問問題我略加答覆，後訪張君勱先生，十二時歸。

三　月

一日　陰　上午至 Asia Foundation 後，又至 Stanford 訪問，晤陳受榮、Wright 夫婦及其校教中國哲學之美人，與日人富川尚志，並參觀其圖書館關於中國日本部份，前曾教之一四川學生吳文津在其處任圖書館事，又訪問克倫斯基，下午歸至張君勱先生處晚飯。

二日　陰　上午與廷光一函，訪問國民日報，下午訪問少年中國日報及金山時報與中華總館，夜整理雜物。加州大學爲藏日本書最多者。Oriental Language Library Stanford Library 中中國近代史資料較多。

三日　陰　上午至 Honeur et Paries 博物館及一高塔參觀。下午一時乘機至洛杉磯，郭子偉及熊耀德來接，夜同訪黃文山不遇，至中國城及好萊塢一行，十時半歸。

四日　晴　訪 Southern California 大學晤嚴綺雲及陳錫恩。又訪 Pepperdine College 晤其教務長 H. M. Tiner 及 E. V. Pulias。

五日　晴　訪 Occidental College 晤見 Mark 及其校長 Coons，下午至 Pamuna 大學參

觀晤陳受頤知其學校兼有小 College 與大的大學之長，校中有一屋，乃訪該校初建之四間校舍者。夜與沈哲明同至嚴綺雲處晚飯。

六日　晴　上午至銀行取款，一時半乘機至三藩市，三時半抵達，夜囑述安與 Weigle 一信。

七日　陰　晨七時起，整理雜物，九時乘機至西雅圖，下午二時達，住 Hungerford Hotel，覺甚寂寞，打二電話不通，與宗三、復觀一函。

八日　陰　乘車至華盛頓大學訪施友忠，在其校中餐，在其家晚餐。

九日　晴　與施友忠同至 Fuller Collectin 博物院，下午至李芳桂家。

十日　晴　上午與馬似榮、陳受頤、梁崇良及 Wright 各一函，在旅館清理雜物，下午王明一來同至施友忠家。

十一日　陰　上午乘機至芝加哥，旋卽轉華盛頓 Weigle 來接，卽至 Annapolis 夜宿其家。

十二日　晴　上午十一時起，下午至其校參觀，彼爲佈置一室，夜宿其中。

十三日　晴　上午乘車至紐約，至中美聯誼會，晚游雲山、張廸善來。

十四日　陰雨　上午在旅館，下午至華美協社參觀游雲山畫展，並訪程其保。

十五日　雨　上午在旅館，下午程石泉來。

十六日　晴　上午與張廸善遊自由神像處 Empire State Building 與聯合國及 Radio Music

Hall，夜趙自強來談。

十七日　晴　上午張廸善、羅榮莊來送至車站，下午四時達 Annapolis 與張大偉同去晚飯，寫信六封致謝美西岸諸友人曾招待我者。

十八日　晴　上午至華盛頓訪教育會 Brown 及中國大使館與國務院，與廷光一信。

十九日　陰雨　上午再訪 Brown 商我之訪問計劃，至國會圖書館訪袁同禮，下午返 Annapolis。

二十日　晴　參加 St. Johns 之 Classes 二次。

廿一日　晴　參加 St. Johns 之 Classes 五次。

廿二日　雨　上午乘車至華盛頓，訪 American Council on Education 及 State Government 夜住 Presidential Hotel。

廿三日　晴　與賴家球同至白宮 National Gallery of Art 及 Freer Gallery of Art，中有中國畫甚多，並至議院及華盛頓紀念塔、傑弗遜紀念堂及林肯紀念堂一看，下午五時乘車至 PHIL-ADELPHIA 住 John Bartran Hotel。與張君勱先生等四函。

廿四日　晴　上午訪顧一樵，在其處午餐後同去世界學生會聽中國科學家楊某講其最近震驚科學界之發現，晚至郎家恆父處，路甚遠。

廿五日　陰　上午至 Gloria Dia 教堂，稱 Old Suneden Church 乃此處最古之教堂，亦美國第三老教堂，一部建築於十七世紀，其處距市區甚遠，教堂周圍乃墳墓，四處闃無一人，後至 Indep-endence Hall 乃華盛頓發表獨立宣言之地，又至 Museum of Arts，其中中國瓷器甚多，又有一中國房屋，及印度波斯回教及西方各時代各國之藝術品。其中所佈置之中世房屋內部構造及陳設，對其印象最深者，其中有一極深之幽鬱性與巫魘性，以此觀之中世生活亦要不得。

廿六日　陰　上午至 Pensuevenia 大學 Museum 一看，中午應該校中國哲學教授 Boddl 約午飯，後參觀 Counmercial Museum 全爲花卉，人甚多，又至 Zoological Garden 一看，初闃無一人，唯有動物，夜應段開霖約晚餐。

廿七日　陰雨　上午至 PRINCETON 看中文圖書館遇童世綱及 Motts，該處中文書十四萬册，有不少眞藏及圖書集成初印本（銅字）。在圖書館中留五六時，四時乘車至紐約，住 Woodstalk 旅館，夜司徒鉅勳及趙自強來。

廿八日　陰　上午林昌恆來，下午至國務院 Reception Centre 與 Eckart 之父一函，游雲山來同去紐約中國總領事處，至 Prockbellar 樓上飲茶，夜至伍藻池處晚飯，十二時返旅舍。

廿九日　陰　上午至哥倫比亞大學訪中文系主任 Godrich 及教中國思想之 de Bary 並參觀其中文圖書館，見其主任及徐家璧，後至 Asia Foundation 見 Lu Houver，中午由梁佩女士約午飯，下午至聯合國參觀，遇其翻譯繆通，繼至神學院訪其副院長 Niebur 教授。又至游雲山處晤某心理學者兼佛學者之師生，五時訪手斌談。夜在程石泉家晚飯，夜宿司徒保羅家。

三十日 晴 上午與司徒同至Englewood Eckart家，其父母人皆甚好，午飯後至紐約Museum，夜與趙自強同看歌劇，所聽乃 Wagner 劇，但多不解。

卅一日 晴 上午與游雲山趙自強同訪 Suzuki 談二時，彼乃日本禪學者，在哥倫比亞大學講禪學，中午應林昌恆袁玉良夫婦約至家午飯，有數四川人在座，四時返，略準備今夕講演，六時林振述來同至顧獻梁家晚飯，有數中央大學學生在座，夜至中國留美學生服務處對白馬文藝社及其他人講由百年來之歷史看中國文化前途，參加者不過二三十人，但皆三四十歲以上，程度較高在美治文學藝術兼在社會作事者。十二時返旅舍與趙自強談至一時。

四月

一日 陰 上午至 The First Zen Institute 與 Mrs. Foxcuse 談，下午與唐德剛遊 Modern Arts Museum 及 Clocster Museum，夜參觀 New School Visiting Schuye 之西洋哲學 Class。

二日 陰 上午乘車至 New Haven 黃伯飛來接至耶魯大學之 East Language School，訪 Reaves 父母於 Connecticut，夜乘車至 Boston 住 Lenox Hotel。

三日 晴 上午至 Sheraton Hotel 參觀遠東學會（今改名亞細亞研究會）開會宣讀論文，下午余英時來與之同至哈佛東方圖書館，六時返旅舍。

四日　晴　上午至遠東學會，晤見 Hocking 教授之女 Mrs. Ksacke 及梅貽寶。十一時至 Cambridge Bucher 處。Hocking 自他處來，彼已八十四歲，今日乘七時半車來相晤，心中甚不安，彼對中國甚好故來談約二小時並約在一處午餐，餐後又至遠東學會會場，五時回旅館，與廷光、王惕亞、朱學禹各一函，余英時來同至劍橋，夜宿 Ymea 在英時處晚飯。

五日　陰雨　上午李定一來至其處談，遇韓國大學哲學教授李君，下午訪裘開明、楊廉陞，夜在李定一處晚飯，遇周君。

六日　陰　上午訪 Reichaner，下午與錢賓四先生一長函，夜衛挺生約晚餐。

七日　陰　上午英時送我至機場乘機至 Ithaca 下午三時到 Cornell，Bruska 來接，住該校客房中。

八日　雪　訪該校外國學生顧問及圖書館。不通言語卽處處是禪，蒼苔古物使吾人在空間中呈現時間與過去。

九日　晴　昨夜雪，今晨雪景頗佳，上午訪 Hocket，中午應 Burtt 約午餐，並晤見哲學系中二教授，下午參加 Mulcolm 之 Seminar。

十日　雪　上午與 Biggerstaff 教授談，中午應 Shadick 教授約午飯，彼中國話甚好，曾在中國燕大任敎近二十年，一時半彼送至機場，三時半抵 Buffalo，住 Buffalo 旅館，五時雇一 Taxi 遊 Niagera Fall 九時乃返。

十一日 雨 上午理髮，與林振述、顧、梁、林昌恆、袁玉良、趙自強、衛挺生各一函，下午飛密西根得轉來之廷光函及像片。

十二日 陰 上午訪 International Centre 之主任 W. Davis 下午訪 Prof. W. N. Steinhoff 彼爲 Chairman of Faculty Counselors for Guniors and Seniors in College of Literature, Science, and rhe Arts。二時半與 Dr. Domeld Holzman（侯思孟）談，三時半至 Television Studio 參觀，五時返舍。

十三日 陰 上午出外散步，下午看一影片，乃恐怖片，殊無價值。

十四日 陰 上午與牟潤孫等一函，中午應 Holzman 約午飯。飯後再至其處談，五時歸。

十五日 晴 上午與 Henli 談，並 Visit 其 Class，下午與胡應漢、任文正各一函，乘機飛芝加哥。

十六日 陰 訪 Osburn 于 Institute of International Education Office 參觀 Art Institute, Natural History Museum 及 Aquarium Planetarium。

十七日 陰 至芝加哥大學 Creel 約 Kracke 等共午餐，下午參觀 Oriental Institute 及芝加哥遠東圖書館，晚錢存訓共晚飯。

十八日　陰　上午與新亞同學一長函，下午睡一時許，參觀 Museum of Science and Industry Kracke 夫婦約晚飯，有 Prichard 及錢存訓夫婦在座。

十九日　陰雨晴　上午至 Chicago Historical Society 參觀。下午至 Urbana 意利諾大學，唐寅北來接至彼家，其妻爲外國人，其室中有異味，壁上掛近代畫，忽覺不安。

二十日　陰　上午至韓裕文之墓一看，爲之感慨，夜參加意利諾大學之同學會。

廿一日　晴　上午乘車至芝加哥，下午乘機至 Iowa 梅貽寶及李君來接，住 Jefferson 旅館，夜在梅家晚飯。

廿二日　陰　上午與梅夫婦及劉先生父子同遊 Amana 鄉村，晚李鑄晉約晚飯，夜參加中國學生會歡迎會。

廿三日　陰　上午與廷光一函，中午 Iowa 大學午宴，有六七人在座，下午參觀藝術系與胡蘭成一函。

廿四日　晴　上午參觀圖書館，並至梅貽寶之班上與學生談老子哲學，下午乘機至芝加哥轉 Lexington 夜宿一旅店。

廿五日　晴　上午乘車至 Berea 住 Boone Touern Hotel，晤張教授，下午參觀校園，會見校長 Hutchinson，夜李振雲及龔君來談。

廿六日　晴　上午與其 Dean Shutt 談，又與教哲學者 Dr. Robertson 談，下午訪 Labor Office 後，哲學宗教系之主任 Ross 約在其班上對學生談話，我略講中西哲學可融合之意十餘分鐘，以英文不行不能作長講演也，夜與宗三復觀兄各一函。

廿七日　晴　上午與李君參觀工廠，並至其處談話，下午睡二時，與廷光一函，夜張富良約晚飯。

廿八日　晴　上午至 Lexington 乘機去芝加哥，夜住 International House。

廿九日　晴　上午至 Museum of Science and Industry，下午二時出外遊公園，夜與勞思光、李達生、胡欣平一函，又與錢先生一函。

三十日　晴　上午與程兆熊、胡應漢及廷光一函，下午至 Museum of Science 一看。

五　月

一日　晴　上午在旅館閱雜書，下午再至 Museum of Science 並閱書。

二日　晴　美西部哲學年會今日在此開會，上午討論哲學教學，下午為東方哲學。

三日　陰　上下午皆至哲學會，中午約錢存訓午飯晤莊澤宣。

四日　陰　上午至哲學會與 Henli 談，下午與張君勱一長函，乃復彼所來函者。

五日　晴　上午乘機返華盛頓，一時半達又乘車至 Annapolis，夜閱廷光及友生等寄來之信十餘封。一時乃睡。

六日　雨　上午 Visiting Class 下午包裹書物寄與他人至五時乃畢，夜 Visiting Class。此次離 Annapolis 至各處參觀共一月半，上下飛機十餘次，共到過十一城市，所見雖多，然精神皆向外放洩，此後一個月當暫不動。

七日　晴　上午九時出外寄物，十時歸，復張雲、葉龍、孫述宇、雷一松各一函與黃建中一函，塡表二時又與廷光一緘。

八日　晴　上午 Visiting Class 二小時，下午復張君勱一函，又與廷光一緘，出外理髮取錢兼購物。

九日　晴　上下午重閱兼改正文化意識與道德理性第四五章。

十日　晴　重閱昨文至下午二時完。

十一日　晴　上午九時起閱昨文再一次下午五時完。

十二日　晴　再閱昨文二次，由上午九時至下午四時完。出外購物，夜與錢先生一函。

十三日　晴　晨將擬寫中國文化宣言之數要點記下。至銀行取錢，郵局寄書，下午整理文件，復趙自強、梁崇良一函。

十四日　晴　重看政治意識文二次，由上午十時至下午八時完，與廷光一函。

十五日　晴　上下午改文至夜乃畢頗覺疲倦。

十六日　晴　改文至下午三時完，文章多看幾次，卽看出細微毛病，故文章實不易作至毫髮無遺憾也。與于斌一函，復 Vaill 一函，夜參加一 Seminar。

十七日　晴　上午重鈔與 Vaill 函，復梅貽寶一函，下午出外寄書。歸來寫文至夜十二時成三千字，乃中國文化宣言之初稿，此張君勱及宗三佛觀與我將聯名發表者。

十八日　晴　寫文八千字。

十九日　陰雨　寫文一萬二千字至夜二時。

二十日　陰　寫文一萬字完，共三萬四千字。

廿一日　陰　上午復唐端正、余允文、蕭世言各一函，下午寫一信與國務院，又改政治意識文至夜二時，錢先生又來函，欲我繼任其職，復函拒謝。

廿二日　陰　上午改與國務院信及政治意識文，下午四時掛號寄港，心中減少一負擔，自開始改此文以來，已歷時近半月矣，又 Visit 二課。

廿三日　晴　與胡欣平、趙自強、及廷光函，夜往看一電影殊無意味。

廿四日　晴　上午 Visit 一課，與錢賓四先生一長函論學校事。又擬下月赴雅禮會開會講稿，及于斌約講話之講稿。

廿五日　晴　上午續完諸講稿，寄伍鎮雄譯。

廿六日　晴　上午與李相殷一函，下午閱中國文化宣言一次至夜，改鈔二張，擬三日內將其鈔完。

廿七日　晴　上午至下午四時，改作文三千字，鈔三千字，五時後又鈔文至夜一時共六千字。

廿八日　晴　改鈔文共萬二千字至夜二時。

廿九日　晴　上午出外交信取款。昨日及前日改鈔文太倦，頗覺精神空虛，寄書四包與廷光。

三十日　陰　上午準備應于斌約在中美協會之講演。

卅一日　晴　晨七時起至 Maryland 大學開中美圓桌會議，夜二時乃歸。

六　月

一日　晴　上下午閱雜書。

二日　陰　閱 The Nature of the Non-Western World，U. M. Dean 著。

三日　陰　赴華盛頓至德、法、希臘、意大利、英等使館辦簽證，又至中國大使館，德與希臘簽證已辦妥。

四日　陰　至意大利、英、西班牙使舘辦簽證，意已辦妥，又至國務院文化交換處一行，下午一時返 Annapolis 整理雜物。

五日　陰　上午至華盛頓赴西班牙及比利時使舘辦簽證，四時乘車去紐約，九時抵達，趙自強來談。

六日　陰　上午在旅館中改文，與廷光及張君勱各一函，晚應于斌約晚飯。

七日　陰　上午在旅館中改文，下午訪胡適之談二時，夜應中美聯誼會講演中國文化與人類前途，約有三十人左右。

八日　陰　上午余傳朋來談，並約午飯，彼爲前中央大學學生余家菊之子，人尚好。與胡適之一函，補充昨日所談未盡之意，我謂講自由民主不當反中國文化，亦不當忽略國家民族，並望其勸自由中國之朋友勿只說反面的話，同時彼亦當對蔣先生盡忠告勿以黨與領袖置於國家之上。下午趙自強來同至舊書店購書，晚同至中國城吃飯。

九日　晴　上午孫德民來同遊動物園，下午一時與趙自強同約紐約大學哲學系主任 Hook 談一時，彼爲杜威弟子中最有名者，但其人無大深度，四時乘車至 New Haven, Vaill 來接住 Yale Devenport Collye 客室。

十日　晴　上午參加 Yale 大學畢業典禮，畢業生給學位者二千餘人。下午睡一時許，夜 Cooper 約吃飯，彼將去新亞者，夜郎家恒來。

十一日　晴　上午雅禮董事會開會，聞雅禮會中人有誤會新亞爲排斥基督教，亦有主張不繼續如何援助者，我略申明新亞不能成教會學校，但對各宗教兼容並包之意，今日會見 Laulanrit及 Rudin。

十二日　晴　上午整理文稿，中午 Graunum 約午飯，飯後乘車至 New Haven 附近遊，四時返，仍整理文稿至夜。

十三日　晴　上午看文一次至黃伯飛處同出午飯，下午又看文一次，董保中來，夜 Rudin 約晚飯。

十四日　晴　上午黃伯飛來談最近毛澤東之講話，下午訪 Blanshand 談一時許，彼與 Hocking 同爲美之 Idealists 中之重鎮，其人態度亦尚好。至書店購書，郵寄二包與廷光。

十五日　晴　上午又至書店購書，下午睡二時，夜柳無忌約晚飯並遊海濱。夜朱學禹自 Maine 來，彼乘火車須十二小時來此，相晤亦不易。

十六日　陰　上午與學禹談，下午睡二時，夜 Yale in China Association 開年會，我讀一講稿，人皆能了解。

十七日　晴　郵寄書四包至新亞，五包與廷光，又至書店購書，鄧君來約午飯，下午至圖書館參觀。

十八日 晴 上午與錢先生一函，並訪 Vaill，下午至書店購書，夜閱書二時，已多日不閱一頁書矣。

十九日 晴 寄書二包與廷光，一包與新亞。

二十日 晴 閱 Schipp 所編 Living Philosophers Library 之 Radhakrinan 百餘頁，董保中約晚飯。

廿一日 晴 閱昨書百餘頁，閱 Gilson: Beimg and Some Philosophers 數十頁，王惠民約午飯。

廿二日 晴 上午離 New Haven 赴紐約與趙自強及孫德文談，又至 Strand Book Store 爲學校購書，三時半乘車至 Baltimore 換乘汽車回 Annapolis ，九時半達。

廿三日 晴 上午寫信三封，忽發見護照遺失，遍覓不得。我在去 New Haven 時卽慮其遺失如有預感，我一直置之皮包裏面，想係離 New Haven 之前一日因取郵票忘了放入皮包，因寫一信與 Vaill 請其查問，不知能覓回否。

廿四日 陰 閱 Satre: Being and Nothingness 六七十頁。

廿五日 陰 閱昨書五六十頁，夜閱 White 編 Age of Analysis 數十頁。

廿六日　陰　上午閱 Age of Analysis 數十頁。得 Vaill 一電，謂護照已覓得，與廷光一函。下午閱 The Nature of the Non-Western World 數十頁。

廿七日　晴　閱 The Nature of the Non-Western World 百五十頁完。閱 The Age of Analysis 數十頁大體完。

廿八日　晴　晨至下午寫告新亞本屆畢業同學書五千字左右，與佛觀宗三各一函。

廿九日　晴　上午改昨文寄香港，下午與張君勱、陳榮捷、梅貽寶、蕭輝楷、蕭世言、趙自強各一椷。

三十日　晴　閱 Satre: Being and Nothingness 一書六七十頁。

七　月

一日　晴　上午閱 Satre 書廿頁，此書頗不易看。下午至郵局取款並交信，夜閱 Satre 書卅頁。

二日　晴　上下午閱 Satre 書五六十頁，夜又閱廿頁。

三日　晴　上下午閱 Satre 書六七十頁，寄書一包與廷光。

四日　晴　閱 Satre 書八九十頁。

五日　晴　閱 Satre 書一百頁。與沈燕謀、余英時各一函。

六日　晴　閱 Satre 書百頁完。一週來除看此書未作他事。

七日　晴　上午閱雜書，下午閱 Cassirer: Philosophy of Symbolie Form 廿頁。

八日　晴　上午入城至比及英領事館辦簽證，並至航空公司購赴英機票，下午赴Pan-American哲學會開會。

九日　晴　上午至汎美哲學會開會。下午至國會圖書館交涉交換贈書事，與徐亮君同出看一屋，擬十二三號遷入城，與廷光一函。

十日　晴　晨赴英領館，繼去汎美哲學會，下午乘車返 Annapolis 整理雜物並閱 Briere: Fifty Years of Philosophy。

十一日　晴　上午閱 Cassirer: Philosophy of Symbolie Form 大體完，下午睡二時並至郵局寄書物回香港。寄廷光衣物二包，書一包，新亞書一包。夜閱雜文。屋中雜物皆收檢擬明日移入城居，此屋前後住一月半念將離去，亦不免悵然。

十二日　晴　上午與 Weigle 談後卽入城至 4th street，下午至英領館取簽證，並赴汎美哲學會訪 C. A. Moore 未晤，遇 Lindsay，夜與 Moore Christopher Garnett 夫婦談，三人似皆甚眞率富熱情。

十三日　晴　上午至 Suvile 書店購書，下午二時歸。

十四日　晴　上午閱雜書，下午柏實義來約遊華盛頓故居及墓（monst vernon）及 Arlington National（陣亡將士墓）與 Greect fall 等地，九時返舍。

十五日　晴　至印度大使館及瑞士使館辦簽證，下午四時後至一動物園，夜歸。

十六日　晴　上午至國務院又至十二街辦 Sailing Permint 下午至 Freer Gallery 買畫，又至國會圖書館辦借書手續，夜徐亮約晚餐，十時半歸甚倦。

十七日　晴　上午送一箱至國務院由其直寄港，歸來與廷光、王正義、柏實義、陳榮捷、趙自強各一械，下午至國會圖書館看書三時。此次來美計在 Annapolis 前後七星期，在芝加哥 New Haven 紐約各約三週，在華盛頓約住二星期餘，共十二處。赴哲學會二次，遠東學會一次。對中國學生講話三次。在哲學班談話三次。雅禮協會講話一次。寫文四萬餘字。閱西哲書約五六册。爲新亞向亞洲協會接洽捐書。交涉韓裕文遺書贈新亞。向國會圖書館及芝加哥圖書館洽與新亞交換書。與雅禮協會人士接觸。與新亞各地同學晤面有孫述安、王明一、董保中、余英時、朱學禹、羅榮莊……。與美哲學家晤談有 William E. Hocking, Bland Blanshard, Charles Moore, Henle, Burtt Ross (Berea) Garnett, Hook, Susuki Nichur...。與美治中國哲學者晤談有陳壽榮、陳壽祺、Wright、蕭公權、李芳桂、施友忠，Lessing, Buelde, Goodrich, Hummel, Shaduk, Holyman, Creel, Kracke

梅貽寶，胡適之，洪煨蓮，Raichaner 柳無忌，Lanterette 莊澤宣，袁同禮……。至各大學參觀有 Hamaii, St. Johns College, Pennsylvania, Princeton, Yale, Harvard, Columbia, New School, Cornell, Michegan, Chicago, Iowa, Berea, Maryland, California, South California, Stanford, Washington, Occidental College, Pamone College, Pederdine College Asian Studies Institute：共二十二處。至博物館參觀者有 Sanfrancisco, Hawaii, Chicago, New York, Washington D.C. Philadelphia...。

十八日　陰　上午至航空公司改機票，下午赴國會圖書館看書。

十九日　晴　上午至國會圖書館哲學部看書，中午袁同禮共午飯，下午又至國會圖書館，五時返住所。

二十日　晴　上午至國會圖書館看書，下午與廷光、伍鎮雄及蕭輝楷各一緘。

廿一日　晴　上午與方東美先生一函。

廿二日　晴　上午赴法領事館知赴法簽證未准，只好不去法國，繼至一書店購書，歸來與趙自強、張君勱各一函。

廿三日　晴　晨六時起至機場乘機至紐約，下午四時乘機赴歐。

廿四日　晴　晨十時至倫敦遇印尼學生郭君，同至一旅店，下午同乘遊覽車至各處遊歷二小時。

廿五日　陰　上午至倫敦大英博物館，下午又至其圖書館及二書店購書。

廿六日　陰　上下午均在書店買書及閱書。

廿七日　陰　上午至 New Carendish St. 訪陳堯聖，下午至書店購書。

廿八日　陰　許賢根及許羅佩堅夫婦來同至牛津大學一遊，訪二人皆未遇，夜十二時返旅舍。

廿九日　陰　上午至法領事館辦簽證，當即批准，蓋其辦事人曾住四川之故。中午應陳堯聖約在亞洲飯店午飯，繼至倫敦大學東方研究學院（School of Oriental and Africa Studies）訪 Simon 談，夜至 Royal Festival Hall 看芭蕾舞。

三十日　晴　上午至 PAA 辦赴比機票，下午與許羅佩堅夫婦及許之弟等同遊劍橋大學，夜約彼等在一四川飯店吃飯，十二時返。

卅一日　晴　上午訪新亞舊董事 Harmn 君與談新亞學生畢業可否得倫大之學位事。下午至 International University 書店購書，並遷居另一旅館。夜至許家晚飯，遇何世禮、鄭彥棻。

八月

一日　晴　上午至 Foylar 書店選若干哲學書，擬囑孟氏圖書館購，下午至 Hyde 公園一遊，後又至 Windsar Catle 一遊，可見西方之堡壘文明。

二日 晴 上午乘機至 Brusserl 蕭世言來接，下午三時至公使館談，晚汪孝熙公使約晚飯，夜至 Louvain。

三日 晴 上午訪 Dondet 教授談，下午至 Brusserl 中國大使館，又至 Waterloo 戰場一行，十二時半乃回 Louvain。

四日 晴 上午與蕭世言談中國文化與政治，下午又與三神父賈彥文、謝凡及趙君等談中國文化與政治。

五日 晴 上午至魯汶城辦雜事，下午睡二時，與廷光一信。

六日 陰 上午與韓國李君談，下午五時乘機赴巴黎，六時半達，住 Voltaire 旅館，在塞納河畔，便道出遊河畔，樓邊有舊書肆，乃以一木箱置書放石欄上，乃他處所未見者。

七日 晴 上午至中國使館晤孫宕越及趙克明，趙君導至聯合國文教處、巴黎大學及華僑僑領處，又至 Pantheon (乃法國名人及英雄之國葬處) 等處遊，夜至 Lonve 博物館外廣場中坐坐，並看一電影。

八日 晴 上午至 PAA 公司換票，十二時趙君及蘇薌雨來同出午飯，至聖母堂一遊，乃拿破崙爲帝時加冕處，並爲法國最大教堂云。後又同至使館，四時返旅舍，晚飯後仍至廣場中坐坐。

九日 晴 上午史接雲來，郭有守來同至一處吃飯，晤見常玉及毛君，乃此間中國畫家，下午史接雲陪同至凱旋門上及其博物館中遊，又同至拿破崙之墓及 Invalid Museum 遊，夜郭有守約晚飯。

十日　晴　上午史接雲來同至盧森堡公園。下午孫宕越來，與彼夫婦及蘇薌雨同遊凡爾賽宮，並遊 Bonlugne 公園，夜同至一飯店晚飯，繼與郭有守及蘇君同至夜總會一帶看看，又至所謂存在主義之咖啡店坐坐，夜十二時返旅舍甚疲乏。

十一日　晴　上午至 Lonvre Museum 爲巴黎最大博物館，十二時許又至 Musél Guimet 乃國立東方博物館無多大意思。下午至 Casanor de Paris 看表演，夜歸旅館甚倦，大使館之約乃決不去。

十二日　晴　上午史接雲及張神父來，後與史君同往訪 Demiville，中午至郭有守處午飯。下午與史張二君至蠟人館後又至一處吃飯。

十三日　陰　晨六時起，九時半乘機由巴黎赴瑞士日內瓦，十一時達。李宴平君來車站代訂一旅館 Hotel of Family 茅於樾來，下午至 Montreax 乘船至 Losun，再乘火車返日內瓦，沿途風景尚佳，惜天陰氣候不佳耳。

十四日　晴　上午乘機至 Zurich，以今明日皆無赴 Musnch 之機位，乃赴 Lucern 住 National 旅館，夜至湖畔坐。

十五日　陰　今晨乘上 Pilatus 山之車上山頂，望遠處雪山風景頗佳，但以山頂在海面七千尺上，故頗寒冷，乃至旅館中咖啡室中飲酒少許。下午乘下山之車抵 Alpnachstad，見一旅舍尚清靜卽定一屋，後至湖邊坐，與廷光一信。

十六日　陰　上午乘車至 Zusich，在車站附近公園中坐半日。下午四時乘機去德 Munchen 住 Regina Palest Hotel。

十七日　陰　上午黃學孔及楊君乘十二小時車由 Koln 來，我初以彼等在 Munich 大學，不知在如此遠之 Koln 也。遂與彼等同出至一中國飯店午餐後再至郊外一遊。

十八日　陰　上午黃學孔及孫君來，同出午餐後至二 Museum 一看，六時返旅館，與羅光一函，請其在羅馬代定旅館。

十九日　陰　上午與黃學孔至 Munchan 大學訪 Herbart Franice 教授一談。下午四時半乘機過 Alps 山五時許至 Milan 住 Grand Hotel。

二十日　晴　上午訪 Magrini 教授不遇，留一卡片及二文於其家中。五時乘機至羅馬，六時許達，落日中見羅馬城如在中古時期，夜宿 Giusto 旅館。

廿一日　晴　上午羅光來同至教廷公使館訪謝壽康公使。下午乘 Tourist Car 至彼得教堂及 Gianicolo Hill 等處一遊，夜謝公使約至一維也納餐室吃飯。

廿二日　晴　晨六時卽起至火車站乘車至 Napoli，再乘車至 Pompei，在 Pompei 車站午餐後再雇汽車至 Pompei 遺址及博物館一看，匆匆數十分鐘卽趕車回羅馬已七時矣。卽至公使舘晚飯。

廿三日　晴　上午至航空公司，下午睡，以傷風未癒。

廿四日　晴　上午趙神父導遊梵蒂崗博物館，中午羅光約午飯，竟發熱乃歸旅館睡，夜天主教所發起一世界青年勞工火炬遊行大會，我亦參與行列中同至古之鬬獸場聚會，六時返旅舍。

廿五日　晴　上午整理雜物，下午一時至航空公司，四時卅分乘 Olympic Airways 至雅典，途中見雅典雪山尙佳。

廿六日　晴　上午乘遊覽車至 Temple of Zeus Academy 及博物館等處參觀。下午至 Bea 公司交行李後卽便道至一公園坐二三小時，有蟬聲，七時乘機至土耳其，Istanbul 宿 Hilton旅館。

廿七日　晴　上午乘車至回敎教堂一看，回敎教堂外有牆圍，頂上窗較多又多是圓形，似與基督敎教堂之長圓不同。下午七時乘 PAA 動身返港，計抵港時當在二十九日晨。此行共二百日，歷地二十五處，上下飛機三十次，平均留一地只一週卽又赴他處，故殊感勞頓。

廿八日　晴　晨經 Beirut，夜抵印加爾各答，終日在飛機中，甚感疲勞，兼咳嗽不已。

廿九日　晴　晨抵港，廷光、安安來接，彼等尙未得我信也。傷風增劇，上下午睡，夜咳嗽不已。

三十日　晴　廷光以川貝蒸梨吃數次似較癒。

卅一日　晴　上下午皆睡，晚閱舊日雜誌。

九月

一日　晴　咳似加劇，時有客來。

二日　晴　客來頗多，咳仍不癒。

三日　晴　出外就醫。

四日　晴　再出外就醫。

五日　晴　今日咳稍癒。

六日　晴　時有客來頗費精神。

七日　晴　至費醫生處看病。

八日　晴　再至費醫生處看病。

九日　晴　今日爲中秋。

十日　晴　昨夜咳較稀。

十一日　晴　連日皆由費子彬醫生診病。

十二日　晴　與蕭世言、佛觀各一函。

十三日　晴　上午出外看屋。
十四日　晴　今日又不如昨日之好。
十五日　晴　今日晚回訪張、王、楊、沈四同事。
十六日　陰　上午至錢先生處及張伯珩處，下午遷至屋之另一室較寛大。今日學校開課仍未能到校。
十七日　晴　上午至學校一看並辦公。
十八日　晴　上午至學校清理書籍。
十九日　晴　上午至學校辦公，下午睡。
二十日　晴　上午辦公下午睡。與趙自強一函。
廿一日　晴　上午至學校。
廿二日　晴　今日有颶風。
廿三日　風雨　在家休息。
廿四日　陰　上課一時。
廿五日　陰　港大上課二時。
廿六日　陰　港大新亞上課共四時。

廿七日　陰　上課一時，與蕭世言一函。
廿八日　陰　今日孔子生日，上午至學校參加紀念典禮，下午王道、陳再思來談。代安安寫一信與母親。
廿九日　晴　上午與佛觀、張君勱、梅貽寶、胡蘭成各一函。
三十日　晴　下午上課二時，班太大甚感疲倦。

十　月

一日　晴　上午上課二時。
二日　晴　港大上課二時，下午開會。
三日　晴　上下午共上課四時太倦。
四日　晴　昨夜咳嗽次數較多，今日上課一時。
五日　晴　今日未上課只到校辦公。
六日　晴　至達道處晚飯。
七日　晴　上午閱雜書。
八日　晴　上午上課二時。

九日 晴 至港大上課二時，下午行政會。
十日 晴 上午至港大上課，下午至校辦公。
十一日 晴 夜校校慶聯歡。
十二日 陰 上午校中辦公，夜約梁崇良等晚飯，廷光之同學趙文藝來。
十三日 晴 上午看屋，下午與廷光陪趙君遊太平山。
十四日 晴 上午出外看屋，下午上課二時，閱雜書。
十五日 風雨 未上課。
十六日 陰 上午至港大上課二時，夜歡宴新同事。
十七日 晴 上午港大上課二時。
十八日 晴 上午上課一時，廷光同學趙女士來新亞參觀後同出午飯。午後與黃華表談教課事，夜至錢先生處晚飯。
十九日 晴 上午上課二時，下午至學校參加藝專學會開會並講話，又參加研究所開會。
二十日 陰 閱 Windelband 哲學史百頁，夜看一電影。
廿一日 陰 上下午閱 Taylor: Elements of Metaphysis 數十頁，並出外看屋。午後睡二時。
廿二日 晴 上課三時，下午睡，並閱 Taylor 書數十頁。

廿三日　晴　上午至港大上課二時 Tutorial 一時，下午開行政會。

廿四日　晴　港大上課二時，Tutorial 一時，下午新亞上課二時。夜閱 Logic and Language。

廿五日　晴　上午新亞上課辦公，下午過海開三院聯合會，夜閱 Logic and Language。

廿六日　晴　上午上課二時，下午自由人茶會，我報告遊歐美觀感，夜研究所開會十一時返家。

廿七日　陰　上午爲唐端正論文作一審查報告，復張君勱、王澈各一函。夜哲教系會，我講對中美文化教育觀感，論美之富強由得天獨厚，如取歐洲之科學加以應用，又以前之門羅主義、實用主義、民主主義之採用。其缺點在缺憂患感，文化無根基。

廿八日　晴　下午上課二時，夜出外看一影片。

廿九日　晴　上午上課二時，夜開三院聯合會。

三十日　陰　上午港大上課二時，午睡後復閱 Wright 近代哲學史約百頁。

卅一日　陰　上午港大上課二時 Tutorial 一時，下午睡，夜閱 Wright 書數十頁。

十一月

一日　晴　上午上課二時。夜草中國古代宗教思想講稿，用英文寫，以備週一對一些外來青年牧師講。

二日　晴　上午上課二時，中午至九龍城看屋，三時過海至出版人協會報告此行觀感。

1.美人尚未致以天下爲己任，權力慾發達，欲領導世界，今之世界與中國之戰國不同。

2.民主制下人民必求少出錢，援外更非所亟。

3.美人之了解中國問題之態度與中國人異，信統計數字。中國人重理想之力量，民心、潛力。

4.已有之了解，多以西方觀點看中國歷史之發展，觀點不確，卽正確了解後亦不必繼以同情欣賞。

5.美知識分子對資本主義不滿，高級戲劇博物院之維持，學術刊物之經費，教授待遇，基金會之權，指導原則受資本家決定。大學教授行政人員重找錢，民主政治選舉重後臺。

三日　晴　上午補完中國古代宗教思想之講稿。

四日　晴　下午上課二時，夜至某教會作一簡單之英文講演，講中國古代宗教之數觀念。

五日　晴　上午新亞上課二時。

六日　晴　上午港大上課二時，並校刊文。

七日　陰　上下午港大新亞共上課四時。

八日　晴　上午上課二時。與錢先生談校務。

九日　晴　上課二時。

十日　陰　與 Morm 史接雲、汪敬熙、蕭世言、謝壽康、郭有守各一函。校刋文。
十一日　晴　校刋文。
十二日　晴　遷家至延文禮士道。
十三日　晴　上午上課二時，中午蘇明璇約午飯，下午至學校監考，夜開三院聯合會。
十四日　晴　上午港大上課三時，下午學校行政會。
十五日　晴　上午校刋文。
十六日　晴　登報將餘屋出租，今日時有人來看屋。
十七日　晴　上午校刋文，下午送友聯社，上課二時後至錢先生處商校中事。
十八日　晴　上午上課三時，下午睡二時，咳病尚未全癒，夜開三院聯合會。
十九日　晴　上午港大上課二時半，下午睡，夜至樂宮樓晚飯。
二十日　晴　上下午上課四時半甚倦。
廿一日　陰　上課二時。
廿二日　晴　閱 The Basic Teaching of Great Philosopher 百頁。
廿三日　晴　上課二時，餘房租出，下午睡後與徐亮、柏實義、胡蘭成、高登河、趙自強、唐寅北、鄭寶照各一函。

廿四日　晴　上午與宗三、佛觀、梁均默及徐梵澄各一函。
廿五日　晴　下午上課二時。
廿六日　晴　上午上課三時，下午開研究所會，夜三院聯合會。
廿七日　晴　上午上課二時，下午行政會。
廿八日　晴　上下午上課四時，中午開大學教科書會。
廿九日　晴　上午上課二時，夜開三院聯合會。
三十日　晴　上午上課二時，下午新亞社員會，夜新亞技藝會。

十二月

一日　晴　上午人學講學恢復，講二時許，歸來閱試卷。
二日　晴　上午學校舉行月會，下午上課二時，甚倦。
三日　晴　上午上課三時，下午睡，夜閱 Bahm 哲學概論。
四日　晴　至港大上課二時，下午開英文會，夜約金達凱、鄭德璋晚飯。
五日　晴　新亞港大共上課五時。
六日　晴　新亞上課二時，下午睡後與張君勱、徐佛觀、謝幼偉各一械。

七日 晴 上午上課二時。下午睡，夜閱 Taylor 書。
八日 晴 哲教系二年級學生來，數友來，下午睡，夜訪王書林。
九日 晴 上午閱 Taylor: Element of Metaphysics 百餘頁完。
十日 晴 上午閱 Reinhardt 論存在主義書，下午上課二時，並至港大參加講會，夜陳伯莊約晚飯，十一時歸。
十一日 晴 上午上課二時，下午睡，夜約 Eckart Lamoutul Cook 吃飯。
十二日 晴 上午寫文三千字，下午上課二時，夜應港大學生約至銅鑼灣晚飯。
十三日 晴 上午上課二時，寫文三千字論人的學問與人的存在。
十四日 晴 上午上課二時，下午及夜校對文。
十五日 晴 上午校對文，下午中國文化會開會，夜擬一研究計劃二千字。
十六日 晴 上午改修昨日之研究計劃，下午上課二時，歸校對文至夜。
十七日 晴 上午上課三時，下午睡二時，復二信，至校中與錢先生談校務，夜王道來談。
十八日 晴 上下午改中國文化告世界人士宣言至下午乃畢。
十九日 晴 上午校對文，下午上課二時。
二十日 晴 上午上課二時，下午閱 The Existentialist Revolt 數十頁後半部完。

廿一日　晴　上午上課二時，下午校對文五時，夜數人來。
廿二日　晴　上下午校文六七時，與母親一函。夜約蕭輝楷晚飯。
廿三日　晴　閱 **Bahm** 哲學概論二十頁。
廿四日　晴　閱昨書六七十頁。
廿五日　晴　改文五千餘字。
廿六日　晴　上午作文三千餘字，共二萬四千字完，但尚須大改。
廿七日　晴　上下午預備二講稿。
廿八日　晴　寫人生之眞實化一文八千字。
廿九日　晴　補昨文四千字完。夜寫一短文三千字，論耶穌聖誕正名。
三十日　晴　至校中與錢先生談校務後往弔丁文淵。
卅一日　晴　上午寫信一封，寫文千字，擬論通幽明之際，下午參加丁文淵公祭。

民國四十七年（一九五八年）

一月

一日　晴　寫一文論民主理想之實踐與客觀價值意識成八千字未完。

二日　晴　上午在月會講演西方哲學家對於中國思想之認識，下午上課二時。夜劉百閔六十壽辰招宴。

三日　晴　上午至浸信書院講演東西哲學交流之趨勢，下午睡。夜應林仰山約晚飯。

四日　晴　上午上課二時，寫文二時，下午續文至夜成八千字。

五日　晴　上午人學講會，並續昨文三千字完。

六日　晴　上下午寫文八千字論鬼神之問題完。

下午上課二時。

七日　晴　上午上課三時，下午睡。

八日　陰　上午至港大上課二時，下午開行政會議至夜。

九日　陰　上午港大上課二時，下午新亞上課二時，夜應陳伯莊約晚飯。

十日　陰　上午上課二時，下午準備下週教務會議事，夜約佘雪曼晚飯。

十一日　陰　上午上課二時，下午睡未成眠，夜應哲教系約講人在宇宙之地位。

十二日　晴　閱一美國哲學選讀之四文。

十三日　晴　上午校刋文，下午上課二時，夜徐君來談。

十四日　晴　上午上課三時，下午睡，夜復友人信四封。

十五日　晴　上午至港大上課二時，下午開教務會議，夜思教務事不成眠，三時乃入夢。

十六日　晴　上下午上課五時，夜校刋文。

十七日　晴　上午上課二時，下午整理課程表。

十八日　晴　上午上課辦公四時。下午校刋文，與謝幼偉一長函。

十九日　晴　在家修改文章，夜至人生社開會。

二十日　晴　上下午至學校辦公整理課程，下午開招生會。

廿一日　晴　上午至學校整理課程至下午六時。夜開三院聯合會，九時半歸校文一時半。
廿二日　晴　上午至港大上課二時，下午開教務會議。
廿三日　晴　上午港大上課二時，下午到校辦公。
廿四日　晴　上午到校辦公，下午睡，夜赴香檳大厦參加茶會。
廿五日　晴　上午至校辦公。下午標點民主理想實踐一文。
廿六日　晴　上下午修改民主理想之實踐一文。
廿七日　晴　上午重閱昨文一時許，二友來，下午至校辦公，夜校刋文三時。
廿八日　晴　上午學校辦公，下午睡二時，夜開三院聯合會。
廿九日　晴　港大上課二時，下午開行政會議，夜數友來。
三十日　晴　上午港大上課二時，下午校刋文。
卅一日　晴　上午至校辦公，校改文四時，下午又寫一文論恕道，乃應臺道德會之約共四千字完。

二　月

一日　晴　今日考試新生及留學生。

二日　晴　上午人學講會講二時。下午數學生來，夜看狄四娘一片。
三日　晴　上午至校辦公，下午校文並閱哲學概論書。
四日　陰　上午準備友聯社講稿，下午開招生會議，夜校文三時。
五日　陰　上午港大上課二時，中午至機場送楊汝梅。下午睡，夜三院聯合會。
六日　陰　上午港大上課三時。Sun Json 來學校訪問。
七日　晴　上午至校辦公，下午中國文化會開會。
八日　陰　上午準備講稿二時，並至學校辦公，下午睡，晚出外看長江大橋一片，校文一時。
九日　陰雨　上午校稿，下午至民評社校稿，夜應佘雪曼約晚飯。
十日　晴　上午至校辦公，下午校刊文。
十一日　晴　上午至友聯社講西方哲學家對中國文化之認識約二時，並至一餐館午飯，下午至學校。
十二日　晴　上午至港大上課二時。Tutorial 一時，繼至民評校稿一時許，再至學校一看。歸校稿一時，夜閱 Bahm 哲學概論二十餘頁。
十三日　晴　學校開學，並於典禮中講話，下午又對學生講話。
十四日　晴　上下午在校辦公，今日生日晚上與廷光安安同出晚飯。

十五日　晴　上午在校辦公，下午校刊文。閱 Bahm 哲學概論五六十頁。
十六日　晴　上午約任東伯吃茶，下午睡，夜至錢先生處談校務。
十七日　陰　上午閱 Bahm 書廿頁，下午改文二千餘字，夜約數學生來晚飯後又改文二千字。
十八日　陰　今日農曆新年，終日有學生及友人來拜年，夜改文二小時。
十九日　晴　上下午有人來拜年。
二十日　晴　上午港大上課二時許，下午至趙冰、劉百閔、饒宗頤、曾履川處拜年。
廿一日　晴　上午有客來，下午至牟、王、譚三處回拜，又至孟氏開會，六時返。
廿二日　晴　上午有客來拜年，下午至鑽石山。
廿三日　晴　上午訪任東伯，下午睡後復友人信四封。
廿四日　晴　今日開課，下午上課二時，夜校刊文三時。
廿五日　晴　上午上課二時，校刊文三時，夜在樂宮樓晚飯。
廿六日　晴　上午港大上課二時，下午校刊文二時。
廿七日　晴　上午港大上課二時，Tutorial 一時，下午上課二時。
廿八日　晴　上午上課二時，下午睡，夜校文。

三月

一日　晴　上午上課二時，下午閱 Radhakrishnan 書。夜校文二時。
二日　陰　上午人學講會二時，下午改文二三時。
三日　陰　上午在家閱雜書，中午開大學教科書會，下午上課二時。
四日　晴　上課三時，下午校對文，睡二時，閱 Bahm 書。
五日　晴　至港大上課二時，回校參加月會，下午睡，夜閱雜書。
六日　晴　上午至港大上課二時，Tutorial 一時，下午至校辦公，又至中國文化會開會，六時返家。
七日　晴　上午上課二時，下午睡後閱雜書。
八日　晴　上午上課二時，下午與廷光安安至沙田慈航淨苑一遊。
九日　晴　上午閱 Basic: Problem of philosophy三時，下午睡後出外理髮，二三友人來訪。
十日　陰　上午閱昨書三時，下午上課二時。
十一日　陰　上午上課二時，下午閱 Basic: Problem of Philosophy。
十二日　陰　上午至校中晤黃繼會，下午閱雜書。

十三日　晴　上午閱 Reinhadt 存在哲學書六七十頁，下午上課二時，夜三院聯合會。
十四日　晴　上午上課二時，下午閱 Reinhadt 書。
十五日　晴　上午上課二時，下午至孔聖堂講演恕之意義。後與廷光安安同看斬經堂一片。
十六日　晴　上午閱 Semantics 書，下午睡二時，胥靈臣由廣州來，處處有人監視，無從交談。
十七日　晴　上午閱 Semantics 書。下午上課二時，並校文。
十八日　晴　上午上課三時，下午睡，夜閱 Semantics 書。
十九日　陰　上午至學校與加州大學哲學教授 Kaplan 等同至樂宮樓午飯。下午開行會二時許，夜靈臣來。
二十日　晴　上午在家閱雜書，下午睡後至校上課二時，夜開三院聯合會。
廿一日　晴　上午上課二時，下午睡二時。
廿二日　陰　上午上課二時，下午請 Kaplan 在校中講演，夜陳伯莊約晚飯。
廿三日　陰　上午寫字一張與母親拜壽，中午約嚴作新、關展文及陳小姐三人便飯。下午睡二時，夜閱 Richard: Meang of Meaing 書三時。
廿四日　陰　上午閱 Richard 書二時。
廿五日　晴　上午上課三時，下午閱 Richard 書。

廿六日　晴　上午閱 Richard 書大體完。下午五時約 Kaplon 及陳伯莊在半島飯店吃茶後同往晚飯，十二時返家。

廿七日　晴　上午在家閱雜書二三時，下午上課二時，夜閱雜書三時。

廿八日　晴　上午上課二時。下午閱 Ayer: Language, Truth, and Logic 七十餘頁，出外看一影片，夜校文三時。

廿九日　晴　上午校文四時。下午閱 Ayer 書百頁至夜完。

三十日　晴　閱 Churman 編 Logic and Language 一書數十頁，下午參加校中音樂會。

卅一日　晴　上午與哲教系同學出遊石溪。今日母親生日，寫一神位牌祭祖宗。

四　月

一日　晴　上午閱 Logic and Language 三十頁。中午應胡建人約午飯。下午睡，夜至學校參加一講演會。

二日　晴　上午上課三時，下午睡二時，夜約黃君與王道家人晚飯。閱 Logic and Language 十餘頁。

三日　晴　上課三時，下午至學校開會，夜閱書二時。

四日　陰　閱 Logic and Language 書百頁。

五日　陰　閱 Logic and Language 六七十頁。閱 Hirayana: Essential of Indian philosophy 六七十頁。

六日　晴　上午人學講會講話三時，下午睡二三時，夜寫信兩封並閱雜書二時。

七日　晴　上午閱 Essential of Indian Philosophy 數十頁。

八日　晴　上午上課三時，下午睡二時，閱 Hirayana 書三四十頁。

九日　晴　上午至港大上課三時　Tutorial 一時。下午睡二時，夜有學生及胡應漢來，閱 Hirayana 書三四十頁。

十日　晴　上午至港大上課三時。中午至雪園開會，下午上課二時，夜閱 Hirayana 書二十頁完。

十一日　晴　上午上課二時，下午開房屋會，夜至樂宮樓招待一美國人。

十二日　陰　上午上課二時，下午請黃繩曾來哲教系講演。

十三日　晴　上午標點文二時，約數同學來家午飯，下午出外看羣英會，夜參加學校畢業同學會舉辦之音樂會。

十四日　晴　上午在家校改人生眞實化一文二時，寫信與蕭世言。下午上課二時後出外看一影片，九時歸再改文至十二時。

十五日　晴　上午上課三時，下午睡三時，五時起校改文至夜九時完。

十六日　晴　上午港大上課三時，Tutorial 一時，下午睡二時，夜校刊文二時。

十七日　晴　上午港大上課二時，下午上課二時，夜鄭寶照約晚飯，校刊文二時。

十八日　晴　上午上課二時，下午睡二時，寫文一篇至夜成二千字。

十九日　晴　上午上課一時，下午召集所導學生十餘人會談一時半。閱 Hospers: An Introduction to Philosophical Analysis 三十頁。

二十日　晴　上下午閱 Hospers 書五十頁。睡後夜約馬定波晚飯。

廿一日　晴　上午至調景嶺，下午講演人生價值高下之估定一時許，七時返家，夜校刊文一時。

廿二日　晴　上午閱 Hospers 書。

廿三日　晴　上午港大上課二時，下午校中開會，夜校文二時。

廿四日　晴　上午港大上課二時，下午訪李璜先生後至校中辦公，六時返家，夜閱 Hospers 書二十頁。

廿五日　晴　上午閱 Hospers 書卅頁。下午睡三時，並覆信與余又蓀，及柏實義與日人福島裕昭及兆熊。夜閱雜書。

廿六日　晴　上下午閱 Horpers 書二百頁。
廿七日　晴　上下午閱 Horpers 書百頁，出外看一電影。
廿八日　晴　上午閱張君勱宋明思想史，下午上課二時。
廿九日　晴　上午上課二時，夜閱張書。
三十日　晴　上午閱張書，下午至校中開會。

五月

一日　晴　上午爲張著作書評成三千餘字，下午上課二時，夜校刋文三時。
二日　晴　上午上課二時，下午睡三時，閱 Readings in Ethical Theory。
三日　晴　上午上課二時，下午睡後閱 Meaning of Philosophy 七八十頁，夜約鄭力臣晚飯。
四日　晴　上午人學講會講話二時半，下午睡後出外看一電影，夜閱昨書七八十頁。
五日　晴　上午至港大考試，下午上課二時，閱 Meaning of Philosophy 百頁。
六日　晴　上午上課三時，下午至港大考試，夜閱 Meaning of Philosophy 二時。
七日　晴　上午至港大上課一時，下午歸，友聯送來已印出之文化意識與道德理性，閱一遍至夜十一時完。

八日　晴　上午至港大上課一時，下午新亞上課二時。

九日　晴　上午上課二時，下午睡，夜閱 Sellars 編 Reading of Philosophical Analysis 二十頁。

十日　晴　上午上課二時，下午睡，夜閱昨書五十頁。

十一日　晴　閱昨書七八十頁。

十二日　陰　閱昨書七八十頁，下午上課二時。

十三日　晴　上課三時，閱昨書七八十頁。

十四日　晴　上午閱昨書，下午開會三時，夜閱昨書三四十頁。

十五日　晴　上午至港大上課二時，下午新亞上課二時，夜校刊文二時。

十六日　晴　上午上課二時，下午閱 Readings of Philosophical Analysis 一書七八十頁。

十七日　陰　上午上課二時，下午睡，又閱昨書數十頁。

十八日　陰　閱昨書完。

十九日　晴　上午閱 International Encyclopedia of united Sciense 中 Morris 一文完。下午上課二時。

二十日　晴　上午上課三時，下午校對文。

廷光代筆（二）

今日人生社王貫之携來隱名信一封，沒有一句好話，全是詆罵人的，毅兄看後很不在乎，並說毫無解答之必要，但我心中實抱不平，覺得太委屈他了。雖然毅兄曉諭我，他說孔子聖人也，但仍要受人詆毀，所以子貢有仲尼不可毀也之語。毅兄又說只要我了解他，他就滿足了。我感激他對我講這樣的話，當下加強了我的責任感，我對於他的了解應當表白出來，我寫了一篇感想式的文，毅兄看後說寫得還可以，不過不用發表僅要我記於日記中。今記於下：

讀隱名信有感

一日人生社王貫之先生携來所收得的一充量不眞實化之隱名信，內容皆爲詆罵外子者。如謂人生眞實化一名不通，並謂外子作文皆爲自欺欺世最受學生卑視者，又謂要談什麼人文教就向學生講好了，何必寫文章，寫文章是爲了滿足發表欲……等等言語。余讀後驚訝不已，亦不解此隱名先生用心何在，有意厚誣他人乎？抑少讀外子書文不了解至於此耶？回顧外子，淡然處之，眼前自有一番天地。而余則義憤填膺，大爲不平。世上竟有如此黑白不分，是非不明，一筆抹殺之事耶？如說人生之眞實化爲一不通之名，則人生之眞善美等還可以談麼？

回憶十六年來，與外子早夕相共，未嘗一日不以道義相勉。其使余大爲感佩者，爲其溫純敦厚，勤勞孝友之天性，及一種由內在的道德自覺而表現的至誠惻怛之性情。常若赤子一般。人格、家庭、友誼在他內心中所佔的地位是高於一切的。故余與外子雖爲夫婦，而常以師友視之。其治學早年用心於西方哲學者多，繼而反求六經及宋明諸子，期由中西哲學思想之融和以發揚吾國之文化之精神。但嘗責西哲人之多言行分離，亦不取當代中國治哲學者之單重思辨而忽知行並重之義者。又嘗曰：學絕道喪，樹立儒者之規範最爲重要。

自赤火橫燒，大陸變色，我們隨著炎皇子孫苦難同胞來到香港。而余觀外子則栖栖皇皇，夢魂繚繞，未嘗一日忘情國事，時念山河破碎，吾人已一無所有，惟此孤心長懸天壤而已。然緬懷昔賢之典型，故信道彌堅，著述愈勤。當他人皆惶懼不敢直言時事之日，卽與數先生寫文發表於民主評論，欲由學術智慧上，保存文化之命脈，並對世道人心，盡其呼喚鼓舞之責任。志在望祖國能拔出於國際漩流之外，而自有其立國之道，爲當今世界之一頂天立地之獨立國家，彼恒感彼與友人等其主張與時下知識份子相差甚遠，不易爲人所了解，常有不欲多言之意。唯又感世亂日亟，自覺另無報國之道，除直本義理之當然以爲文，冀引起廣泛性之思想運動，拓展國人之心量與智慧，協力轉移國運外，實亦無他事可爲也。

民國四十七年（一九五八年）

來港不久卽與錢、張諸先生共創立新亞書院，意在本宋明書院之精神，兼採今日之教育制度，以求對中國文化與教育負一點存亡繼絕，反本開新之責任。同時，與牟宗三先生等提出新儒學思想，以繼宋明之理學，建立中國第三階段之儒學。其意以吾國儒學之第一個階段，是孔孟荀之對爲人之當然義理之正面立論，第二個階段是宋明儒學之重此當然之義理之本源所在之心性之自覺，至今日之第三階段之儒學，則意在上承王船山之重禮樂人文之義以建立中國今日之人文思想，並引繹昔賢仁智兼盡及民貴之義及尊天之教，並將西方科學精神、民主精神攝於中國之人文精神中而各得其所。這些主張皆純由中西文化與古今儒學之比較研究而來，亦純從不忍吾華儒學之斷絕而來，怎麼說是想創人文教，自欺欺世呢？君不見當今之中國社會，人心皆爲西方經濟政治文化之勢所震駭，毫無所寄，對自己文化及未來前途皆失去了信心。若欲定人心，堅信仰，除爲文呼號，希望社會人士同向吾國文化學術方面用心，重振儒術，負國家興亡之責，除此之外，時代之知識份子又有何辦法呢？外子常曰：讀聖賢書，所學何事，要在義理分明，當國家危急存亡之際，能盡得自己份內之責任而已。奈何，今之人皆捨難就易，作文立論，喜向滑熟之路上走。以外子爲文立論較爲綿密，不易閱讀，此或卽其爲被人不了解，遭隱名先生詆罵之由也。

去年應美國務院邀，曾以七月時日遊美，並假道歐洲歸來。余問曰：君何所得乎？乃曰：依然故我，無所得，亦無所減，若要說有所得，卽愈證余前所信者之不誤，只覺西方人士多不相信中國之文化生命之尚存，對我國文化之認識誤解甚深，此實足以生心害政。故與張、牟、徐三位先生聯名發表爲中國文化告世界人士宣言一文。此文情理兼至，如從肝膽中流出，期能改變外人之看法，並兼示國人在受此西方文化洪流衝擊之時，卓然有以自立。又謂西方之文化實只有神道與地道與共黨之魔道，而無眞正之人道。所謂人道者，除吾儒之主立人極，言心性外無他，他人若無此智慧此情感，則世界悠久和平不可能，世界亦終久是悲劇。

至於教學方面，則重人格陶冶和個別指導，嘗憤吾人自己之國家不能在文化思想與政治上頂天立地站立起來，只有寄人籬下，依仗外人力量辦學校。故對學生極盡提挈誘導之功，開發其心境，凝固其精神，共相勉以聖賢事業。每見師生間依依之情，若謂之爲受學生卑視，此話能盡人情乎？瞞昧本心，何至於此。

再觀其與人交往，一片忠誠，與知無不言，言無不盡之態，無論如何亦不至於誤會到此人有欺世之心也。外子喜獨坐，若泥塑人，但他確有肫肫其仁而至淵淵其淵，浩浩其天之一種由道德心境而至宗教信念之心情。嘗主張兼祭祀天地、祖宗、聖賢。蓋天地之心，祖宗聖賢之鬼神，皆爲實有，人以誠接之則洋洋如在矣。嗚呼！神靈有知，忍外子受如此之委屈乎？但人非聖賢，誰能無過。余覺外子缺點，卽爲仁厚有餘，而剛健不足，故對人姑息之處太多，嚴立規範，責勉人之意不夠，說話行文都要繞一個圓圈，此仁者之過，蓋惟恐傷人之意也。

民國四十七年（一九五八年）

以上各節爲余平日對外子之認識，拉雜寫出，惜余不敏，亦不足知外子之學。惟深感隱名先生之所言，皆爲誣枉，余實不忍默而不言，故書所感如此，知我罪我所不計也。若孔子聖人也，亦要受叔申武叔譭謗，朱子之學，亦被人詆爲僞學，想到這些例子，余又覺寫此文又是多餘之事，一笑。（一九五八年五月二十日謝廷光於九龍延文禮士道寓）

（「廷光代筆之二」止）

廿一日　晴　上午寫一文成三千字未完，下午校中開會，夜應郎家恆晚餐。

廿二日　晴　上下午港大新亞共上課四時。

廿三日　晴　上課二時。

廿四日　晴　上午開始寫哲學概論至夜成六千字。

廿五日　晴　續寫昨文成八千字。

廿六日　晴　上午續昨文三千字，下午三千字，睡二時。

廿七日　晴　上午上課三時，下午睡後校刊文二時，夜寫文三千字。

廿八日　晴　上午至下午二時寫文五千字。

廿九日　陰　上午港大上課二時、Tutorial 一時，下午新亞上課二時，夜寫文二時成千六百字。

三十日　陰　上課二時，寫文四千字。

卅一日　晴　上課二時，寫文四千字。

六月

一日　陰　上午人學講會二時，下午睡後寫文至夜成五千字。

二日　晴　上午寫文二千字，至學校開會，下午上課二時，辦雜事。

三日　晴　上午上課三時，下午睡後又至學校談話，夜寫文二千字。

四日　晴　寫文二千字，夜至王道處晚飯。

五日　晴　寫文七千字。

六日　陰　上午寫文二千字，下午睡，夜寫文一千字。

七日　陰　發熱未作事，閱學生論文一篇。

八日　陰　上午未作事，下午出外看畫展及一影片，夜閱 Pap: Elements of Analytic Philosophy 二十頁。

九日　晴　上午閱 Pap 書三四十頁，甚倦因發熱尚未全好，下午上課二時，夜寫文千字。

十日　晴　上午寫文二時成三千字。

十一日 晴 上午寫文二千字，下午開會，夜寫文千字。
十二日 晴 上午寫文二千字，下午上課二時。
十三日 晴 上午上課二時，下午開會三時，夜至王書林處晚飯。
十四日 晴 上午寫文千字，上課二時，中午看一影片，下午與學生談話，夜約數學生來晚飯。
十五日 晴 上午有數人相繼來訪，下午睡後寫文三千五百字。
十六日 陰 上午寫文二千字，下午上課二時，夜補寫文二千字。
十七日 晴 上午上課三時，下午睡後寫文五千字至夜。
十八日 陰 上下午寫文四千字並開會。
十九日 晴 上午改所作張君勱書評。下午睡未成眠，上課二時，夜至樂宮樓晚飯。
二十日 晴 上午上課二時，午睡後訪陳世驤並約晚飯。
廿一日 晴 今日端午節，上午閱 Weiner 所編 Philosophy of Science，晚約去年畢業之哲教系同學來晚飯。
廿二日 晴 閱 Pap: Elements of Analytic Philosophy，下午睡後寫信數封。
廿三日 晴 上午閱 Elements of Analytic Philosophy 下午上課二時，夜應郎家恆約晚飯。
廿四日 陰 上午上課三時，下午睡，夜閱 Elements of Analytic Philosophy。

廿五日　陰　上午爲日本學生去移民局並至中華書局購書，夜至樂宮樓晚飯。
廿六日　晴　上午閱 Pap 書，下午上課二時。
廿七日　晴　上午上課二時，下午睡，夜閱 Pap 書。
廿八日　晴　上午閱 Pap 書二時完，至校中辦公下午三時返，夜一學生結婚赴樂宮樓晚宴，歸閱雜書至夜一時。
廿九日　晴　中午至樂宮樓聚餐，與曾履川談，夜閱 Readings of Philosophy of Science 二三小時。
三十日　晴　今日校中開始考試，夜閱昨書。

七　月

一日　晴　上午至校中監考，下午睡，夜閱昨書。
二日　晴　上午開月會，歡送郎家恆及 Eckart ，下午開行政會，夜赴協恩並至劉百閔家晚飯。
三日　晴　上午至校中辦公，下午及夜閱 Philosophy of Science 三四時。今日爲父親冥誕，設餚一祭。

四日 晴 上午寫文一千五百字，至校中辦公，並至機場送 Eckart 行。下午至夜寫文五千字。

五日 晴 寫文六千字。

六日 晴 上午人學講會，擬以後暫停，下午寫文千五百字，夜哲教系歡送畢業同學，計人學講會開始於一九五六年三月在桂林街一小教室中，至今已兩年餘，新來同學未曾受過苦難，講起話來竟心境不相應故暫停，念為最後一次，約來家中聚會略備糖果招待。

七日 晴 上午寫文三千五百字，下午送郎家恆，夜寫文二千字。

八日 晴 寫文五千字，下午睡，夜寫文千字。

九日 晴 上午至校辦公，下午校刋文及寫筆記三時。

十日 晴 上午開行政會議。

十一日 晴 上午哲教系二年級學生來，並至學校辦公，下午寫文六千字。

十二日 晴 上午過海至移民局，再回學校辦公，下午睡後寫文四千字，夜赴一同學婚宴十一時返。

十三日 晴 聯合招生考試，抽暇歸家寫文至夜成七千字。

十四日 晴 上午到校辦公，寫文千五百字。

十五日　晴　上午學校畢業典禮，下午睡後寫文千字，夜赴學校參加歡送晚會，歸寫文二千字。
十六日　晴　上午寫文五千五百字。
十七日　晴　上午寫文四千字，中午至校辦公，夜寫文二千字。
十八日　陰　寫文六千字。
十九日　雨　上午至學校辦公，下午睡後寫文至夜成四千字。
二十日　晴　終日考試，夜過海應陳克文約宴。
廿一日　陰雨　與孫述宇等及家人同至沙田慈航淨苑，夜赴研究所畢業生約宴。
廿二日　晴　終日寫文成萬字。
廿三日　陰　上午寫文三千字，下午開招生會議，夜寫文三千字。
廿四日　晴　上午寫文二千字並至移民局，下午寫文至夜成四千字。
廿五日　晴　上午寫文二千字，至學校辦公並至信義會小學參觀，下午寫文三千字。
廿六日　陰　上午改文二千字，至學校辦公，下午至夜寫文八千字。
廿七日　陰　寫文四千五百字，夜至樂宮樓。
廿八日　陰　上下午寫文九千字。
廿九日　陰　上午至校辦公二時，寫文九千字。

三十日　陰　寫文五千字，下午又寫四千字。

卅一日　陰　上午至學校辦公，下午至夜寫文七千字。

八　月

一日　晴　上午爲學校事訪數人，下午辦雜務並寫文二千字。

二日　陰　上午至學校，下午至夜寫文八千字。

三日　陰　上下午寫文三千五百字。

四日　晴　上午寫文三千字，下午睡後寫文至夜成五千字。

五日　陰　上午至學校，下午至夜寫文成六千字。

六日　陰　上午學校開會，下午睡二時，寫文至夜成五千字。

七日　陰　上午辦公下午睡。

八日　陰　上午至學校，下午至夜寫文成七千字。

九日　陰　上午寫文千二百字，至學校辦公，下午睡，夜參加陳特婚禮。

十日　晴　上午寫文五千字，知識論之部完，下午至夜又寫形上學之部敍論四五千字。

十一日　晴　上午整理雜物，下午睡，出外看一電影。

十二日　晴　上午至學校，下午至夜寫文四五千字。

十三日　晴　上午寫文一千字，至校辦公，下午數友來，夜至一世界基督教聯合會講演，題爲儒家倫理思想中之幾個觀念。

十四日　陰　上午寫文四千字，下午與校中同仁至荃灣看中學校址，夜寫文千五百字。

十五日　陰　上午至學校開會，下午睡後寫文二千字，夜赴王淑陶女婚宴。

十六日　晴　上午至下午二時寫文四千字，晚寫文二千字。

十七日　晴　寫文七千字。

十八日　晴　上午至學校辦公，下午出外看彭子游之學校，睡二時，夜寫文三千字。

十九日　晴　上午至學校，下午睡後寫文五千字。

二十日　晴　寫文八千字。

廿一日　晴　上午爲學校找教員，下午寫信二封。

廿二日　晴　上午寫文二千字，到校辦公，下午寫文四千字。

廿三日　陰　寫文六千字。

廿四日　晴　上午寫文五千字，下午寫文四千字。

廿五日　晴　上午至校辦公，下午睡二時，寫文四千字，夜寫二千字。

廿六日　晴　上下午寫文三千字，睡二時，夜出外看一電影。歸寫文二千字至深夜二時乃睡。
廿七日　陰　上午到校辦公，下午至夜寫文五千字。
廿八日　陰　上下午寫文四千字，夜寫文二千字。
廿九日　陰　上午至學校，下午寫文五千字。
三十日　晴　上午至學校，下午寫文二千字，夜至蘇明璇處晚飯。
卅一日　晴　終日考試，夜寫文千字。

九　月

一日　晴　寫文二千字，閱 Alexander 書二時。
二日　陰　上午友人來，下午睡，夜寫文四千字。
三日　晴　上午寫文二千五百字，下午開招生會，夜寫文二千五百字。
四日　晴　寫文七千字。
五日　晴　寫文七千字。
六日　晴　上午至學校，下午看一電影，寫文四千字。
七日　晴　寫文五千字。

八日　晴　上午寫文六千字，下午辦公。

九日　晴　寫文三千字，訪羅時憲，夜寫文二千五百字。

十日　晴　寫文一萬字，第三部完。

暑假將完，三月來除寫文外，每日皆幾以半日到校辦公，教務處梁崇良辭職，改聘王佶、蕭欽松去，余允文來，又添黃建業，並為曾特安排課程加薪資，哲教系則改鄭力為為專任，又聘蕭世言及羅時憲，又聘蘇熊瑞任教數學，及商洽吳士選來事，人事進退所費精神不少。

十一日　陰　上午至校，下午睡，夜至樂宮樓招待羅氏基金會人。

十二日　陰　上下午寫文九千字，並至學校。

十三日　陰　終日在校辦公。

十四日　晴　寫文八千字。

十五日　陰　今日開學，至校辦公。

十六日　晴　與學生講話，並指導學生選課。

十七日　晴　寫文四千字，至校辦公。

十八日　晴　到校辦公，寫文五千字。

十九日　晴　上午寫文一千字，至校辦公，下午上課一時。

二十日 晴 上午上課三時，下午睡，夜寫文二千字。
廿一日 晴 上午至九龍總商會，歸寫文五千字，夜至瑜珈學會看印度宗教幻燈。
廿二日 晴 上下午上課四時，夜閱雜書二時。
廿三日 晴 上課二時，夜閱雜書二時。
廿四日 晴 寫文九千字。
廿五日 晴 寫文八千字。
廿六日 晴 上午寫文四千字，下午上課一時，歸寫文一千字，夜看一電影。
廿七日 晴 寫文四千字，今日中秋，夜約數同事來家晚餐。
廿八日 晴 今日孔子生寫文一萬字，本書初稿完。共約五十五萬言，擬裁減一部份為三十五萬言以交孟氏會出版。
廿九日 晴 上午校中舉行孔子紀念會，下午招待外賓，夜學校宴會，歸來晚，夜睡不成眠，以一日之中接觸之事太多也。
三十日 陰雨 上下午上課四時，校改文一時。

十 月

一日　陰　上午至港大上課二時，下午閱 Kattsoff 哲學概論至夜大體完。

二日　晴　新亞港大共上課四時。

三日　晴　上午至校辦公，下午上課一時，並至樂宮樓開流亡學生招待會。

四日　晴　上午上課辦公，下午睡，夜約研究所畢業生三人夫婦同來晚飯。

五日　晴　上午擬講稿二時。

六日　晴　上午上課二時，下午睡，夜赴招待孔德成宴會。

七日　晴　上下午上課四時，並辦學校事。

八日　晴　上午至港大上課，下午睡。

九日　晴　上下午上課四時。

十日　晴　今日國慶校慶月會講演一小時，下午與廷光出遊看國旗。夜校刊文二時。

十一日　晴　上午閱雜書三時，夜開新亞聯歡會。

十二日　晴　上午校改文三時，下午看一影片。

十三日　雨　上午上課二時，下午睡，夜研究所開會。

十四日　晴　上下午上課四時，改校文三時。

十五日　晴　上午港大上課二時，下午睡後參觀長城內幕。

十六日 晴 上午上課四時，下午改文二時。
十七日 晴 上課一時並改文，下午出外看十五貫。
十八日 晴 上午學生來，下午睡，夜改寫文五千字。
十九日 雨 校對文四時，重改昨日之文六時。
二十日 晴 校文。
廿一日 晴 校文，今日重陽節。
廿二日 晴 上午港大上課二時，下午開會，夜校文四時。
廿三日 晴 上下午上課四時，校文五時。
廿四日 晴 寫末章文四千字，上課二時。
廿五日 陰 遊荃灣夜歸，夜赴胡健人招宴。
廿六日 陰 改作前日文三千字。
廿七日 晴 上課二時，下午改作文三千字。
廿八日 晴 上下午上課四時。
廿九日 晴 上午至港大上課，下午睡，夜改文二時。
三十日 晴 上下午上課四時，夜應孟氏圖書館約晚飯。

卅一日　晴　上午改文二時，下午上課二時，並訪張君勱先生。

十一月

一日　晴　上午上課一時，月會，下午睡，夜改文四時。

二日　晴　標點文六時。

三日　晴　上課二時，下午及夜標點文四時。

四日　晴　上下午上課四時。

五日　晴　至港大上課二時，下午睡，夜標點文四時。

六日　晴　上下午上課四時。

七日　晴　上午及夜改文五千字。

八日　晴　上午上課一時，下午標點文。

九日　晴　閱 Radhakrishnan 印度哲學史半册。

十日　晴　改文二千餘字，閱昨書。

十一日　晴　上下午在校中辦理考試事，夜與佛觀一函，蕭世言今日自歐歸來。

十二日　晴　上午改文三時，下午改文一時，睡二時。

十三日　晴　上午校中開會，下午港大上課。

十四日　晴　上下午在校中辦公，夜改文二千字。

十五日　晴　上下午在校中主持考試事。

十六日　晴　閱 Radhakrishnan 書大體完。

十七日　晴　上午上課二時，下午睡，夜研究所開會。

十八日　晴　上午上課三時，下午上課二時，夜校刊文。

十九日　晴　上午至港大上課，下午開行政會，夜閱卷。

二十日　晴　上下午上課四時，夜校刊文。

廿一日　晴　上午校對文，下午上課二時，夜校文四時。

廿二日　晴　上午上課一時，校對文至下午四時，睡二時，夜南洋學生會開會。

廿三日　晴　約鄒偉成、陳士文、張碧寒午飯，晚應友聯社約至樂宮樓。

廿四日　晴　上午上課二時，下午睡，夜標點文四時。

廿五日　晴　上午標點文，下午睡。

廿六日　晴　上午上課三時，下午睡，夜標點文二時。

廿七日　晴　上下午上課四時，夜標點文二時。

廿八日　晴　上午標點文三時，下午上課二時，夜標點文三時。
廿九日　晴　上課一時。
三十日　晴　終日標點文。

十二月

一日　晴　上午上課一時，夜標點文。
二日　晴　上下午上課四時，夜標點文。
三日　晴　上午上課三時，下午開會。
四日　晴　上午上課四時，夜改文五千字。
五日　晴　上午改文三千字，夜標點文。
六日　晴　上午上課一時，下午至夜改寫文六千字。
七日　晴　改文約一萬字。
八日　晴　上午上課二時，下午睡，夜改文五千字。
九日　晴　上午上課四時。
十日　晴　上午與友人信，下午睡。

十一日　晴　上午上課二時，下午標點文。
十二日　晴　上午標點文，下午上課二時。
十三日　晴　上課一時。
十四日　晴　至沙田慈航淨苑一遊。
十五日　晴　上午至校中辦公，下午睡，夜標點文四時。
十六日　晴　上下午共上課四時，夜標點文三時。
十七日　晴　上午標點文三時，中午應約至外午餐，下午至夜標點文七時。
十八日　晴　上課二時，標點文六時。
十九日　晴　標點文三時，下午上課二時。
二十日　晴　上午上課一時並開會，下午標點文三時，夜至王佶處晚飯。
廿一日　晴　上下午標點文，夜至黃祖植家晚飯。
廿二日　晴　上午標點文，下午睡，夜標點文四時。
廿三日　晴　上午標點文，下午至校聽溥心畬講演，夜至樂宮樓。
廿四日　晴　上午標點文完，下午辦雜事，數學生來。
廿五日　晴　上下午寫英文信約二千字。

廿六日　晴　昨今二日皆時有客來，改昨日信。
廿七日　晴　至沙田訪游雲山未遇，夜參加唐端正婚禮。
廿八日　晴　閱雜書，夜出外看一影片。
廿九日　晴　閱雜書四時，下午睡。
三十日　晴　上午至中國文化會開會，紀念丁文淵，下午辦雜事。
卅一日　晴　上下午閱 Punes: Dictionary of Philosophy 有關項目，夜參加學校聯歡會。

民國四十八年（一九五九年）

一　月

一日　晴　上午閱 Punes 書，下午參加專上以上學校聚餐會，下午至僑生宿舍一看，夜閱 Punes 書。

二日　晴　閱漢英辭典，夜參加一學生婚禮。

三日　晴　上午上課一時，並辦學校事，下午睡，夜閱書二、三時。

四日　陰　至慈航淨苑訪游雲山，夜參加音樂會。

五日　晴　上午上課三時，下午看書四時。

六日　晴　上下午上課四時，聽英文二時。

七日　陰　上午至港大上課二時，下午研究所開會。
八日　晴　上下午上課四時。
九日　晴　上午在家看英文書，下午上課二時。
十日　晴　上午上課一時，與 Lobett 談。下午至學校。夜校對文三時。
十一日　晴　上下午校對文六時。
十二日　陰　上午上課二時，下午校改文至夜十時。
十三日　晴　上下午上課四時，夜聽陳伯莊講演。
十四日　晴　上午至港大上課，下午睡，夜改文五時。
十五日　晴　上午上課二時，下午教育司 Morgan 來。
十六日　晴　上午至校辦公，下午校對文。
十七日　晴　上課一時。
十八日　晴　上下午校文七、八時。
十九日　晴　上午至校辦公，午後三時歸校文四時。
二十日　晴　上午校文二時，至學校考試，下午孟氏開會，歸寫二信至美。
廿一日　晴　上午至港大上課，下午至校辦公。

廿二日 晴 上午改文二時，下午至港大上課，夜改文五時。
廿三日 晴 上下午改文八、九時。
廿四日 晴 校文九時。
廿五日 晴 校文十一時，哲學概論第一次校完，共經十五日。
廿六日 晴 上午至校開會，下午覆 Moore 一函。
廿七日 晴 上午至校辦公，下午寫哲學概論一書附錄參考書介紹三千字。
廿八日 晴 上午至港大上課，下午睡後續寫昨之參考書介紹三千字。
廿九日 晴 上午至校中辦公，下午港大上課，夜改文，續完參考書介紹三千字。
三十日 晴 上午至學校，下午改文，夜譯一印度無有歌。
卅一日 陰 上午至校辦公，下午睡，夜至樂宮樓晚飯，爲鄭德璋送行。

二月

一日 陰 補寫參考書目五千字左右。
二日 晴 上午辦公，下午補寫參考書目又五千字左右完。
三日 晴 上午至學校開會，下午標點校改文。夜請日本人吃飯。今日我五十歲，晚上祭祖。

四日　晴　上午港大上課，下午至學校晤陳伯莊。
五日　晴　上午寫哲學概論序三千字完，下午上課二時，夜至樂宮樓。
六日　陰　上午至校辦公，回信三封，下午看一電影，夜至樂宮樓。
七日　雨　上午至機場接郎家恒，下午睡，夜約學生十餘人過除夕。
八日　晴　今日農曆元旦，終日有人來拜年，夜至樂宮樓招待郎家恒。
九日　晴　終日有人拜年。
十日　晴　下午出外拜年，夜改文四時。
十一日　晴　上午港大上課，改文五時。
十二日　晴　上午至校辦公，下午港大上課，又至二處拜年，夜改文四時。
十三日　陰　上午改文二時，至校辦公，下午至夜改文七時。
十四日　晴　上午辦公，下午至夜校文十時。
十五日　晴　改文八時，夜看六福客棧一片。
十六日　晴　今日開學，上午講話，下午辦公，夜改文五時。
十七日　晴　上午辦公，下午改文四時，夜看安安排球賽。
十八日　晴　上午港大上課，下午至夜改文七時。

十九日　晴　上午至校辦公，下午港大上課，夜校文四時。

二十日　陰　上午至學校，下午三時歸校改文七時。

廿一日　陰　終日整理文。

廿二日　陰雨　上午改自序三時，下午整理文三時，晚約劉泗英先生在家晚飯，飯後再整理文三時。

廿三日　晴　校對文九時。

廿四日　陰　上午改文三時，下午上課，夜改文五時。

廿五日　陰　上午港大上課三時，下午至夜改文七、八時。

廿六日　陰　上下午上課四時，夜校文五、六時。

廿七日　陰　上午校對文四時，下午上課二時，出外看房子，夜校文五時。

廿八日　陰　上午至校開會十二時歸，整理哲學概論書目至夜十二時許完。近卅二日來除重看一次外，編訂參考書目，寫自序，重鈔目錄共增四萬餘字。此書自去年五月廿四日開始寫，九月廿八日寫完共四月四日，標點及改正至去年年底完，共三月三日，重閱讀校改二次，共二月計尚有一文須二日乃完，共二月二日，合爲九月九日，共約五十餘萬言。

三　月

一日　陰　上午寫信二封，下午鈔所譯無有歌寄母親。

二日　晴　上課一時，參加月會。

三日　陰　上午上課二時，下午至教育司，歸來發燒。

四日　陰　今日睡眠休息。

五日　陰　編訂哲學概論稿。

六日　晴　上午辦雜事，夜將哲學概論稿訂為十一册。

七日　陰　重閱哲學概論稿。

八日　陰　重閱哲學概論稿，至孟氏圖書館查書。

九日　陰　上午上課二時，閱哲學概論稿八時。

十日　晴　上課二時，閱哲學概論稿至深夜二時。

十一日　晴　閱哲學概論至下午二時，即請人送孟氏教育基金會出版。二時半至教育司開會，七時返家整理雜物。

十二日　陰雨　上午辦雜事，下午 Cook 遷來住，因彼在回美前擬在中國家庭住住。

十三日　陰　上午回一英文信，下午上課二時，夜看一中國京劇電影。

十四日　陰　上午上課一時，改信二時，下午睡後出試題。

十五日　陰　改信。

十六日　晴　上午上課二時，下午睡三時，校對文，夜約 Yale Bachelar 晚飯。

十七日　晴　上下午上課四時，並過海看一畫展。

十八日　晴　上午覆印度哲學家一函，下午睡二時。四時至學校開會。

十九日　晴　上午上課二時，爲香港大學考試出題，中午開孟氏教科書會，下午閱雜書，明日爲母親生日，晚略備果菜祭祖先。

二十日　晴　上午閱英文，下午上課二時。

廿一日　晴　上午上課一時，開會二時半，下午陸續有人來，寫信二封。

廿二日　晴　終日陸續有客人來，午後小睡，夜整理雜物。

廿三日　晴　上午上課二時，中午看一電影，下午睡二時。

廿四日　晴　上下午上課四時，夜塡寫護照申請書及雜事。

廿五日　晴　上午寫信三封，閱英文書，下午睡一時，開會三時半。

廿六日　晴　上午上課二時並辦公，下午至校中參加講演會。

廿七日　陰　上午思有關學校發展之事，下午清理雜物。
廿八日　陰　準備明日遷居事。
廿九日　陰　遷居靠背壟道八十五號四樓，終日整理雜物。
三十日　晴　整理雜物，閱書四、五時。
卅一日　晴　上午開會二時半，夜寫文二時成三千字。

四月

一日　晴　上午至港大上課三時半，下午開會三時半。
二日　晴　上午閱書二、三時，下午上課二時，訪三友，夜與學生談話。
三日　晴　上午陸續有友來，下午閱英文書二、三時。
四日　晴　上午整理書籍，下午至羅富國教師訓練班講演。
五日　晴　寫文六千字。
六日　晴　寫文一千字，下午與劉泗英先生至慈航淨苑，六時開三院聯合會。
七日　晴　補寫文五、六千字，共萬六千字作爲底稿，以便再譯爲英文備東西哲學家會宣讀。
八日　晴　上午港大上課二時，回校開月會，下午睡二時，夜訪二友閱書改文二時。

九日　晴　上下午上課四時閱書一時。

十日　晴　上午寫一信，下午上課二時，開會二時。

十一日　晴陰　上午開會二時，下午閱雜書二時，夜學生來。

十二日　晴　上下午譯所作文成英文二千字。

十三日　晴陰　上午上課二時，譯所作文千二百字。

十四日　晴　上下午上課四時，譯所作文千字。

十五日　晴　至港大上課三時，下午開小組會，夜開三院聯合會。

十六日　晴　上下午上課四時，參加一講演會，夜譯文六百字費二時。

十七日　晴　上課二時，譯文約一千五百字。

十八日　晴　上午上課一時，開會三時，下午譯文八九百字，夜應王淑陶約晚飯。

十九日　陰　譯文二千字，夜應陸耀光約晚飯。

二十日　陰雨　譯文四千字，共萬六、七千字，初譯稿完。

廿一日　晴　竟日改文三分之一。

廿二日　晴　上午上課三時，下午開行政會，改文二時許。

廿三日　陰　上午塡表，下午上課三時，開三院聯合會。

廿四日　陰　終日改文。
廿五日　陰　終日改文。
廿六日　陰　改文終日至夜半乃畢。
廿七日　陰　上午上課二時。
廿八日　晴　上午上課二時，下午上課二時，校文十頁。
廿九日　晴　上午至港大上課三時，校文至夜。
三十日　晴　上午至美領事館及移民局，中午開孟氏會，下午至校辦公二時，夜校文三時。

五　月

一　日　晴　上午寫信一封，下午上課二時，夜開三院會。
二　日　晴　上午上課後至移民局並訪一友，中午至下午四時半開會，夜校對文三時。
三　日　晴　中午看一電影，校對文至夜一時畢。
四　日　晴　上午上課二時，下午睡，重校文五時至深夜。
五　日　晴　上下午上課四時，開會至夜，補所作文四時。
六　日　晴　上午至港大上課二時，下午睡後覆信三封。

七日　晴　上午上課二時，校文四、五時。

八日　晴　上午上課一時，寫注三四十條費時六、七時。

九日　晴　上午至移民局，歸校文二時，下午睡二時，校文六時至夜完。

十日　晴　上下午校文五、六時，閱雜書二時，夜看一影片。

十一日　晴　上午上課二時，下午睡，校文三時，夜參加一學生婚禮，寫信一封。

十二日　晴　上下午上課四時，校文四時。

十三日　晴　上午至港大上課二時，下午評閱卷子，睡二時，夜寫一提要千五百餘字。

十四日　晴　上午改提要爲八、九百字，下午上課二時，夜看京劇。

十五日　晴　上午校對文，下午至美領事館辦簽證手續，並至航空公司預定座位，夜寫信一封。

十六日　晴　上午上課一時，開會二時，下午睡二時，夜校改提要文完。

十七日　陰　上午校對文三時，夜至羅維德家討論我所寫之文。

十八日　陰　竟日校對所印文。

十九日　陰　上下午上課四時，夜開三院會，又改文六時至深夜三時始睡。

二十日　晴　上午至教育司開會，下午至校中開叢書會，及研究所會，夜王書林來晚飯，閱港大試卷。

廿一日　晴　上午上課二時，並看港大卷子，下午睡，夜看電影。
廿二日　陰　上午校對文化意識稿，下午上課二時。
廿三日　陰　上午上課一時，下午睡，寫信二封，夜胡建人約晚飯。
廿四日　晴　上午校對文化意識稿，下午至沙田一遊，夜歸。
廿五日　晴　上午開行政會三時，中午參加聚餐會，下午睡二時，看一京劇。
廿六日　晴　上下午上課四時，夜參加一講演會，與友人一函。
廿七日　陰晴　上午港大上課二時，中午訪 Berkes 彼亦爲赴哲學會者，下午睡。
廿八日　晴　上課二時，下午數 Yale Bachelor 來討論我之論文二時。
廿九日　晴　上午上課二時，下午約 Berkes 講演，夜請彼夫婦及若干同事晚飯。
三十日　陰　上午上課一時，午睡二時，下午參加校際學生辯論會，夜數學生來。
卅一日　陰　與王書林、伍鎮雄、Berkes 夫婦郊遊一日。

六月

一日　晴　上午上課一時，參加月會，午後與錢先生談校務二時。
二日　晴　上下午上課四時，夜王書林來晚飯。

三日 晴 上午辦雜事，下午睡，夜應 Berkes 約晚飯。

四日 晴 上午上課二時，與錢先生談校務，下午睡，夜約端正等五人來談哲學會事。

五日 晴 上午復 Moore 一函，下午上課二時，復陳伯莊一函。校文二時，夜赴中國文化會開會。

六日 晴 與陳榮捷及程兆熊各一械。

七日 晴 辦雜事，下午睡。

八日 晴 上午上課二時，下午開董事會，夜開三院會。

九日 晴 上午上課二時，下午至教育司開會，夜寫信二封。

十日 晴 上午寫信一封，下午睡，校對文。

十一日 晴 上課二時，下午校對文，閱哲學雜誌，夜出外看一影片。

十二日 陰 上午改寫一信，下午上課二時與謝幼偉一函，夜出外看電影。

十三日 陰 上午上課一時半，下午看電影，夜參加哲教系系會。

十四日 陰雨 閱 Philosophy: East and West 一雜誌。

十五日 陰 上午至校辦公，下午過海領機票，夜校中同人爲我餞別。歸來忽憶母親祭父親詩，乃知今日爲父親逝世廿九週年日，明日爲三妹逝世日已卅八年矣。

十六日　陰晴　上午上課三時，夜參加歡迎 Biscock 茶會，夜赴樂宮樓。
十七日　晴　上午安排哲學課程五時，下午開校務會，夜與廷光出外一遊，改文一時許。
十八日　陰　上午至學校與錢先生及諸同事談校務，下午與廷光、安安郊外一遊。
十九日　陰　上午至學校談校務，下午辦雜事，夜數學生來談。
二十日　陰　上午乘機至東京，夜再乘機至夏威夷，次日八時抵達，但在夏威夷仍為二十日，住 Johnson Hall。
廿一日　晴　上午張君來約與謝幼偉同至 down town 午餐及晚餐。
廿二日　晴　上下午改寫論文之提要千字，夜開會。
廿三日　晴　上午為論文繪一表，夜開會。
廿四日　晴　上午改寫提要，下午開會，始發問題。
廿五日　陰晴　上午重閱論文一次，並刪節若干段。下午應此間副校長約茶會。
廿六日　陰　上下午重鈔提要，夜開會。
廿七日　晴　將文交王兆凱打字，與廷光一函，夜在王家晚飯。
廿八日　晴　與錢先生及王佶各一函，夜張鏡湖約晚飯。
廿九日　晴　上午閱雜書，下午參加咖啡會，夜開會三時。

三十日 晴 上午取錢，閱雜書二時。

七 月

一日 晴 上下午校對所打字之文六時完。夜開會二時許。與伍鎭雄一函。

二日 陰 上午辦雜事，下午睡，夜應 Berkes 約晚飯，繼聽 Suzuki 講演。

三日 陰 上午閱書一時，與幼偉及張鏡湖等入城午飯並購物，午睡後閱書二時。

四日 陰 上午閱雜書，下午會中中國同人同至機場接胡適之，彼卽住我對門。

五日 晴 上午閱書二時與廷光一函，午睡，夜與幼偉談。

六日 晴 上午寫一講稿，下午睡。晚開會由胡適之及我與日人 Kishimoto 報告論文。

七日 晴 上午與宗三一函，午睡，下午應佛教會約茶會，夜應中國領事館約晚飯。

八日 晴 上午與廷光一函，下午與錢賓四先生一函，又與廷光一函，夜開會 Radhakrishnan 讀論文。

九日 晴 上午入城辦赴日簽證及飛機票事，與張鏡湖太太同午飯，下午憶十七、八歲時所作詩詞加以抄下，閱會中他人所作論文，夜聽 Radhakrishnan 講演。

十日 晴 上午與和崎一函，閱他人論文二時，下午參加 Coffee hour 並照全體像，夜開會三時。

十一日　晴　上下午閱他人論文，下午睡三時。赴印度人酒會，夜張鏡湖約晚飯。

十二日　晴　上午與廷光一函，下午睡，閱 Santayana 書二時，夜應蕭之的約晚餐七時歸。

十三日　晴　上午與廷光一函，並赴 American Security Bank 匯款，陳道行華僑約出遊並午飯二時歸，午睡，夜開會二時半。

十四日　晴　上午閱文二時許，午睡，四時應 Academy of Arts 酒會，夜應程君約至中國飯店晚餐十時歸，夜思作一札記三時許乃睡。

十五日　晴　上午閱雜文、寫信，下午開會一時半，閱 Burtt 一文，約 Compton 晚飯，夜開會二時半。

十六日　晴　上午寫一英文信，下午睡二時，王書林來電話約至其家吃飯，晚參加胡適之講演會。

十七日　晴　上午陳道行來談，下午與廷光一函，睡二時，王書林來，閱論文二時，夜開會二時半。

十八日　陰　上午閱論文，下午睡，夜應夏威夷大學副董事長 Lame 約晚飯，與程慶和（Ching Hong Leong）談哲教系獎學金及交換教授事，彼亦夏威夷大學董事之一。

十九日 晴 上午閱論文，下午睡，夜應 Eke 夫婦約晚飯，十時歸。

二十日 晴 上午參觀謝幼偉比較倫理學班，一新聞記者來訪問，下午睡，夜開會三時。

廿一日 晴 上午參加謝幼偉比較倫理學班討論，我略發表意見，與廷光一信，下午睡。五時應中國公使館約酒會，夜開會三時。

廿二日 晴 上午與廷光一函，下午睡閱論文，夜開會三時。

廿三日 晴 上午及下午寫一短文，此乃應一人之約以編入一書者，共一千三百字，下午睡，夜聽 Northrop 講演。

廿四日 晴 將昨寫文謄清，並改增爲二千字，夜林 Lim 約晚飯十一時歸。

廿五日 晴 上午鈔文，王書林約中飯，下午睡，夜楊氏夫婦約晚飯。

廿六日 晴 上午閒談，中午約 Cremer 夫婦及王書林家人與幼偉至一中國飯店午飯。下午睡，與宗三一函，應 Wenters 夫婦約晚飯，十時歸閱報。

廿七日 晴 上午閱論文，午睡後寫信一封，夜開會三時，寫信三封。

廿八日 晴 下午閱 Burtt 文，晚與幼偉同約 Werkneister 出外晚飯並談話。夜校正所作論中國人對宗教態度文。

廿九日 晴 上午寫信一封，中午 Burtt 約午餐。夜開會三時。

三十日　晴　上午與人交談，下午整理雜物，二時半開會，晚應華僑教育會許昌等約晚餐，夜開會二時許。佛教會鄧君約同往看夏威夷舞，十二時返。

卅一日　晴　上午與胡適之談政治，中午鄧君約參觀檀香山佛堂及波羅蜜廠並中飯。下午整理雜物，應領事館約晚餐，並同至機場送胡陳二人去美，夜與張鏡湖至 Waikiki 購書。

八　月

一日　晴　上午清理雜物，下午睡，夜乘機赴東京。

二日　晴　在旅途中。

三日　晴　晨八時許抵東京已爲八月三日，池田、和崎、蘭成等來接同赴龍名館本店住，中午同在一處吃飯，我昔日所住旅館之店主亦來，夜亞細亞學會約在北京樓晚飯。

四日　晴　中午水野勝太郎約在一處中飯，後至蘭成家，夜安崗約晚飯。

五日　晴　上午景嘉及數學生來，中午亞細亞約茶會討論中國問題。四時謁宇野哲人先生，彼年八十五，氣象甚好，夜尾崎四郎約晚飯。

六日　晴　上午至丸善書店及一百貨公司購物，下午馬定波來，晚應約作一公開講演題爲心靈與日常生活，由柳內茲翻譯，聽眾程度頗高。

七日　晴　中午參加送別會，除熟人外有王光逖、町田、泰田、宇野精一等，夜尾晴約晚飯，十時乘機返港。

八日　陰　上午八時抵港，旋卽與廷光、安安赴容龍別墅。

九日　陰雨　在容龍別墅休息。

十日　陰　上午返家至學校晤同事，下午訪數同事。

十一日　晴　與友人四函，學生及同事來訪。

十二日　晴　終日有學生及同事來，夜開三院招生會。

十三日　晴　上午至校中，仍有同事及學生來。夜校刋文。

十四日　晴　上午至校辦公，約任國榮中飯，下午睡，夜應丕介約晚飯。

十五日　晴　上午開研究所試題會，中午劉百閔來午飯，下午睡後至錢先生處談，夜至王道處開人生社會，歸家有客來。

十六日　晴　上午二同事來談並在家午飯，午睡，有學生來，與幼偉一函。

十七日　晴　上午至校中辦公並訪孟氏會及胡建人。下午二友人來，夜開三院會，並與王書林一函。

十八日　晴　上午至校辦公，下午睡並閱研究所試卷。

十九日　陰　上午辦公，下午整理書物，夜至錢先生處晚飯。
二十日　陰雨　上午至校辦公，下午睡，夜哲學會談至十一時許。
廿一日　晴　上午至學校辦公，下午睡，夜畢業同學會學生來談。
廿二日　晴　上午至教育司開會至一時，再至中華商務購書。
廿三日　晴　上午至尖沙咀接蕭約，中午約張丕介夫婦午飯，下午口試轉學生，校對一文。
廿四日　晴　上午至校辦公，編課程表，午睡，夜編哲教系課程。
廿五日　晴　到校辦公至下午二時，午睡，夜赴樂宮樓。
廿六日　晴　到校辦公，午睡後與宗三、兆熊一函，夜開三院會。
廿七日　晴　上午至校辦公，下午與廷光、安安出遊沙田慈航淨苑八時歸。
廿八日　晴　上午學校辦公，與 Moore 一函，下午口試新生，夜至樂宮樓吃飯。
廿九日　晴　上午學校開會，下午睡。
三十日　陰　上午學校辦公，下午約哲教系三、四年級學生來談，與錢先生商宗三事，夜與安安下棋。
卅一日　陰　上午至校辦公，約王佶午餐，下午校文二時，夜訪任國榮為胡漢事。

九　月

一日　陰　上午至校辦公，下午相續有客來，校英譯文化宣言至夜。

二日　陰　校對文化宣言譯稿，午後寄出。

三日　陰　上午到校辦公，下午審查學生，夜赴樂宮樓。

四日　陰　上午校文三時，並至學校辦公，下午至葛量宏開會，夜閱雜書。

五日　晴　上午辦公下午睡，夜歡送羅維德。

六日　晴　上午閱李杜文，下午寫信，夜至道風山。

七日　晴　上午到校辦公，下午睡。

八日　晴　上午送羅維德返美，下午至教育司開會，與該副教育司言頗多齟齬。

九日　晴　上午到校辦公，下午睡，夜閱文，廷光病。

十日　陰　上午辦公，下午校文，夜與 Moore 一函。

十一日　陰　上午與 Shoyer 談，並至圖書館查書，下午孟氏茶會，應胡建人約夜至樂宮樓。

十二日　陰　上午至校辦公，下午校文，夜至樂宮樓爲張葆恒餞行。

十三日　晴　上午至校辦公，下午校文，夜應郭任遠約晚飯。

十四日　晴　上午至校辦公與錢先生談校務，下午睡後與趙自強一函。
十五日　晴　至校辦公，今日開學，上午講話，下午選課。
十六日　陰　與蔡仁厚一函。
十七日　晴　至校辦公。
十八日　晴　上下午皆至校辦公，夜應胡建人約晚飯。
十九日　晴　上午辦公，下午睡，夜應劉百閔等約晚飯。
二十日　晴　改論文提要，與 Moore 一函，二友人來，夜看一電影。
廿一日　晴　上午上課二時，下午文化會開會。
廿二日　晴　上午辦公，下午上課二時。
廿三日　晴　上午辦公，下午校刋文，夜應大專學生公社約講演。
廿四日　晴　校對文，夜應亞細亞大學約晚飯。
廿五日　晴　上午辦公，並閱 Revolution in Philosophy，午睡，王書林來。
廿六日　晴　上午辦公並上課一時，下午改擬課程，夜哲學會。
廿七日　晴　改論文並整理課程。
廿八日　晴　今日孔子生日。上午上課二時，下午睡後至校辦公，夜開三院聯合會。

廿九日　晴　今日校中舉行孔子生日紀念會，中午至 Cheksv 午飯，下午與 Shoyer 談校中事二時，夜數友人來。

三十日　晴　上午港大上課二時，午睡後爲學生改文，夜看電影。

十　月

一日　晴　上午辦公與友人二信，午睡，四時至葛量宏開會，夜與 Kennedy 一函。

二日　晴　上課二時，下午睡。

三日　晴　上課一時，中午至機場送陳伯莊，下午過海參觀游雲山畫展，安安亦有數張畫附帶展出，看趙先生病，至美利堅吃飯。

四日　晴　上午寫信三封，下午整理書物至夜。

五日　晴　上午上課二時，下午開敎務會議三時許，夜甚倦早睡。

六日　晴　上午校文三時，下午上課二時，聽錢先生講演。

七日　晴　上午港大上課，下午講世界人文主義與中國人文主義。

八日　晴　上午辦公，下午至港大上課二時，夜觀校中學生所演平劇。

九日　晴　上午編課程說明，至校參加校慶國慶紀念會，中午在樂宮樓聚餐，午睡，夜觀校中所演平劇。

十日　晴　上午編課程說明三時，參加國慶紀念會，下午出外看國旗，至香港看一電影，至美利堅晚飯。

十一日　晴　終日相續有客來，編課程說明至夜。自檀香山歸來二月，一直爲學校招生開學、註册、校慶、及與教育司商改訂課程及規定教員資格與教員資格審查等事忙，二月未看書，只作講演三次及上課二、三週而已。此年中四月初至六月卽準備赴檀開會。在檀及日本五十日，八月八日返港，今已二月又二日矣。

十二日　晴　上午上課二時，下午開 Establishment Board 會。

十三日　晴　上午辦公，下午上課二時。

十四日　晴　上午港大上課，下午睡，夜教育司高士雅約酒會，歡迎倫敦大學年會代表。

十五日　晴　上午辦公，下午至港大上課，夜參加孫述憲婚禮。

十六日　晴　英教聯會代表 Foulton 來校參觀，中午學校在樂宮樓歡宴彼，四時茶會。

十七日　晴　上午上課二時，下午應崇基約赴會。

十八日　晴　上下午閱 Passmore 書八、九十頁。

十九日　晴　閱昨書八、九十頁。

二十日 晴 上午辦公，下午上課二時。

廿一日 晴 上午港大上課，下午睡，並校對文。

廿二日 晴 上午校對文，中午 Kinderman 來訪，下午至港大上課二時，返開校務會議，夜校對文。

廿三日 晴 上午上課二時，下午至教育司開會三時，夜校對文三時。

廿四日 晴 上午校文二時，上課二時，下午開教務會議四時，夜赴傅光與婚宴。

廿五日 晴 上午復 Kanfmann, Moore 及 Hocking 各一函，與馬定波一函，下午看一影片。

廿六日 晴 上午上課二時，午睡，至樂宮樓參加三院會，十時返。

廿七日 晴 上午辦公，下午上課二時。

廿八日 晴 上午港大上課二時 Tutorial 一時，下午睡，六時開聘任會，夜數客來。

廿九日 晴 上午至校中閱圖書一時許，下午港大上課二時，Tutorial 一時，至港大圖書館鈔目錄，夜與兆熊一函。

三十日 晴 上午上課二時，校改文一時許，午睡後上課一時，寫信與柯樹屏、程兆熊。

卅一日 陰 上午上課二時，午睡，四時聘任委員會，夜出外看電影。

十一月

一日　晴　閱 Passmore 書六七十頁。

二日　晴　上午上課一時，改文二時，下午睡，夜開三院聯合會。

三日　晴　上午改文二時許，下午上課二時，夜開聘任會二時許。

四日　晴　上午港大上課二時，Tutorial 一時許，下午睡。

五日　晴　上午寫信與張君勱等，下午至港大上課二時，Tutorial 一時。

六日　晴　上午上課二時，下午至教育司開會。七時至豪華樓晚飯。

七日　晴　上午上課二時，中午約日人上村健太郎等午飯，下午與佛觀一函，夜參加葉龍婚禮。

八日　晴　閱 Passmore 書百餘頁完。

九日　晴　上午思 Passmore 書中問題，下午校哲學概論稿。

十日　晴　校哲學概論稿。

十一日　晴　上午港大上課，下午睡二時，五時半開編制委員會。

十二日　晴　上午與教育司長 Morgan 會談，中午同在樂宮樓午飯，下午三時開教員座談會，回信二封，夜看一電影。

十三日　晴　上午校文二時許，下午學校開茶會，夜赴樂宮樓宴哈佛來客白先生。

十四日　晴　上午校文二時，下午與李相殷一函，校哲學概論至夜費六七小時。

十五日　晴　與哲教系學生至荃灣旅行，夜歸校文一時。

十六日　晴　上午上課二時，校文二時，下午至黃祖植學校參觀，歸校文五時。

十七日　晴　上午校對哲學概論稿，下午上課二時，夜再校該稿。

十八日　晴　上午至港大圖書館看書三時，下午睡。

十九日　晴　上午校文，下午港大上課二時，Tutorial 一時。

二十日　晴　上午備課二時上課二時，下午校對文五時。

廿一日　晴　上午上課二時，校文一時，下午開校務會議三時，夜約一老學生馬仰蘭來便飯。

廿二日　晴　上下午閱雜書。

廿三日　晴　下午上課二時，下午校改文。

廿四日　晴　上午校改文，下午上課二時，開圖書館會，又赴葛量宏開三院編制會，歸校文二時，今日爲安安十六歲生日，以「涵養須用敬，進學在致知」二語由廷光寫成一對聯贈安兒以勉勵之。

廿五日　晴　上午至港大上課二時，下午睡，上課一時，至丕介處，歸校文。

廿六日　晴　上午校文三時，下午港大上課二時，開三院聯合會，夜學生數人來，校文二時。

廿七日　晴　上午備課並上課二時，午睡後校對文。

廿八日　晴　上午上課二時，下午開會二時，夜校文三四小時。

廿九日　晴　上午校文，下午看一電影，夜校文三時。

三十日　晴　上午上課二時，下午以英文寫在夏威夷宣讀論文答客難二千餘字完。

十二月

一日　晴　上午開月會，下午上課二時，五時開三院會。

二日　晴　上午港大上課二時，Tutorial 一時，下午上課一時，夜哲學會。

三日　晴　上午校文三時許，下午港大上課二時，Tutorial 一時。夜校文三時，閱Onspensky書，In Search of the Miraculous。

四日　晴　上午備課二時上課二時，下午校改文。

五日　晴　上午上課二時，下午開教務會，校一文。

六日　晴　終日校改文七時，夜看一電影。

七日　晴　上午上課二時，校改文至深夜三時。

八日　晴　上午辦公，下午上課二時，開三院聯合會，八時返，校文至深夜二時。

九日　晴　上午至校辦公並閱書，下午睡，上課一時，出外看電影，夜閱 Onspensky 書一時。

十日　晴　上午寫信四封，將哲學概論稿交孟氏會。中午至桂林街校舍一看，下午睡，夜閱 Onspensky 書。

十一日　晴　上午上課二時，閱 Maritain 書 Preface to Metaphysics 一時許，赴孟氏會。

十二日　晴　上午上課二時，下午睡，開校務會。

十三日　晴　夜閱 Maritain 書二時許完。

十四日　晴　上午上課二時，下午閱 Heidegger 書 Introduction to Metaphysics 四十頁。

十五日　晴　上午閱 Heidegger 書數十頁，下午上課二時，開課程考試討論會，夜閱 Heidegger 書數十頁。

十六日　晴　上午閱 Heidegger 書二時，並至學校，下午上課一時，閱 Heidegger 書一時完。

十七日　陰　上下午閱 Gilson 書完。夜閱 Gilson 書 God and Philosophy 廿頁。夜出外晚飯。今日廷光四十四歲生日，閱 Onspensky 書數十頁。

十八日　陰　上午上課二時，午睡後與宗三一函。

十九日　晴　上午上課二時，下午睡，夜赴樂宮樓爲徐匡謀證婚。

二十日　晴　上午回信五封，下午睡，夜參加哲教系聯歡會。

廿一日　陰　上午上課二時，下午覆日人大木隆造一函，訪潘重規母。

廿二日　陰　上午閱 Onspensky 書數十頁，下午睡，王書林與二印尼學哲學者來訪，夜至樂宮樓與同仁歡宴錢先生赴美，我略致歡宴詞，夜十一時返。

廿三日　陰　上午與廷光安安及鄒慧玲羅氏姊妹同赴慈航淨苑，下午四時返，夜閱 Onspensky 書廿餘頁。

廿四日　陰　閱 Onspensky 書二百頁完。

廿五日　陰　閱 Onspensky 書 A new Model of Universe 五六十頁，下午睡，夜嚴靈峰約晚飯。

廿六日　陰　上午復信與陳康、謝扶雅，下午前中央大學一女生熊淑蘭及其夫伍君來約遊新界各地，夜林仰山約晚飯，十一時許乃返。

廿七日　陰　上午閱 Onspensky 書六七十頁。下午睡。

廿八日　晴　上午閱 Onspensky 書，下午三時參加趙黎明婚禮至夜乃歸。

廿九日　陰　上午閱 Onspensky 書三時，中午看一影片並購藥物，夜閱 Onspensky 書三時許。

三十日　陰　閱 Onspensky 書竟日完。

卅一日　陰　閱 Juspers 書 The Perennial Scope of Philosophy 百數十頁，夜校中聚會。

民國四十九年（一九六〇年）

一月

一日　陰　上午閱 Jaspers 書廿餘頁，與謝幼偉一函，中午參加校際聚餐會，下午睡二時許，夜曾克耑請吃飯。

二日　晴　閱 Mace 所編 British Philosophy in the Mid-century 四十頁，下午看電影，夜新樂酒店晚飯。

三日　晴　上午閱 Mace 所編書四五十頁。

四日　晴　上午上課一時，參加月會，下午睡，閱 Mace 所編書二三十頁。

五日　晴　至校中辦公，下午上課二時，寫信數封，七時半開三院聯合會。

六日　晴　上午至港大上課二時，Tutorial 一時，下午睡，六時至機場接幼偉、兆熊，同在家晚飯。

七日　晴　上午至校辦公，下午港大上課二時，歸新亞開校務會議，夜蕭約約晚飯。

八日　晴　上午與幼偉、兆熊商補課事，下午閱 Mace 所編書二時，至機場接潘重規，夜至樂宮樓晚飯。

九日　陰　上午上課一時，研究所開會，下午睡。

十日　陰　上午與宗三一函，下午睡，應雲門學園座談會，夜未作事。

十一日　陰　上午上課辦公，下午睡後又至校辦公，夜請和崎及潘重規、幼偉、兆熊等晚飯。

十二日　陰　上午辦公，閱 Mace 所編書，下午上課二時，夜閱 Lawrence 書 Whitehead Philosophical Development 廿頁。

十三日　陰　上午港大上課三時，下午閱 Lawrence 書卅餘頁，夜民評社約遠東晚飯。

十四日　陰　上午在校辦公，下午港大上課二時 Tutorial 一時，夜閱 Lawrence 書十餘頁，應友聯社約樂宮樓晚飯。

十五日　陰　上午上課二時，下午睡，夜赴樂宮樓歡迎新同事宴。

十六日　陰　上午上課二時，下午學校歡迎會，歡迎新同事，夜胡建人約晚飯。

十七日　陰　上午與宗三一函，中午至宇宙會所與蔡貞人、胡應漢等商伍憲子遺作整理刊行事，決籌組一委員會，至黃華表處一談。夜看一電影。

十八日　晴　上午學校辦公，中午樂宮樓招待高麗大學校長俞鎮平（清東），下午至機場送錢先生赴美。

十九日　晴　上午至校辦公，下午睡後再至校辦公，夜閱 Lawrence 書。

二十日　晴　上午港大上課二時 Tutorial 一時，下午研究所開會歡迎俞鎮平講話，夜哲學座談會至夜十一時許。

廿一日　陰　上午學校辦公，下午港大上課二時，夜閱 Lawrence 書廿頁。

廿二日　陰　上午在校辦公，下午校務會議，夜約數人晚飯。

廿三日　陰　上午至校辦公，午睡，夜閱 Lawrence 書。

廿四日　晴　上午閱 Lawrence 書。今日我五十一歲生日，中午出外與廷光安安合照一像，下午睡後約哲教系三年級學生來談，夜祭祖。

廿五日　陰　上午辦公，下午閱卷。

廿六日　陰　上午辦公，下午閱卷，閱 Lawrence 書四十頁完，此書之第一及第三部。

廿七日　陰　上午港大上課一時，Tutorial 一時，下午睡二時，改卷二時。

廿八日　晴　今日陰曆元旦，上午學生等來拜年，下午與兆熊、幼偉同至劉百閔、王書林、沈燕謀等七處拜年。

廿九日　晴　終日有客來拜年，夜兆熊及丕介夫婦來晚飯。

三十日　晴　上午皆有人來拜年，中午往看一電影，五時至鑽石山陳士文、黃華表及任泰處，夜在王道處晚飯。

卅一日　晴　上午與兆熊過海至余又蓀、趙冰、曾克耑處拜年，回來又至何魯之先生處拜年。

二　月

一日　陰　上午至校辦公，下午訪左舜生。閱 Collingwood Philosophical Methoel 書四五十頁。

二日　陰　上午至校辦公，午睡後閱 Collingwood 書數十頁，夜丕介約悅賓樓晚飯。

三日　晴　港大上課二時，Tutorial 一時。下午開會，夜閱 Collingwood 書數十頁。

四日　陰　晨閱 Collingwood 書完，上午辦公，下午港大上課二時。Tutorial 一時，夜出外看一影片。

五日　晴　上午畢業考試會，下午看電影。

六日　陰　上午開圖書館委員會，下午開科學會議，夜參加黃慧修婚宴。

七日　陰　上午復錢賓老一函，下午閱僞書通考等書，夜胡應漢、程兆熊來談。

八日　陰　上午至校辦公，夜應約樂宮樓晚飯。

九日　晴　上午學校辦公，開教務會議，下午至孟氏圖書館改稿一時許。

十日　陰　上午港大上課二時，Tutorial 一時，午睡後至新雅酒店晤安安之二國文老師，夜復陳再思、佛觀各一函。

十一日　晴　上午校中辦公，下午港大上課二時，夜赴樂宮樓招待耶魯教授 Watson。

十二日　陰　上午校中開圖書館採購會，下午與徐梵澄一函，並看電影。

十三日　陰　上午學校辦公並開聘任會，下午與李相殷一函。

十四日　晴　與廷光、安安、幼偉、兆熊等同遊新界夜歸。

十五日　晴　上午辦公，下午睡。

十六日　晴　上下午皆至校辦公。

十七日　晴　上午開學禮，下午開始選課。

十八日　晴　上午辦公，下午港大上課二時。

十九日　陰　上午辦公，中午孟氏開會三時歸，夜閱 Bochénski 書 Contemporary European

Philosophy 卅頁。

二十日　陰　上午在校中辦公，中午應蔡貞人約，三時半歸，閱 Bochénski 書五十頁。

廿一日　晴　上下午閱昨書七十頁，中午約王道午飯，下午一同看電影，夜有客來。

廿二日　晴　上午上課二時兼辦公，下午閱 Bochénski 書七八十頁至夜。

廿三日　陰　上午辦公，下午上課二時。

廿四日　晴　上午港大上課二時，Tutorial 一時，下午新亞上課一時，夜爲李杜文作評語。

廿五日　晴　上午辦公，下午港大上課二時，Tutorial 一時，夜往看電影。

廿六日　陰　上午辦公，下午上課一時。

廿七日　陰　上午上課二時，下午敎務會議及圖書館會議。

廿八日　陰　閱 Contemporary British Philosophy 廿頁，下午看電影。

廿九日　陰　上午上課二時，辦公二時，夜閱昨書廿頁。

三　月

一日　陰　上午辦公二時，下午上課二時。

二日　晴　上午港大上課二時，Tutorial 一時，下午至集古齋購書，夜赴樂宮樓晚飯。

三日　晴　上午學校辦公，下午港大上課二時，夜閱雜書。
四日　晴　上下午上課三時，閱象山集。
五日　晴　上午上課二時，下午校務會議三時許，整理文件。
六日　晴　上午至校整理文件，中午劉百閔處午餐，下午睡二時，夜赴徐子貞婚宴。
七日　晴　上午上課二時，下午辦公，夜復廖銘詩一函。
八日　陰　上午校中選課事，中午日人江川來午飯，下午上課二時。明日為母親七十三歲生日，夜祭祖。
九日　晴　上午至校辦公。今日寫一天地祖宗聖賢之神位牌，廷光購龕位香爐設案供奉。下午開三院編製會。
十日　晴　上午開研究所會三時，下午港大開哲學考試專科委員會。夜任國榮約豐澤園晚飯。
十一日　晴　上午上課二時，下午睡二時，上課一時，夜哲學談話會。
十二日　陰　上午上課二時，中午董事會約午飯，下午列席董事會，夜閱 Foulton 視察報告。
十三日　陰　上午閱 Foulton 報告完，下午睡。
十四日　陰　上午上課二時，下午睡後看電影，夜閱禪海蠡測數十頁。
十五日　陰　上午辦公二時許，夜閱昨書百數十頁。

十六日　晴　上午至校辦公，下午過海購書物夜歸。

十七日　晴　上午在校辦公，下午過海參加羅富國典禮，夜閱禪海蠡測完。

十八日　陰　上午上課三時並辦公，夜開三院聯合會。

十九日　晴　上午上課二時，下午睡，游雲山來，夜應藝術系約遠東晚飯。

二十日　陰　上午與錢賓四、翁凌宇各一函。

廿一日　陰　上午上課二時，午睡，四時至校中商生物系事，夜參加研究所會。

廿二日　陰　上午校中辦公，下午上課二時，參加蕭士言母喪禮。

廿三日　陰　上午校中辦公，夜閱 Contemporary British Philosophy 廿頁。

廿四日　陰　上午港督來參觀學校，下午研究所會，閱二學生文，夜校文化意識與道德理性四時。

廿五日　陰　上午上課三時並辦公，夜閱文化意識與道德理性。

廿六日　陰　上午上課二時，下午開圖書館會，夜看一電影。

廿七日　陰　上午有學生來，閱 James 心理學數十頁，下午睡二時，夜請陳伯莊等晚飯。

廿八日　陰　上午上課二時，下午至機場接亞細亞大學校長，並回校辦公，夜校青年與學問四時。

廿九日　晴　中午至 Pikky 吃飯。下午上課二時，夜出題。

三十日　晴　上午港大上課二時，Tutorial 一時，下午參加歡迎茶會，夜余又蓀約至華美吃飯。

卅一日　陰　上午在校辦公，下午港大上課二時，Tutorial 一時。

四　月

一日　陰　上午上課二時，午睡後上課一時，夜閱雜書二時。

二日　陰　上午上課一時，下午訪蔡貞人六時歸，校改文二時。

三日　陰　上午至牛池灣清水灣一遊，下午二時歸，睡，夜校一文。

四日　陰　與校中員生同遊梅窩，歸時至書店購書。

五日　陰　上午校中開會歡迎某君，下午睡後閱 British Philosophy 一時。

六日　陰　上午港大上課二時，Tutorial 一時，下午睡，閱 British Philosophy 及 Waisman 和 Copleston 文二時。

七日　晴　上午校務會議，下午至港大上課二時。

八日　晴　上午學校辦公，下午至港大上課二時。

九日　晴　上午開校務會議，下午至六國飯店與蔡貞人、劉百閔、胡應漢等同商伍憲子遺著刊行事。

十日　陰　上午準備明日講稿二時，約哲社系三年級學生來談，下午校刊文。

十一日　晴　上午在校辦公，下午至珠海講演一時半。

十二日　晴　上午在校中辦公並校文，午後又校文二時許，五時後至鄉間看地，夜學生來談。

十三日　晴　上午至港大上課三時，至商務購書，四時後歸。

十四日　晴　上午辦公，下午港大上課二時，Tutorial 一時。

十五日　陰　上下午擬哲學畢業考試綱要及書目，夜閱淮南子。

十六日　陰　上午至校與某君談易經，下午赴曾特奠禮，改考試綱要及書目一時。輓曾特聯：

憶前日有客東來，君論滔滔，六教異途終一致；

念今朝共誰歸去，予懷渺渺，萬方殊難總同歸。

十七日　陰　閱港大某君碩士論文，赴沙田訪游雲山不遇。

十八日　陰　上午上課二時，下午辦公二時許，夜應友聯社約至遠東晚飯。

十九日　陰　上午在校辦公，下午孟氏開會。

二十日　陰　港大上課三時，下午開圖書館委員會，夜看芭蕾舞影片。

廿一日　陰　上午閱某君碩士論文，下午睡一時，與廷光過海參加港督府園遊會。

廿二日　陰　上午辦公，下午港大上課二時。

廿三日　陰　上午在校辦公，下午閱 Neadham 中國科學與文明，夜游雲山約晚飯。

廿四日　陰　復廖銘詩函，與廷光等遊粉嶺，夜何敬羣約晚飯。

廿五日　晴　上午上課二時，下午開教務會三時，夜應王淑陶約。

廿六日　晴　上午編課程表三時，下午上課二時。

廿七日　陰　上午出題，下午睡後至校編課程表，夜哲學會至十一時。

廿八日　陰　上午辦公，下午港大上課二時，夜研究所會。

廿九日　陰　上下午上課三時，五時至日領事館酒會。

三十日　晴　上午上課二時，午睡後相繼有友人來，夜閱雜書一時。

五月

一日　陰　上午約哲社系二年級學生來談。下午睡一時許，編課程表，看一影片，夜閱雜書一時許。

二日　陰　上午上課二時，下午開始校對哲學概論四時半，應韓文溥約至英京晚飯，歸校文三時。

三日　陰　上午校文三時，下午上課一時，三時茶會，歡迎太田校長，夜應友聯社約至樂宮樓晚飯。

四日　晴　上午學校辦公，校文一時許，月會，中午至樂宮樓午飯，下午圖書館會議，夜校文四時許。

五日　陰　上午校文一時，京都大學一教授來校訪問，下午港大上課二時，夜應太田耕造約在高華晚飯。

六日　陰　上下午校文三時，上課三時，夜請數人晚飯。

七日　晴　上午上課二時，下午校文至夜費六時許。

八日　晴　上午校文二時，有客來，下午出外看地，夜校文三時。

九日　晴　上午校文一時，上課二時，下午辦公整理課程表，校一文。

十日　晴　上午出題二時，下午招待羅氏基金會代表，夜在樂宮樓晚飯。

十一日　陰　上午翻譯所出題爲英文，下午閱港大試卷，夜覆謝扶雅、宗三等三函。

十二日　晴　上午去校辦公，下午至港大上課並與林仰山談畢業考試事及下期不擬任港大課事，夜任學生講演會裁判。
十三日　晴　上下午上課三時，下午睡一時許，校對文四時，夜有客來，改文三時。
十四日　晴　上午上課二時，改文一時，下午校文二時，睡，夜約 Foulton 晚飯後校文二時。
十五日　陰　上午有客來，下午校文至夜。
十六日　晴　上午上課二時並辦公，下午睡二時，校改文二時許，夜三院聯合會，歸校文二時。
十七日　陰　上午校文一時辦公一時許，下午上課二時，改文二時，夜又校改文二時。
十八日　陰　上午校文二時，辦公二時，下午至港大訪 Rose 商出題事，夜校文二時。
十九日　陰　上午至港大開哲學專科委員會，下午上課二時許。
二十日　陰　上下午上課三時，標點哲學概論稿二時，夜兆熊等來，又標點哲學概論稿二時。
廿一日　陰　上午在校辦留學生考試事，上課二時，下午睡二時，標點哲學概論稿二時許，夜回信四封。
廿二日　陰　校改文。
廿三日　陰　上午上課二時，午睡後校文至夜。
廿四日　陰　校改文，出外看一影片。

廿五日　晴　上午辦公，中午至樂宮樓，下午校文二時，五時半參加三院討論會，夜校改文三時許。

廿六日　晴　上午辦公二時，下午至港大上課二時完，下期擬不再去上課。夜改校文三時。

廿七日　晴　上午上課二時，下午校文二時，上課一時，夜校文三時。

廿八日　陰　上午上課二時，下午校文二時，開會，夜游雲山約至金城中學晚飯。

廿九日　晴　上午上課二時，下午開留學生會，夜游雲山約晚飯。

三十日　陰　上下午校文，與宗三一函，今日端午，約數友同過節。

卅一日　晴　上下午校文。

六　月

一日　陰　上午辦公二時，校文一時，下午校文一時，開圖書館會，夜約高文顯來晚飯。

二日　陰　上午辦公，下午校文三時，夜校文三時許。

三日　晴　上午上課二時，下午校文一時，開校務會議，夜應港大學生約晚飯。

四日　晴　上午寫信二封，校文二時，下午校文二時。

五日　陰　上午閱宗三文與宗三一函，下午閱卷子。

六日　陰　上下午標點文稿，並寫信。

七日　陰雨　上午至校中辦公，下午睡三時，標點文至夜。

八日　風雨　上下午重閱哲學概論稿四册。

九日　雨　上下午重閱哲學概論稿四册。

十日　晴　上下午上課三時，夜校對文二時許。

十一日　晴　上午上課二時，下午睡，夜閱錢先生兩漢今古文經學考。

十二日　晴　上午閱錢著二時完，張龍鐔來，告以學問勿忘本之義。下午睡，夜閱 Needham 中國科學文化史五六十頁。

十三日　陰　上午上課二時，美麗華中飯，下午及夜閱 Needham 書七八十頁。

十四日　晴　上午辦公二時，下午上課二時，夜閱 Royce: Modern Idealism 四十頁。

十五日　陰　上午閱 Royce 書四十頁，下午港大考試。

十六日　陰　上午開研究所會，下午睡後校文二時許，夜爲孟氏會刋寫一短文二千字說孟子之教育精神費二時，閱 Royce 書四五十頁。

十七日　陰　上下午上課三時，校文二時，夜閱 Royce 書數十頁完。

十八日　晴　上午上課二時，中午孟氏開會。

十九日　晴　上午閱 Needham 書廿頁，下午至中國文化協會爲伍憲子印書事開會，夜閱 Needham 書卅頁。

二十日 晴 上午上課二時，下午開圖書館徵求職員會，夜校刋文。

廿一日 晴 上午至教育司，並校對試題，下午上課二時。

廿二日 晴 上午至校辦公，下午開圖書館會，校對文二時，夜學生來。

廿三日 晴 上午辦公，下午圖書館開會，夜學生來。

廿四日 晴 上下午上課三時，校文二時，夜訪二友。

廿五日 晴 上午辦公上課一時，下午睡後開教務會議，夜閱 Needham 書廿頁。

廿六日 晴 上午寫信四封，有客來，下午睡，夜出外看電影。

廿七日 晴 上午上課二時，下午校文四時。

廿八日 陰 上午與宗三一函並辦公，中午至樂宮樓，下午上課二時，夜校文二時。

廿九日 雨 上午寫告本屆畢業同學書二千餘字，午睡，閱 Needham 書廿頁。夜中文系學生請至瓊華吃飯。

三十日 陰 上午上課二時，下午校文。

七 月

一日　晴　中午赴樂宮樓，午睡，夜哲學會。
二日　陰　上午上課一時，月會，下午校務會，夜閱 Needham 書。
三日　陰　午前爲牟潤孫太夫人逝世至荃灣弘法精舍弔喪，下午出外看電影。
四日　陰　上下午學校辦公並校對文稿，夜閱 Needham 書。
五日　晴　上午辦公校對文稿，下午睡，夜閱 Needham 書。
六日　晴　上午統一畢業考試，午睡後參加一會議，夜佘雪曼來，閱聯合國編之哲學教育一書。
七日　晴　上午至校辦公，下午續閱昨書完，夜參加游雲山約之講會。
八日　晴　上午在校辦公，印人 V.S. Wain Bhaskaranand 來校參觀，約其在家午飯，午睡二時，應研究所約晚飯，夜一學生來。
九日　晴　上午開教務會議，下午校對文二時許，夜佘雪曼約晚飯。
十日　晴　上午校對文二時，下午睡後至人生社開會，夜陳伯莊約晚飯。
十一日　晴　上午辦公二時，閱 Needham 書，下午至夜仍閱 Needham 書，第二册大體完，第一册閱一章。
十二日　晴　上午校中開會，下午睡，閱 Ewing 書 Fudamental Questions of Philosophy，

夜應程、謝約晚飯，歸仍閱 Ewing 書。
十三日　晴　上午閱 Ewing 書一章並辦公，下午閱哲學試卷。
十四日　晴　上午辦公，下午感不適，夜哲教系晚會。
十五日　晴　頭暈知患感冒，下午勉強參加畢業典禮，夜發燒甚劇。
十六日　晴　終日睡，並請一中醫看病。
十七日　晴　今日稍癒仍出汗，廷光亦傳染病傷風了。
十八日　晴　閱三院統一考試試卷十餘冊，頭仍暈。
十九日　晴　上午閱試卷十二冊，下午睡，夜仍閱卷二時許。
二十日　晴　上午閱研究所卷，下午回信二封。
廿一日　晴　上午校對文三時，下午睡。
廿二日　晴　上午校對文下午睡。
廿三日　晴　上午開研究所會，下午校對文四五時。
廿四日　晴　下午出外飲茶並看一電影。
廿五日　晴　上午開研究所會並辦公，下午睡。
廿六日　晴　上午辦公，下午校對文三時許。

廿七日　晴　上午開聘任委員會，下午睡二時，看一電影，夜閱文稿二時。
廿八日　陰　上午至港大與 Rose 商討考試分數，中午蔡貞人約午飯，下午歸。
廿九日　晴　上午校務會議，下午校對文，夜訪陳伯莊。
三十日　晴　上午在校辦公，下午開科學委員會，夜赴高華酒樓，閱雜書。
卅一日　晴　上午至沙田訪游雲山下午歸，夜約本屆及各屆哲教系畢業生來共晚飯，意在使新舊同學相識並在事業上互相扶持，飯後略與彼等談眞學問可爲業餘之義，及事業由人創造之義。

八　月

一日　晴　上午閱文，二友來，下午校刊文。
二日　晴　上午在校辦公，下午至港大開哲學考試會，夜參加麥耀文婚宴。
三日　晴　上午至校辦公，歡迎吉川幸次郎，下午睡。
四日　晴　上午開聘任會，通過聘宗三、幼偉等。下午看一影片。
五日　晴　上午到校辦公，下午與游雲山同赴教育局爲蓮華學校事。
六日　晴　上午辦公開聘任會，下午校刊文。
七日　晴　閱雜書，夜訪陳伯莊。

八日 晴 上午辦公，中午至車里可夫午餐，下午開三院會討論招生事。

九日 陰 上午開教務會議，下午復幼偉、黎正甫及李超然三信。

十日 晴 上午校務會，下午及夜校刋文。

十一日 陰 上午辦公校文，下午睡，有客來訪，夜看電影。

十二日 陰 上午與宗三一函，下午至凌雲寺游雲山所辦之佛學夏令會，夜八時返，二學生來。

十三日 陰 上午辦公，下午睡校對文。

十四日 陰 上午校對文，下午應楊志強約參加復禮興仁會茶會。爲宗三事復港大一函。

十五日 晴 上午辦公，下午校文六時許。

十六日 晴 上午校務座談會，下午寫信，夜訪數同事。

十七日 晴 上午辦公校文，中午應蔡貞人約至宇宙會所，下午校文一時許。

十八日 陰 上午辦公，下午改文並校文六七時，夜覆信三封。

十九日 晴 上午辦公，下午校文二時，夜閱墨家書。

二十日 晴 上午開校務會議，下午校文一時。

廿一日 晴 上午閱唐端正、陳特研究報告，下午閱雜書。

廿二日 晴 上午辦公，下午睡，夜張葆恆約晚飯。

廿三日　陰　上午辦公，下午至夜校對文八時。
廿四日　陰　上午辦公，下午睡，寫論墨子小取文至夜成四千字。
廿五日　陰　上午辦公二時，校稿至下午二時，續昨日文至夜成六千字。
廿六日　陰　上午校文二時，下午續昨文四千字，初稿完。
廿七日　陰　上午召集哲社系二三年級學生談話，下午黃振華來，與宗三、兆熊各一椷。
廿八日　雨　上午一學生來，下午至任國榮處，夜改文五百字。
廿九日　陰　上午辦公，參加暑期藝術班結業禮，下午校文二三時，夜赴樂宮樓祝王佶母壽。
三十日　陰　上午覆楊志強一函，並改前在復禮與仁會講辭。
卅一日　陰　今日起新生口試報到，下午校文四時。

九　月

一日　晴　上下午在校辦公，得母親函並寄來我五十歲生日時母親為我祝賀詩，不禁感傷。
二日　晴　上午至校中口試學生，下午與中文系學生談話，夜閱幼偉一文。
三日　晴　上午辦公，下午校刊文六七時，得母親函。
四日　晴　上午與廷光安安至重慶大厦辦事處，訂一分期付款屋，因其名重慶，宛似家鄉，如母親聞之，當亦較願來港。中午應約至五月花吃茶。至九龍醫院看陳伯莊病。夜約二友人來晚飯。

五日　晴　上下午在校辦公，夜得陳伯莊妹來電話謂伯莊已於醫院去世矣。

六日　晴　晨至伯莊家商其後事，回校辦公，下午辦公後開伯莊治喪委員會，夜寫信二封。

七日　晴　上下午在校辦公，幼偉返港與之談，校對文二時。

八日　陰　上午至九龍殯儀館弔陳伯莊，並送殯至火葬場，下午至教育司爲國慶懸旗事，教育司意欲新亞停掛國旗，我略說懸旗之理由。

九日　陰　上午辦公，下午至重慶大厦辦事處交分期付款之款，並至羅文錦律師樓簽字。

十日　晴　上午辦公，下午兆熊返港來談至夜，數學生來。

十一日　陰　上午有學生來，下午校文三四時。

十二日　晴　上午辦公，下午睡後編制會會議，夜清理書。

十三日　晴　上午教務會，下午辦公並校文二時，夜赴校中宴。

十四日　晴　今日開學並選課。

十五日　晴　上午辦公後至趙先生處，下午指導學生選課，夜赴樂宮樓。

十六日　晴　上午辦公，下午校文二時，赴蕭約處。

十七日　晴　上午開校務會議，下午開伯莊治喪委員會，夜數學生來。

十八日　陰　上午寫信二封，下午整理陳伯莊所擬之叢書及研究所計劃稿。

十九日　晴　上午辦公，下午校文，赴三院聯合會開課程配合會。

二十日　晴　上午辦公，並校文一時許，下午上課一時校文二時並辦公。

廿一日　晴　上午辦公校文二時，下午開編制會。

廿二日　晴　上下午校文共五時，劉百閔來談宗三事。

廿三日　晴　上下午上課三時。

廿四日　晴　上午辦公，下午校文三時，遷移雜物至八時，夜哲學會由我講近數十年之中國思想潮流及此後之方向，深夜二時始睡。

廿五日　陰　上午整理雜物，下午校文二時，看楊門女將一片。

廿六日　晴　上午校文二時，復 Moore 信，下午辦公，夜校中宴柳內滋及吉川。

廿七日　晴　上午辦公校文，下午上課二時，四時開校務會議，決定仍掛國旗，夜至豐澤園。

廿八日　晴　今日校慶，上午紀念會，至羅富國訪阮雁鳴約其教心理學，一時至宇宙會所，下午招待教員，夜晚會。

廿九日　晴　上午校對文，下午財務會，夜校中請董事會商國慶懸旗事，我力主對懸旗事不能讓步。

三十日 晴 上午研究所開會，上課二時，中午至豐澤園，下午上課一時，夜應柳內滋約赴百老匯酒店紅葉飯館晚飯。

十月

一日 晴 上午上課二時，下午校文一時，睡二時許，因連日事多甚倦，夜復奚會暲、陳負東、余英時各一函。

二日 晴 上午校對文，下午睡，夜王書林來。

三日 晴 今日改選課程，夜有學生來。

四日 晴 上午辦公，下午上課二時，開三院課程會。

五日 陰 今日中秋節，夜約數人過節。

六日 晴 上午校文，下午辦公，夜赴樂宮樓歡宴錢先生由美回港。

七日 晴 上下午上課三時，下午四時學校董事會開會，我列席爲國旗事發言。

八日 晴 上午上課二時，下午校務會議，議決國旗事暫忍痛遵港府命令停掛，另組小組會計劃來年不受港府津貼辦法。

九日 晴 上午校文二時，中午應蔡貞人約至新樂商學校事，下午與廷光、安安等沙田一遊，明日爲國慶日，對新亞而言則爲校恥日也。

十日　陰　出外看國旗，下午歸。

十一日　晴　哲社系助教鄭力爲君聞學校不掛國旗，覺理想幻滅欲辭職，念學校辜負青年之理想者甚多，終日爲之不豫，下午缺課。

十二日　晴　上午至校辦公並閱書二時，午睡後開圖書館會，夜有客來談。

十三日　晴　上午辦公，下午睡，學生來，夜中文系系會。

十四日　晴　上下午上課三時，出外看一電影。夜至豐澤園參加一同學婚宴。

十五日　陰　上午上課二時，下午抄改論墨辯小取文三時許。

十六日　陰　上下午抄改昨文四千字，下午睡，改文二時，往機場接宗三。

十七日　晴　上午約宗三午飯，下午招待福特基金會代表，夜應王書林約晚飯並開三院會。

十八日　陰　上午與宗三往訪同事，下午上課二時。

十九日　晴　上下午校文四時，夜與宗三談。

二十日　晴　上午在校並準備課二時，下午睡，夜改墨子小取文三千字。

廿一日　晴　上下午上課三時，校文二時，夜校中同仁歡宴宗三。

廿二日　晴　上午上課二時，中午應錢先生約至豐澤園午飯，下午睡。

廿三日　晴　與宗三同出外看房子，下午歸，夜數學生來。

廿四日　晴　上午辦公並寫信二封，下午寫一悼陳伯莊文二千餘字。

廿五日　晴　上午校文二時，下午上課二時，四時至中國文化協會參加伍憲子週年紀念會。

廿六日　晴　上午校文一時許，復友人信二封，下午開教務會議，至王道處晚飯。

廿七日　晴　上午校文二時，下午上課一時，開研究所會，夜至豐澤園。

廿八日　晴　今日重九，上午爲宗三租屋事與房東交涉，下午睡，抄文二千餘字，夜抄改文二千字。

廿九日　晴　上午上課二時，下午出外看電影。

三十日　晴　與哲社系學生遊青山，下午歸。

卅一日　晴　上午辦公，午睡後改文二時，夜改論墨辯文三、四千字。

十一月

一日　晴　上午校文二時，下午上課二時，抄文二千字，夜至豐澤園應友聯社約。

二日　晴　上午備課二時，下午上課二時，夜看一京劇電影。

三日　晴　上午備課二時，下午上課一時，參加茶會。

四日　晴　上午上課二時，下午睡，自五時起標點及改正論小取文至夜十一時乃畢。

五日　晴　上午上課二時，中午佘又蓀招宴，下午參觀趙鶴琴畫展，夜思香港講學問題。

六日　晴　與宗三夫婦等至沙田錢先生處午飯，下午歸至校中開會招待夏威夷大學來人，夜哲學講會由宗三主持，十二時畢。

七日　晴　上午辦公並校文二時，下午睡二時，夜抄文五時。

八日　晴　下午上課二時，開修改學則會議。至豐澤園賀吳士選六十生辰，與宗三等同往看京劇電影。

九日　晴　上午復友人信二封，下午睡，五時招待哈佛代表茶會，夜同至豐澤園。

十日　陰　上午備課，閱劉百閔一文，下午上課一時睡一時。

十一日　陰　上午上課二時，中午歡迎由臺來一同事至豐澤園，歸來睡，午後至校辦公，夜看校中演京劇。

十二日　陰　孫中山先生生日，校中下午舉行紀念會。

十三日　陰　改十年前文化講座所講之辯證法之類型講演紀錄稿成一文共一萬字，下午看京劇電影。

十四日　陰　上午寫信一封，閱書一時許，下午看川劇投江一片，續有客人來，夜爲南洋同學會寫短文一千字。

十五日　晴　上午至圖書館閱 White: Toward The Reunion of Philosophy 卅頁。下午校文二時，夜看一福建戲電影。

十六日　晴　上午校對文，下午與徐佛觀一論學信三千字，夜看安徽戲電影。

十七日　晴　上午辦公準備課，下午上課一時，夜看河南戲電影。

十八日　晴　上午備課校對文，下午陳伯莊治喪會開結束會。

十九日　晴　上午上課二時，中午中文系約敎師中飯。午睡，夜鍾天心請吃飯，訪一自臺來新同事。

二十日　晴　達道約中飯，晤見竺摩法師自南洋來，午睡後閱 Suzuki: Mysticism, Christianity and Buddhism 一書卅頁。

廿一日　晴　與佛觀一函，校文二時，夜應董之英約至花都酒樓晚飯。

廿二日　晴　上午備課兼校文，下午上課二時，校文一時許。

廿三日　晴　上午擬全校及文學院課程說明，午睡一時，開圖書館會議，並校文二時許，閱 Suzuki 書一時，正文完。

廿四日　晴　上午修改課程總說明，整理雜物，下午上課一時，閱圖書館書目錄。

廿五日　晴　上午上課二時，下午辦公，夜應藝術系教師約在潮州酒家吃飯。

廿六日　晴　上午上課二時，下午校文二時，午睡，夜至大專公社講演二時許，題爲今日之東西文化相互了解之意義及態度。

廿七日　晴　李國鈞約游新界，上午出發晚歸，夜校文一時。

廿八日　晴　上下午辦理聘物理學教師及助教事，五時開校務會議，夜看電影。

廿九日　晴　上午開書目，下午上課二時，列席董事會，夜閱華嚴經及呂氏春秋。

三十日　晴　上午閱佛書，下午睡，開研究所會，夜閱唯識書。

十二月

一日　陰　上午開書目，下午上課一時，閱佛書，夜閱呂氏春秋。

二日　陰　上午上課二時，夜閱成唯識論述記。

三日　晴　上午上課二時，下午看一影片，夜閱成唯識論述記。

四日　晴　上下午閱校哲學概論稿，夜宗三、兆熊及學生來談。

五日　晴　上午校文，中午至京華午飯，祝趙冰先生七十壽，歸來校文二時，夜校文一時。

六日　晴　上午校文辦公，下午上課二時，校文二時。

七日　晴　上午查購哲學書，下午辦公。
八日　晴　上午準備課，下午上課一時，夜校文二時。
九日　晴　上午上課二時，中午開新亞社員會。
十日　晴　學校旅行大埔，下午歸。參加佛教文化藝術會。
十一日　晴　上午校文。
十二日　晴　上午校文二時許，下午開三院會，夜至豐澤園晚飯。
十三日　晴　上午校文二時許，下午上課二時，夜閱雜書。
十四日　晴　上午辦公校文，下午校文一時許，研究所開會，夜閱雜書及成唯識論述記。
十五日　晴　上午開參考書目，下午上課一時，睡二時，夜哲學會。
十六日　晴　上午上課二時，下午睡後開編制會。
十七日　晴　上午上課二時，下午參加聯合書院畢業禮，夜參加南洋同學會二週年紀念會。
十八日　晴　上午閱成唯識論述記，下午睡，夜閱成唯識論述記。
十九日　晴　上午校文辦公，午睡，四時開教務會，夜參加生物系系會。
二十日　晴　上午校文二時，上課二時，夜閱成唯識論述記。
廿一日　晴　上午整理書目，下午圖書館開會，參加研究所月會，夜校中請吃晚飯。

廿二日　晴　上午校文，參加月會，下午上課一時，夜閱唯識述記。

廿三日　晴　上午校文，下午閱唯識述記一册，夜宗三約晚飯，參加京劇社晚會。

廿四日　晴　上下午閱唯識論述記二册，夜兆熊、宗三等來談。

廿五日　陰　遊沙田下午歸，夜閱唯識論。

廿六日　陰　閱唯識論述記二册，夜參加新亞夜校晚會。

廿七日　陰　閱唯識論述記一册。

廿八日　晴　上下午在校辦公並查書目，夜閱唯識論述記半册。

廿九日　陰　上午閱成唯識論述記，下午上課一時，校改文四時。

三十日　晴　上午上課二時，下午回信二封，有客來談，校文二時。

卅一日　陰　上午校文二時，下午睡，至人生社開會，夜校中除夕晚會。

民國五十年（一九六一年）

一月

一日　陰　上午宗三來談，中午大專教員聚餐，夜閱唯識論述記。

二日　陰　上午閱唯識論述記，明日廷光生日，下午至太平山頂一遊，歸至北來順晚飯。

三日　陰　上午準備課二時，下午上課二時，夜閱述記半冊。

四日　陰　上午校文，下午辦雜事睡二時，晚陳佐舜約晚飯商民評事。

五日　晴　上午準備課，下午上課一時，夜哲學會。

六日　晴　上午上課二時，下午睡二時，英國大學聯會委員來參觀，夜由三院聯會招待至樂宮樓晚飯。

七日　陰　上午上課二時，午睡後有二客來，夜抄改文三千字名知識智慧與德行。

八日　陰　上下午改昨文二千字，夜宗三等來談。

九日　晴　上午閱雜書，下午開科學委員會，夜閱佛經。

十日　晴　上午至圖書館查書，下午上課二時。

十一日　晴　上午閱雜書，下午上課一時，開研究所會，夜閱唯識述記。

十二日　晴　上午上課二時，下午金達凱來。

十三日　晴　上午上課二時，下午將校對稿交友聯。

十四日　晴　上午上課二時，下午友人來，夜閱唯識述記半册。

十五日　晴　上午至沙田游雲山處，午後七時歸，夜二、三學生來。

十六日　晴　上午辦公，夜閱唯識述記一册。

十七日　晴　上午辦公，下午上課二時，夜閱述記一册。

十八日　晴　上午辦公，下午至夜閱述記一册。

十九日　晴　上午辦雜事，下午上課一時，夜看一電影。

二十日　晴　上午上課一時，月會，下午三院聯會開會，夜閱成唯識論述記半册，此書已粗略閱完。

廿一日　晴　上午上課二時，下午閱雜書。此間畢業生治哲學而在校中服務者，唐端正尚切實但多膠滯，陳特平順而未能深入，蕭世言讀書用心頗縝密，而世俗功利之見深，鄭力爲堅毅爲學而拘固，李杜篤厚而有悟會，然皆慧解不足，缺超拔之胸襟，與狂者之氣慨，惟狷介皆差足自守，此皆非敎之所能爲力，惟待彼等之自求進境，亦無可如何者也。夜閱楞伽疏決一卷。

廿二日　陰　上午閱楞伽疏決十頁並移動書物，下午至王弼卿處看扶乩，夜至豐澤園何佑森婚宴。

廿三日　陰　上午開敎務會議，下午閱試卷及辦雜事，夜閱楞伽經完，閱涅槃經約二册。

廿四日　晴　上午至校辦公，下午與錢先生談校務，夜閱涅槃經及太虛全集。

廿五日　晴　上午至校辦雜事，下午三院聯合會，夜閱瑜伽師地論一册半。

廿六日　陰　上午與廷光過海購七弦琴，並至書店購書。下午閱瑜伽師地論半册，夜約數同學晚飯。

廿七日　晴　上午至校辦公，下午校務會議，夜閱瑜伽師地論半册。

廿八日　晴　上午開留學生考試委員會，下午校刊文二時。

廿九日　晴　上午校對墨子小取篇論辯辨義文，夜閱瑜伽師地論半册。

三十日　晴　上午閱卷子，傷風，下午閱瑜伽師地論一册。

卅一日　晴　上午閱瑜伽師地論一册，下午約哲社系一、二年級學生來談，夜閱閱瑜伽師地論一冊。

二月

一日　晴　終日閱瑜伽師地論二冊。

二日　晴　上下午閱瑜伽師地論二冊。

三日　晴　閱瑜伽師地論二冊。

四日　晴　上午至校辦公，閱瑜伽師地論二冊。

五日　晴　上午至赤柱酒店閱徵文卷，夜閱瑜伽師地論半冊。

六日　晴　上午至校辦公，下午閱瑜伽師地論一冊，夜至豐澤園。

七日　晴　上午至校辦公，下午三院聯合會，夜閱瑜伽師地論。

八日　晴　上午至校辦公，下午至夜閱瑜伽師地論二冊。

九日　晴　上午辦公，下午至夜閱瑜伽師地論二冊。

十日　晴　上午開研究所會，下午校對文，夜閱瑜伽師地論。

十一日　晴　上午辦公，下午閱瑜伽師地論一冊，夜宗三來談。

十二日　陰　終日閱瑜伽師地論完，此書已粗略閱完，未能細分別其義理也。

十三日　陰　上午辦公，下午閱梅光羲編百法義錄。

十四日　陰　閱百法義錄完。閱梅光羲編五重唯識觀注完。今日農曆除夕，夜約宗三及數學生共度歲。

十五日　陰　農曆元旦，學生及他人來拜年者相續不斷，未作事。

十六日　陰　仍未作事，夜至豐澤園參加新亞聚餐會。

十七日　陰　仍相續有人客來。

十八日　陰　雨，上午三院開會，下午至趙先生等處拜年，夜閱歐陽竟無先生唯識講義。

十九日　陰　上午閱唯識講義，下午看一電影，夜閱唯識講義。

二十日　陰　上午辦公，下午睡，閱唯識講義完，夜宗三約晚飯。

廿一日　陰　上午辦公，下午參加三院受憑典禮。

廿二日　陰　今日開學，並指導學生選課。

廿三日　陰　今日仍指導學生選課，夜閱相宗要解。

廿四日　陰　上午上課二時，下午過海交所得稅，並至集古齋代學校購佛學書若干種，夜閱相宗要解。

廿五日　陰　上午三院聯合會，下午睡一時，閱華嚴原人論會解三時完。

廿六日　晴　下午至牛頭角一遊夜歸，閱觀所緣論完。
廿七日　晴　上午至校辦公，下午至校中閱呂澂著印度佛學史，夜有學生來。
廿八日　晴　上午辦公覆 Moore 一函，下午擬哲社系計劃，開財務會議，夜看一電影。

三月

一日　晴　上午辦公，下午學生來，閱攝大乘論無性釋至夜完。
二日　晴　上午學校辦公，下午閱辯中邊論完，夜哲學會至十二時。
三日　晴　上午校務會議，下午三院會議，夜看一電影。
四日　晴　上午閱日人著百法略義二時，下午及夜續閱此書完。
五日　陰　終日閱顯揚聖教論二册餘。
六日　陰　上午校中辦公，下午至夜閱顯揚聖教論一册餘完。
七日　陰　上午辦公，下午復景嘉及過鍾粹函睡二時，夜民評社至遠東聚餐。
八日　陰　上午閱大乘莊嚴論，下午開三院課程會，夜閱大乘莊嚴論及集論粗略閱完。
九日　陰　上午至校中辦公，下午至夜粗閱雜集論完。
十日　陰　上午開發展委員會，下午中國文化會開會，夜共晚餐。

十一日　陰　上午上課二時，下午睡，至集古齋購書，並赴唐氏宗親會開會並晚飯，歸來閱密嚴經疏一册。

十二日　陰　上午閱密嚴經疏一册，下午完，夜閱佛性論粗閱一度完，並翻閱究竟一乘定性論一通。

十三日　晴　上午辦公，下午閱太虛法師全書。

十四日　陰　上午辦公，下午上課二時。

十五日　陰　上午辦公，開文學院各系主任會議，下午擬文學院發展計畫，開研究所會，夜中國文化協會開會。

十六日　陰　上午至港大參加五十週年典禮，下午上課一時，閱太虛法師全書一時許。

十七日　陰　上午上課二時，下午改文學院計畫書，夜爲哲學概論寫勘誤表。

十八日　陰　上午上課二時，下午爲哲學概論寫勘誤表，夜爲蕭輝楷主婚並參加婚宴。

十九日　陰　上午參加學校招待英國顧問會，下午爲哲學概論寫勘誤表並閱印稿，夜兆熊來。

二十日　陰　上午閱雜誌，並閱哲學概論印稿一時。

廿一日　陰　上午校對文二時，下午上課二時，夜校中歡宴雅禮之一董事夫婦。

廿二日　陰　上午辦公校對文二時，下午與 Moore 一函，閱雜書。

廿三日　陰　上午校文二時，下午上課一時，四時茶會招待加大教授 Piatt。

廿四日　陰　上午英國顧問 Duff Mellanby 來校，下午開圖書館會。

廿五日　晴　上午研究所上課三時，下午補哲學概論課二時，夜中華國樂會來校演奏，中午黃熙來談，呼籲救濟大陸同胞事，下午王道來談人生社事，今日所經事務稍多，夜久不成眠。

廿六日　晴　上午與兆熊同至北角看屋房，下午睡二時，夢見母親來港並見弟妹等。

廿七日　晴　上午寫一英文短文未完，月會，午後二時至豐澤園午飯，四時開留學生會議，夜休息，明爲母親七十三歲生日，夜祭祖先。

廿八日　晴　上午續英文短文完約千餘字，中午約加州大學哲學教授 Piatt 及王書林等共午餐，下午睡並鈔哲學試題二時許，夜鈔英文短文，應 Moore 約紀念 Datta 者。

廿九日　晴　上午辦公，中午約 Piatt 午餐。

三十日　晴　上午辦公並至移民局爲梅貽寶作證，下午上課一時，夜看電影。

卅一日　晴　寫老子言道之六義及其貫釋一文，成草稿八千字。

四月

一月　晴　續昨稿六千字完，容以後細改，終日皆有客來。

二日　晴　爲哲學概論作勘誤表，夜看一影片。

三日　晴　上午準備文憑考試試題，午後校文一時，開教務會議三時。

四日　晴　上午辦公，中午李獻璋來，下午參加學校中茶會，爲哲學概論下卷作勘誤表，重看半册。

五日　晴　重閱哲學概論下册一次，勘誤表完成。

六日　晴　上午辦公，下午上課一時，中國文化會開會，呼籲救災事，夜哲學會至十二時。

七日　晴　上午上課二時，下午睡，四時與數學系學生談話，夜赴港大音樂會。

八日　晴　上午上課二時，四時至校中與浸會之韋伯樂談，夜閱海潮音並看電影。

九日　陰　連日頗感疲倦，以事太多之故。

十日　晴　上午辦公，下午李獻璋講演，夜約彼及其他數友晚餐。

十一日　陰　上午至九龍殯儀館弔孫鼎宸岳母喪，歸校開會，下午上課二時，開財務會議。

十二日　陰　上午辦公，下午睡夜整理雜物。

十三日　陰雨　上午辦公，下午上課一時，至機場送二英國顧問行，夜兆熊來談。

十四日　陰　上午上課二時，下午校對哲學概論勘誤表。夜閱海潮音數卷。

十五日　陰　上午上課一時半，下午閱海潮音。

十六日　陰　上午擬人文學會之宗旨及計劃。下午看電影，夜友人來。
十七日　陰　上午辦公，下午睡，夜閱窺基百法明門論解及普光疏。
十八日　陰　上午辦公，下午上課二時。
十九日　陰　上午辦公閱雜誌，中午至豐澤園請高士雅吃飯，歸來睡二時，夜與宗三及王道商人文學會事。
二十日　陰　上午教務會議，下午上課一時，夜閱中國佛教史論集一時許。
廿一日　陰　上午陳佐舜來談人文學會事，約之午飯，下午睡二時，夜看電影。
廿二日　晴　上午研究所上課二時，下午睡，閱中國佛教史論集。
廿三日　陰　上下午閱太虛大師全書二册，四時後至宗三處商人文學會事，夜閱太虛大師全書一册。
廿四日　陰　上午校中辦公，下午睡二時，閱太虛大師全書二册。
廿五日　晴　上午辦公，下午上課二時，開校務會議，夜改人文學會緣起。
廿六日　晴　上午辦公並閱太虛大師全書；下午至中國文化協會與許孝炎談救災宣言撰集救災文章事，夜閱雜文。
廿七日　晴　上午改緣起譯稿，並譯預算表，下午上課一時，四時研究所月會，夜整理人文學會譯稿，由廷光及安安代打字。

廿八日　晴　上午辦公閱太虛全書，與兆熊、幼偉談人文學會事，下午睡。

廿九日　晴　上午開大學組織法會，下午看電影。哲學概論書已印好，送來若干冊，至宗三處，夜兆熊來。

三十日　晴　上午校改哲學概論錯字，存改定本上下冊各二冊，下午至新雅酒樓參加復禮興仁會開會。夜將哲學概論清樣撕去，只存序言及目錄，以書出版而清樣撕去，亦如新人之代舊人，然此舊人實爲新人之母，以此頗有感慨，並覺有一不忍之感。

五月

一日　晴　上午辦公，下午閱雜書，夜至機場接梅貽寶。

二日　晴　上午辦公閱雜誌，下午上課二時。

三日　晴　上午辦公，夜應韓慶濂約至樂宮樓晚飯。

四日　晴　上午辦公，下午上課一時，商校中事，七時至人生社晚餐，夜哲學會歡迎梅貽寶談話。

五日　晴　上午上課二時，下午睡二時，至青年會開三院會。

六日　晴　上午上課二時半，下午睡二時，夜至樂宮樓晚飯。
七日　晴　與梅貽寶夫婦王道夫婦程兆熊等同遊大埔半春園，歸來睡。
八日　晴　上午辦公，下午睡一時，招待梅貽寶茶會，並請其作講演，夜閱雜書。
九日　晴　上午辦公，準備一講演稿，下午上課二時，夜閱海潮音。
十日　晴　上午辦公，下午睡一時，研究所開會，夜抄文二千五百字。
十一日　晴　上午改文二時半，下午上課一時，友人來，四時後返家，改抄辯證法之類型講稿至夜十時完。
十二日　晴　上午至機場送梅貽寶，上課二時，下午睡後開會，夜重修改辯證法之類型二段。
十三日　晴　上午再改昨文三時，下午文化講演會，講哲學研究法二時。
十四日　晴　上午與廷光及錢、吳、楊等先生應盧子葵約至清水灣西貢等地遊。夜宗三來談，謂港大望其不要兼新亞課，實則宗三乃新亞先聘，其去港大以兼新亞課為條件，今欲其不兼課，殊無禮已極。
十五日　晴　上午至校中辦公，並與吳士選商理學院聘教員事及我擬辭教務長事及宗三事。下午至三院聯合會開哲學專科會議二時，夜重校辯證法之類型文二時。
十六日　晴　上午寫一函與錢、吳二先生辭教務長職。中午應陳佐舜約至雪園商東方人文學會事，下午上課二時，任國榮來談。

十七日　晴　上午至校辦公，下午教務會議三時，夜謝康約晚飯，夜閱新亞學報。

十八日　晴　下午上課一時，開校務會議三時半，夜有友人來談。

十九日　風雨　上下午鈔改老子之道之六義文六千字。

二十日　晴　上午上課二時，鈔改昨文二千五百字，下午至夜又鈔改文二千五百字。

廿一日　雨　上午鈔改文二千五百字，下午與中文系學生遊船，八時許歸，鈔改文二千五百字。

廿二日　陰　終日鈔改老子文七千五百字。

廿三日　陰　上午鈔文一千五百字並辦公。下午孟氏圖書館茶會，歸來整理雜物。

廿四日　陰　上下午改學生所記我前日之講演及鄭力為之讀哲學概論之一文，夜改人文學會之組織綱要三時。

廿五日　晴　上午辦公，下午上課一時，辦公二時，下午至夜抄智慧與德性一文千字。

廿六日　晴　上午上課一時，中午招待 Stanford 來此之代表，下午友人來，夜抄文三千字。

廿七日　晴　上午上課二時，下午參加文化講演會，又上課二時，夜丁懿安來談，抄文一千字。

廿八日　晴　終日抄改文七千字。

廿九日　晴　上午至校辦公，下午睡二時，五時後標點並改昨所抄之文至夜十時。

三十日　晴　下午上課二時，開社會學系會，夜看一電影。
卅一日　晴　上午辦公，下午至夜改寫知識與智慧文後半七千字。

六　月

一日　陰　上午續昨文二千字完，下午上課一時許，閱荀子。
二日　陰　上午上課二時，下午一友來，夜標點文二時。
三日　陰　上午上課二時，下午閱熊先生近著明心篇。
四日　陰　與廷光、安安、李國鈞等遊青山寺，夜歸，兆熊來。
五日　晴　上午閱某譯一介海德格哲學文，下午辦公，夜標點論老子文。
六日　晴　上午辦公，下午上課二時，開會二時，夜標點論老子文。
七日　晴　上午辦公，下午至校中招待教部督學，夜應謝鏡吾約晚飯。
八日　晴　上午辦公，下午上課一時半。
九日　晴　上午上課二時，下午再改寫知識與智慧文三千字。
十日　晴　上午上課二時，下午聽宗三講演，補課二時。
十一日　陰　改智慧與知識文七千字。

十二日　晴　上午開教務會議，午後睡二時，至夜改文並標點文六時。

十三日　晴　上午辦公並標點文，下午上課二時。

十四日　晴　上午辦公，下午至夜寫中華民族之花果飄零五千字。

十五日　晴　續寫昨文六千字，四時開圖書館會議。

十六日　晴　上午上課二時，下午開校務會議。

十七日　晴　改前日之文至下午四時，夜約兆熊及數學生來同過端午。

十八日　晴　改文至下午三時畢。

十九日　晴　上午再標點昨文二時許，閱書二時，下午睡，夜訪Seizer並約之晚飯，十一時歸。

二十日　晴　上午閱禪宗書，下午上課二時，四時後約 Seizer 來茶會，夜與宗三談是否返新亞任教事，彼仍偏在港大。

廿一日　晴　上午標點文，下午與 Seizer 至王弼卿處，歸來睡，夜又至王處看扶乩。

廿二日　晴　上午標點文，下午開三院會，今日為父親逝世三十年忌日，焚香祭奠，孔子像在神位側，念父親一生信孔子之道，今像在側，我雖不肖，未忘父親之教，父親在天之靈亦當有所慰矣。

廿三日　晴　上午上課二時，下午改智慧之性質一文至夜，至葛蘭酒店應張葆恆、王佶約晚飯。

廿四日　晴　上午上課二時，下午改智慧之性質一文五時許完。

廿五日　晴　至下午四時重標點改正智慧之意義及其性質一文。
廿六日　晴　上午辦公，下午閱 Contemporary Indian Philosophy 書中四文。
廿七日　晴　上午重閱所著文，下午睡，閱中國科學史論集，夜出外看一電影。
廿八日　晴　上午開校務會議，下午睡，閱中國佛教史論集。
廿九日　晴　上午開哲學考試會，下午閱試卷，夜至百樂酒店。
三十日　晴　上午辦公，下午校對文。

七　月

一日　晴　上午中英文比賽發獎典禮，中午研究所於豐澤園午餐。
二日　晴　上午寫人生之顛倒相。
三日　晴　上午辦公，下午聘任會，哲社系原擬推介王書林，但為人所反對，乃推介古梅與謝汝逵。
四日　晴　上午辦公，下午閱試卷至夜。
五日　晴　上午開研究所會，下午約謝汝逵來談，夜參加運動員聚餐會，寫告新亞畢業同學書千五百字。

六日　晴　上午改昨日文成二千五百字，下午閱試卷，夜哲學會。

七日　晴　上午辦公，夜中文系系會並晚餐。

八日　晴　上午研究所會，中午至豐澤園，下午睡，夜友人來。

九日　雨　與廷光、安安、兆熊等至沙田一遊並至游雲山處，夜民評社約晚飯，並商民評社事。

十日　晴　上午辦公兼復友人信二封，下午教務會，夜哲學系歡送畢業同學晚會。

十一日　晴　上午開校務會議，下午閱試卷，夜蕭世言約晚飯。

十二日　陰　上午與宇野精一一函，王道來談，下午出外看電影，夜復友人信二封。

十三日　晴　中午校中宴亞洲基金會代表，下午睡兼閱卷，夜應畢業同學會約至漢宮樓。

十四日　雨　上午約李杜來談，下午睡二時，夜哲學系約晚飯至高華酒店。

十五日　晴　上午辦公，下午畢業典禮，夜畢業同學晚會並晚餐。

十六日　陰　上午思人文學會事，下午睡二時，閱荷人高羅佩所著中國古琴之一書。

十七日　晴　上午辦公並改學生文卷，下午在家，時有客人來訪。

十八日　晴　上午辦公，下午寫間隔感虛無之用及中國藝術一文，成四千字。

十九日　陰　上午辦公並校改昨文二時，下午睡，夜閱雜書。

二十日　晴　上午重改正並標點前日之文，下午陳佐舜來，後出外看一影片。
廿一日　晴　上午辦公，下午睡，四時約哲社系學生來家茶會。
廿二日　晴　上午中文大學委員會來校參觀，下午睡後整理人生之體驗補篇稿。
廿三日　晴　與兆熊、袁稅伯等同至大嶼山看地，夜九時返。
廿四日　晴　續寫人生之顚倒相文二千字，有友人來。
廿五日　晴　上午至校中晤一印度哲學家，下午校刋文，並續寫昨文至夜成五千字。
廿六日　晴　上午開校務會議，我辭教務長事已通過，由吳士選兼任，下午續寫文二千字。
廿七日　晴　上午校對文，下午出外看校地，寫文五百字，夜續寫五千字。
廿八日　晴　上午續昨文千五百字完，共約二萬字，尚須改，下午與廷光及安兒至太平山頂一遊，夜歸改文二時。
廿九日　陰　上午校對 Moore 所寄來東西哲學家會議我所宣讀之文稿。下午復 Moore 一函，並爲宋哲美之世界文學家傳寫一序一千字。
三十日　陰　與廷光、兆熊等至大埔看果園地，下午五時返，夜改與 Moore 信。
卅一日　陰　上午辦公，下午睡後閱密宗大手印，夜約教務處職員及吳士選在家便飯。

八月

一日　晴　上午到校辦公，下午相續來客。

二日　晴　上午改及標點人生之顚倒及復位文，宗三等來，下午睡後續改文，夜閱汪政權之開場與收場書一册。

三日　陰　上下午改人生之顚倒與復位完，夜哲學會開會。

四日　陰　上下午重閱人生之體驗續篇諸文，並加以整理，夜作一序約千七百字。

五日　雨　上下午整理人生之體驗續篇，下午弔孫國棟之母喪，夜參加古琴及平劇社晚會。

六日　陰　上下午續人生之體驗續篇序成四千字，擬改書名人生之沉淪與起升。

七日　晴　上下午重閱續篇文並改正標點。

八日　晴　上午開教務及校務會議，下午出外看愛的教育影片。

九日　晴　上午與劉泄英先生、徐佛觀、胡蘭成等函，改人生之體驗續篇序一千字，中午楊紹震來午飯，下午睡，夜至王道處商人文學會事。

十日　陰　上午與宇野精一、羅時憲等數函，下午至崇基開三院教務談話會，五時許返。

十一日　晴　上午至校辦公，下午復 Mr. Hollister 一函及黃振華一函，夜看一電影。

十二日　陰　上午至港大開哲學小組考試會，並至港大圖書館查目錄，午後校對文。

十三日　陰　上午抄雜誌目錄，下午整理書物，夜應許孝炎約晚飯。

十四日　晴　上午與兆熊至大埔墟理民府，下午至移民局，夜整理筆記三時。

十五日　晴　上午抄錄札記，下午開財務會議，夜約水野勝太郎、柳內滋等晚飯。

十六日　晴　上午至大埔理民府，下午校對文稿，睡。

十七日　晴　上午開研究所會，下午整理雜物。

十八日　陰　上午至移民局，並至海關辦事處打針，兼取眼鏡，下午校對文稿，夜宗三處晚飯。

十九日　陰雨　上午至校中整理文件，校對文稿，下午整理雜物，有學生及友人來。

二十日　陰雨　終日有學生友人來，寫信二封，下午排課，夜整理雜物。

廿一日　陰　上午至校中辦雜事，下午有學生及友人來。武元亮寄來熊先生乾坤衍，先生其衰矣，爲之慨嘆。

廿二日　晴　上午辦教務長交代由吳士選繼任，並辦校中諸雜事，下午整理雜物，時有客來。

廿三日　晴　上午與廷光、安安乘機飛臺北，中午十二時達，下午首參拜孔子聖廟，並經臺大、師大訪謝幼偉及趙文藝家。

廿四日　陰雨　上午謁方東美先生並去吳士選家，又至碧潭烏來一遊，以雨阻返至劉泗英先生家午餐，下午至北投一遊，夜四川同鄉多人約於愉園晚飯。

廿五日　陰　今日陽明山會談第一次，終日聽政府首長報告。

廿六日　晴　今日開會，上下午皆綜合性討論，夜趙文藝約晚飯，學生友人等來。

廿七日　晴　今日星期與廷光、安安乘車至柯樹屏處，便道遊指南宮，下午歸，夜遊碧潭。

廿八日　晴　今日仍有綜合會談，我發言論共黨問題為文化問題，及政府人物之精神應自求開朗，夜劉季洪約晚飯，又應鄭彥棻約。

廿九日　晴　今日分組討論教育問題，我根據一中學教員之信發言，謂中學教員應有進修之研究機會，中午石超庸約午飯，夜友人及學生來。

三十日　晴　上午仍分組討論教育問題，下午綜合討論分組所提問題，中午應鄧靜華及梅恕曾二處約午飯，夜蔣總統宴客。

卅一日　晴　今日綜合會談，夜陳副總統宴客，並看崑曲，連日每日皆七時即起，日間開會六時，且時有約會及友人來訪，甚感疲倦。

九　月

一日　晴　上午有友人相續來，下午至國防研究院講當前時代文化問題，夜至女子師範應道德勵進會之約講人文世界與道德世界。

二日　晴　與會談人士同乘機至花蓮遊，並參觀二工廠，午後六時乘機返，夜應方東美先生約晚飯。

三日　晴　與會談人士同乘機至高雄等地遊，並參觀海軍學校及二工廠，參觀鋁廠時，廷光見其舊同學朱蘭訓，六時許返臺北，夜應約晚飯。

四日　晴　上午應教育部約在藝術館講演中西文化之衝突及協調。王玉圃及張夢九約午飯，飯後至佘家菊處談，晤見陳善新及陸崇仁，繼訪梁寒操、吳康，及李定一，八時應李滿康約晚飯，十時返舍。

五日　晴　上午乘車至臺中，佛觀等來接，同至東海，午睡後與佛觀談，兼訪東海同事。

六日　晴　上午吳校長約早餐，與佛觀同參觀博物館，中午佛觀約午飯，下午出遊昆盧寺，夜劉逑先、蔡仁厚、周羣等共約晚餐，餐後東海學生數十人來談。

七日　晴　與佛觀父女及孫夔如等同遊日月潭，夜返臺北。

八日　晴　上午應中央黨部約談香港文化問題，下午至書店購書，夜文藝協會及吳兆棠約晚飯。

九日　晴　上午易陶天、唐新來談，訪僑務委員會及教部，下午訪張岳軍與談政府人物精神應開朗恢廓之理一時許，夜陳康太太約晚飯。

十日　晴　與柯樹屏等遊福隆，下午三時許歸，黃季陸來談研究所事並與談哲學，夜鄧文儀約晚飯。

十一日　晴　晨陳𨓏光來訪，上午張彝尊等來訪，中午唐新及華仲麐同約午飯，下午與蔣經國一談文化與政治應相對獨立之理，夜姚湛清約晚飯。

十二日　風　上午未出門，下午與佛觀同至中央黨部晤唐乃健與談文化應獨立於政治之外之理，夜訪朱騮先未遇，蕭贊育來談。

十三日　晴　上午至臺大訪張彝尊爲安兒請假，後赴明德新村訪劉泗英先生等，下午訪李天民及任覺五等。

十四日　陰　上午至歷史博物館及中央圖書館參觀，下午一時半自臺北起飛返港，兆熊等來接，宗三來談。

十五日　晴　上午至校訪諸同事，下午及夜皆有學生來。

十六日　陰　至校訪諸同事，下午至兆熊處談，夜校中若干同仁約於樂宮樓晚飯。

十七日　陰　上午與胡蘭成、周開慶、李滿康、劉泗英及佛觀、景嘉、趙自強等各一函，夜至兆熊處談。

十八日　晴　本日上午開學典禮，下午辦公，夜約兆熊家中人來晚飯。
十九日　晴　上下午選課，中午校中宴陳大齊及陳源，夜與廷光安兒看一影片。
二十日　陰　晨校文二時，至校中辦公，下午再至校辦公並訪游雲山及陳大齊。
廿一日　陰　上午校文二時許，中午至王道處與陳佐舜談，歸來校文二時許。
廿二日　晴　上午校刊書籍錯字，下午睡二時，六時教育司 Donahue 約酒會與幼偉同去，八時許返。
廿三日　陰　上午在校辦公，下午續有客來，午後看京劇電影，夜應三院聯合會約至月宮晚餐。
廿四日　陰　上午回信一封，校文二時，有學生來，下午亦有客來，睡一時許，夜約數學生共度中秋。
廿五日　晴　上午校對文二時，下午睡，五時與兆熊同至大埔爲農場事宴馬君，十時返。
廿六日　晴　上午到校辦雜事，下午睡二時，三時半中山優來校，夜請兆熊家人同看楊門女將。
廿七日　陰　上午上課二時，下午四時校務會議，夜胡應漢來，與劉季洪一函，商梁先生之來事。
廿八日　晴　上午校慶及孔子紀念，我代表教授講話，下午三時英教育顧問 Con 來校參觀並茶會。
廿九日　陰雨　晨送安安到機場赴臺，入臺灣大學。中午校中招待中山優及顧翊羣，下午上課一時，與安安及柯樹屏各一函，夜未作事。

三十日　陰　上午上課一時，下午請顧季高講演，夜人生社請客。

十　月

一日　晴　上午移動書物，下午整理雜物，夜約中山優、顧季高、厤生等晚飯。

二日　晴　上午上課二時，下午睡，六時茶會，夜亞細亞大學約晚飯。

三日　晴　上午至校辦公，午睡後開教務會議，夜校對文。

四日　晴　上午上課二時，下午睡二時，夜參加亞洲會約半島酒店酒會。

五日　晴　上午改文二時許，下午上課二時，參加茶會，夜哲學會由我講。

六日　晴　上午寫六大宗教了解堂一文至下午二時許完。上課一時，校對文二時，夜看電影。

七日　晴　上午改昨日文完，與 Moore 一函，中午至豐澤園與王佶餞行，下午改在臺國防研究院所講當前世界之文化問題紀錄稿，夜八時應鄭月波約至瓊華晚飯，十時許返。

八日　晴　上下午續改講演紀錄稿至四時乃畢。至黃祖植處一坐，夜校對人生之體驗續篇稿二時。

九日　晴　上午上課二時，下午改講演稿及校稿三時許，四時半開財務會議，夜整理雜物。

十日　晴　今日國慶上午至樂宮戲院參加紀念會，下午睡後與廷光遊車河看國旗並看一電影。

十一日　晴　上午上課二時，下午睡，開校務會議二時，夜思哲學問題。

十二日　晴　上午辦公二時，下午上課一時，開圖書館會議。

十三日　晴　上午復佛觀、吳森、張龍鐸、古梅各一函，下午上課一時，並準備明日研究所講稿二時。

十四日　晴　上午爲研究所講歷史事實與價值意義二時，下午校文二時半，閱黎東方中國上古史，夜看影片。

十五日　晴　上午閱雜書，午睡，夜看黎東方書。

十六日　晴　閱 Collingwood: The Idea of Nature 至夜九時完。

十七日　晴　閱印順印度佛教史略，又閱 Cassirer: The Problem of Knowledge 四十頁。

十八日　陰　閱 Cassirer 書五十頁，下午上課二時，夜有客來。

十九日　晴　閱 Cassirer 書一百十頁，下午上課一時。

二十日　晴　上午復胡蘭成、李滿康各一函。下午閱 Cassirer 書卅頁，夜參加藝術系聯歡晚會。

廿一日　晴　上午閱 Cassirer 書卅頁，下午有客來，並看電影，夜閱 Cassirer 書四十頁。

廿二日　晴　今日時有客來。
廿三日　晴　上午上課二時，下午至飛機場接 Lovett。
廿四日　晴　上午月會，中午至海防大厦參加四川同鄉會宴會，晚蕭約約於瓊華樓晚飯，又應陳芝楚約至香檳，十二時返家。
廿五日　晴　上午上課二時，下午校文，研究所月會。
廿六日　晴　上午辦公，下午上課二時，四時茶會，夜看一影片。
廿七日　晴　上午校刊文，下午上課一時，夜閱 Jaspers: Peason and Existence。
廿八日　晴　上午校文並辦公，下午睡、校文，夜看電影。
廿九日　晴　上午校中茶會，歡迎哈佛校長，下午睡一時，閱 Jaspers 書九十頁至夜。
三十日　晴　發燒，以日前受寒之故，睡一日。
卅一日　晴　燒退，未作事。

十一月

一日　晴　上午上課二時，下午未作事，夜復信二封。
二日　晴　上午休息，下午上課一時半，夜哲學會。

三日　晴　上午程老先生等來，下午與王道同至警察局爲人文學會登記事。
四日　晴　病已去仍感疲倦，下午睡，夜宗三來，出外看煙花。
五日　晴　上午時有客來，下午睡，夜看電影。
六日　晴　上午上課二時，下午睡，夜水野約於美麗華晚飯。
七日　晴　上午復胡蘭成、鍾介民各一械，下午教務會議，夜中文系晚會。
八日　晴　上午有學生相繼來，下午睡，夜閱雜書。
九日　晴　上午校務會，下午上課二時，夜看電影。
十日　晴　上午至香港警署爲人文學會事，下午上課一時，夜思大學章句之改編問題。
十一日　晴　上午填人文學會註册之表格，下午閱 Jaspers: Reason and Existence 四十頁完，夜閱日知錄。
十二日　晴　上午閱日知錄，下午相繼有客來，夜看電影。
十三日　晴　上午閱日知錄，夜閱 Buber: Between Man and Man 最後一文。
十四日　陰　上午有客來，下午與廷光至卡爾登飲茶並閱 Buber 書六十頁。
十五日　陰　上午上課二時，下午至夜閱 Buber 書六十頁。
十六日　晴　上午至校中，閱 Buber 書卅頁，下午上課二時，閱 Buber 書四十頁完。

十七日　晴　上午準備明日講演，下午上課一時，夜閱雜書一時。
十八日　晴　上午研究所講演二時，下午學生來，夜看校中演京劇。
十九日　晴　上午學生來，夜思科學、文藝、宗教、道德之不同境界。
二十日　陰　上午上課二時，下午陪廷光至黃夢花處看病，夜學生來。
廿一日　陰　上午閱太平御覽。
廿二日　晴　上午上課一時，參加月會，夜閱春秋三傳。
廿三日　晴　上午至學校辦公，下午上課二時，夜出外看電影。
廿四日　晴　上午至校辦公，下午上課一時，夜閱經學史。
廿五日　晴　上下午閱 Datta 印度哲學史百頁。
廿六日　陰　上下午閱 Datta 書百餘頁。
廿七日　陰　上午上課一時半，下午仍閱昨書百餘頁。
廿八日　晴　閱昨書近百頁完，至鍾伯明處看病。
廿九日　晴　重閱 Rienhardt: The Existentiatist Rebolt 五十頁，病未全癒，在家休息。
三十日　晴　閱 Kierkegoard: Unscientific Postseript，三四十頁，下午看一韓國電影。

十二月

一日　晴　閱昨書七十頁。

二日　晴　今日身體較好仍未復原。閱 Kierkegoard 書六十頁。

三日　晴　閱 Kierkegoard 書六十頁。

四日　陰　閱昨書一百頁。

五日　陰　閱昨書七十頁。

六日　晴　上午上課二時，閱昨書四五十頁。

七日　晴　閱昨書三十頁，上課二時。夜哲學會。

八日　晴　閱昨書四十頁完。

九日　晴　上午去圖書館開書目，下午看一電影。

十日　晴　上午宗三來談，下午改學生所記講稿，夜至雪園晚飯。

十一日　晴　上午開書目，上課二時，午睡後至鑽石山一遊。

十二日　晴　上午辦公，寫一信未完，午睡後至中國文化會看溥心畬書畫展，並看一影片。

十三日　晴　上午上課二時，下午開教務會議。

十四日　晴　上午寫一信，下午上課二時，開校務會議，夜閱雜書。
十五日　晴　上午辦公，下午上課一時。
十六日　陰　上午辦公，下午回信四封，整理友人通訊地點。
十七日　陰　重閱康德純理批判百頁。
十八日　陰　上午上課二時，下午睡，四時研究所月會，夜閱 Kant 書七十頁。
十九日　晴　上午辦公，閱 Kant 書六十頁。
二十日　晴　上午辦公，下午閱 Kant 書七十頁，看一電影。
廿一日　陰　上午閱康德書廿頁，下午上課二時，研究所開會。
廿二日　晴　閱 Hoffding 及 Erdman 哲學史數十頁，下午三院文憑會典禮。
廿三日　陰　閱 Erdman 哲學史百頁，夜參加徐匡謀婚宴。
廿四日　晴　廷光今日生日，上午與李國鈞等同至沙田一遊，在西林寺午飯，歸午睡，夜阮雁鳴約晚飯。
廿五日　陰　閱 Erdman 哲學史百六十頁。
廿六日　陰　上午有客來，閱 Erdman 書五十頁。下午睡，夜閱 Erdman 書七十頁。
廿七日　晴　上午訪數友，下午睡，夜閱 Erdman 書百頁。

廿八日　陰　上午有客人來。爲梁漱溟先生印書事，寫信與劉季洪，下午至水塘一遊，夜赴一學生婚宴，歸來閱 Cassirer 書二三十頁。

廿九日　陰　上午閱 Erdman 哲學史二十頁，有學生來。下午睡二時，有友人來，夜閱 Erdman 書七八十頁，第三册完。

三十日　陰　上午有學生來談，午睡後閱 Windelliand 哲學史，夜約數新到同事晚餐。

卅一日　晴　上午有學生來，下午與宗三夫婦李國鈞等同至沙田酒家飲茶，夜約彼等及兆熊家中人同慶陽曆除夕。

民國五十一年（一九六二年）

一月

一日　晴　上午至中國文化會開會並午餐，下午歸閱Erdman哲學史二十頁，夜又閱三十頁。

二日　晴　上下午閱 Erdman 哲學史百數十頁，中午應李璜先生約。

三日　晴　上午上課二時，下午睡，夜閱 Erdman 書七八十頁。

四日　晴　上午辦公，下午上課二時，閱 Erdman 書六七十頁，第二册完，夜哲學會。

五日　晴　上午閱 Kant 實踐理性批判三十頁，下午上課一時。

六日　晴　上午寫一信，下午及夜閱康德實踐理性批判四十頁，夜哲社系同學約晚飯。

七日　晴　上午閱昨書四十頁，夜閱五十頁，實踐理性批判完。

八日　晴　上午上課二時，下午租屋，夜閱康德道德形上學十頁。
九日　晴　上午至校辦公，閱雜書，午睡後與錢、吳二位談校中事，繼與廷光出外製衣並赴眼醫處。看一電影，夜閱 Kant 道德形上學二十頁完。
十日　晴　上午上課二時，下午閱 Kant 論人性一文完，夜閱 Kant 判斷力批判六十頁，康德之書昔皆看過二次，但今重閱，又增了解。
十一日　晴　上午至圖書館查書，下午上課二時，看一電影，夜閱 Kant 書四十頁。
十二日　晴　上午至校辦公，有人來訪，中午至豐澤園午飯，下午復信四封，夜閱朱鏡留佛法與中國文化。
十三日　晴　上午至校中辦雜事，下午出外看病，閱 Kant 書二十頁，夜又閱三十頁。
十四日　晴　上午 L. Kailler 及游雲山同來午飯，下午赴佛教文化藝術會開會，晚應經緯書院約晚飯。
十五日　晴　上午閱 Kant 書，上課二時，下午因事過海，五時歸，閱 Kant 書至夜七十頁。
十六日　陰　上午辦公，下午閱 Kant 書並開會，夜閱 Kant 書五十頁。
十七日　晴　上午至港大開會，下午教務會議，夜出外看京劇。
十八日　陰　上午上課二時半，午睡後開校務會議，夜閱 Kant 書五十頁。

十九日　晴　上午至警局爲人文學會事，下午開會，夜應一學生約晚飯。

二十日　晴　上午講演人文學之性質二時半，下午睡，夜友人來，閱 Kant 書二十頁。

廿一日　陰　上午閱 Kant 三十頁完，下午睡。

廿二日　晴　上午校中辦公，中午至自由亞洲會吃飯，下午考試，並開研究所會。

廿三日　陰　上午去校中整理雜物，中午陳佐舜約雪園午飯，與 Kitagawa、北川三夫談，下午辦雜事閱試卷。

廿四日　晴　上午到校辦公，下午研究所月會，閱試卷，夜約李定一等共晚飯。

廿五日　晴　上午整理雜物，下午研究所會。

廿六日　晴　整理雜物。

廿七日　晴　閱李世傑印度佛教哲學史，夜約張丕介夫婦來家晚飯

廿八日　晴　上午寫先秦天命觀英文提要，並與李相殷及 Moore 各一械。閱 Schweitz: Indian Thought 四五十頁。

廿九日　晴　上午寫信三封，下午睡，夜閱昨書百七十頁。

三十日　晴　上午閱昨書二十頁完，訪水野並約午飯，下午日人北川在校茶會。夜閱黃懺華中國佛教史。

卅一日　晴　今日爲我五十三歲生日，廷光備食物鮮果祭祖。上午約哲社系學生談話，下午閱試卷。

二　月

一日　晴　下午復陳康及馬定波各一械，辦雜事，夜哲學會。

二日　晴　上午開聘任會，下午哲學小組討論會。

三日　陰　上午寫信三封，下午睡，安兒今日返港。

四日　晴　今日爲舊曆除夕，辦理雜事，夜約宗三及若干同事與同學同過除夕。

五日　晴　終日有人來拜年。

六日　晴　終日有人來拜年，閱陳伯莊譯美國現代哲學文選。

七日　晴　上午在家，下午回拜年。

八日　晴　上午過海至曾履川及趙冰先生處，下午睡，並至三同事處，夜閱 Maritain: The Degrees of Knowledge 四五十頁。

九日　晴　閱昨書四十頁，至何魯之先生處拜年。

十日　陰　閱 Maritain 書五十頁，下午中國文化會開會，夜至游雲山處晚飯。

十一日 晴 閱 Maritain 書二十頁，上午至人生社開社務委員會，下午睡，夜約熊淑蘭一家看電影。

十二日 陰 上午閱 Maritain 書二十頁，下午睡，與安兒等出外看電影，夜閱 Maritain 書四十頁。

十三日 陰 上午有客人來，下午開三院聯會，夜閱昨書五十頁。

十四日 晴 閱 Maritain 書百頁，下午與廷光安安至卡爾登飲茶，夜宗三約晚飯。

十五日 晴 閱 Maritain 書八十頁，夜應約晚飯。

十六日 晴 上午復友人信三封，下午睡，夜兆熊約晚飯。

十七日 晴 上午整理雜物，下午與安兒廷光過海至太平山頂一遊夜歸。

十八日 晴 上午學生來，中午李國鈞約至潮州飯店午餐，下午睡，夜閱有關大學一書之文。

十九日 晴 上午與廷光安兒至沙田並教安安數事。

二十日 晴 上午寫論大學章句一文一千字，中午送安兒上四川輪返臺，下午三時歸，甚倦未作事。

廿一日 晴 終日續昨文一萬字，尚須修改。

廿二日 晴 上午補昨文五千字。

廿三日　晴　上午開學、月會，下午重鈔昨日之文至夜完七千字。

廿四日　晴　終日重改寫昨文成萬二三千字。

廿五日　陰　上午續昨文末節三千字，又刪去昨日所寫者一千字。

廿六日　陰雨　上午上課二時，下午學生來談，校對夏威夷寄來我之一文翻譯稿，將在東西哲學一刊發表者，夜改論大學章句文三時。

廿七日　陰　上午復 Kitagawa 及 Brovene 函，並與錢先生等談學校事，下午續校對譯文。

廿八日　陰　上午上課二時，下午寫形上學講授大綱，四時開學校發展委員會，夜校對譯稿。

三　月

一日　陰　上午校對譯稿完，與 Moore 一函，下午上課二時。

二日　晴　上午準備統一考試題，下午上課一時，開教務會議，夜校對哲學概論書四時。

三日　晴　上午至婚姻註冊署與魏羽展證婚。中午約謝幼偉與其子午餐，並看一電影，午睡後學生來談，夜參加彭子游婚宴。

四日　晴　上午寫講授大綱，下午至沙田，夜應石治平約晚飯。

五日　晴　上午上課二時，午睡後閱 Carnap: The Logical Syntax of Language 首末二章。

六日　晴　上午辦公，下午睡後閱 Philosophy East and West 至夜七八十頁。

七日　晴　上午閱 Philosophy East and West 二時，上課二時，午睡後招待來校講演者茶會，夜仍閱 Philosophy East and West 三十頁。

八日　晴　上午寫中哲史大綱，下午上課一時，開校務會議，夜閱昨書三十頁。

九日　晴　上午譯試題，下午上課一時，閱昨書數十頁。

十日　晴　上午至三院聯會開會，午睡後看一電影，夜參加同學婚宴，歸來閱昨書一篇，除編者之一文及論中國哲學二篇外均已看完。

十一日　晴　閱 Suzuki: Mysticism Buddhism and Christianity。

十二日　晴　上午上課二時，下午睡二時，應約出外飲茶，夜閱雜書，有友人來。

十三日　晴　上午至校辦公，下午開會並看電影，夜閱 Suzuki: Zen Buddhism 三十頁及中國佛教數十頁。

十四日　晴　上午上課二時，下午睡，參加會議，夜閱昨書數十頁。

十五日　晴　上午辦公，中午應 Shoyer 約與 Laswell 共午餐，下午睡後上課二時，有人來訪，夜金媽返港謂曾往見母親，夜閱雜書。

十六日　晴　上午擬試題，下午上課一時，開哲學組會，夜抄文三千字，改一千字。

十七日　陰　抄改文三千字，下午標點文三時，爲蕭世言證婚，夜參加婚宴。

十八日　陰雨　改文三千字，再加寫四千字，夜看電影。

十九日　陰　上午抄文二時上課二時，下午開聘任會，又抄改文增二千字。

二十日　陰　上午辦公，下午抄所作文之注釋並標點文，共三萬四千字。

廿一日　陰　上午準備課一時，上課二時，下午查書並改文數處，夜校中宴 Weigle。

廿二日　晴　上午辦公，上午上課二時，開研究所會，夜與張葆恆共宴 Weigle。

廿三日　陰　上午至港大開一九六四哲學科考試會至下午二時半，共開會五小時，西人爲主席，固執不通，甚爲可憐，夜看電影。

廿四日　陰　上午到校辦公下午睡，夜閱 Suzuki 書數十頁。

廿五日　晴　上午閱 Suzuki 書，下午出外一遊，並送 Weigle 行，夜校對學生所抄文。

廿六日　晴　上午上課二時，下午抄考試題，與廷光至黃夢花處，夜閱中國佛教史及 Korner: The Philosophy of Mathematics 三十頁。

廿七日　陰　上午辦公並校對大學章句辨證及致知格物思想之發展，下午補注釋並查書至夜完。

廿八日　晴　上午上課二時，下午開圖書館會，夜應水野約至美麗華晚飯。

廿九日　晴　上午辦公，至新雅飲茶招待水野及鍋山，下午上課二時，開教務談話會，夜標點文三時。

三十日　陰　上午校對文，下午上課一時，開研究所月會，夜重閱所校文一通，並改正錯字。

卅一日　陰　上午整理考試題，下午睡後再重閱所抄文一通。

四　月

一日　陰　上午再重閱所校文一次，看早場電影，下午睡。

二日　陰　上午上課二時，下午睡二時，閱雜書。

三日　晴　上午再改所作文數處，航郵寄出，下午備明日課，並開財務會議。

四日　陰　上午上課二時，午睡，開教務會議。

五日　陰　上午閱雜書，下午上課二時。

六日　晴　上午辦公，下午上課一時，開校務會議。

七日　陰　上午至港大開哲學考試會至下午二時，主席荒唐無理，歸來與幼偉商下次之會不出席。

八日　晴　閱兆熊所著論文章之書。

九日　晴　上午上課二時，下午與二學生函，與錢、吳商哲學考試會事。

十日　晴　崇基哲學主任 Fell 來共商撤換哲學考試會主席事，其人太無禮而妄誕。有一印度哲學家 Prasad 來訪，茶會招待之。夜歡宴蕭約去美。

十一日　陰　上午上課二時，中午應馮公夏約至 Clauster 午飯，午後請另一印度哲學家 Prani 講神聖的生活，夜至雪園晚飯。

十二日　陰　上午校對道德自我之建立一書，下午與劉百閔、宗三出外吃茶，夜看一影片。

十三日　陰　上午仍校對昨書，下午上課一時，參加茶會，夜至豐澤園，歸校對書二時許。

十四日　陰　上午研究所講演大學章句與致知格物二時，下午校對文補課二時，夜赴李克林婚宴，歸校對道德自我之建立完。

十五日　陰　上午至王道處晤袁倫仁，下午睡。

十六日　陰　上午上課二時，下午研究所開會，夜閱慈航法師全集及張性人著學佛引導集要。

十七日　陰　上午辦公，午睡後閱佛學書至夜。

十八日　陰　上午上課二時，下午研究所會，夜閱雜書及成唯識論。

十九日　晴　上午學校旅行至南丫島，午後五時歸，夜閱成唯識論。

二十日　晴　上午閱成唯識論，午睡後再閱成唯識論，五時後看一默片，夜閱慈雲五教議開蒙。

廿一日　晴　閱天臺四教議集註，中午應 Morgan 約午飯，歸仍閱天臺四教議集註完三卷。

廿二日　晴　上下午閱天臺四教議集註完四卷，夜請袁倫仁夫婦等晚飯。
廿三日　陰　閱昨書完二卷，全書看完，下午閱華嚴一乘教義章集解至夜閱百三十頁。
廿四日　陰　閱昨書百頁完。夜閱印度哲學史。
廿五日　晴　上午上課二時，下午開會，夜看一廣東片。
廿六日　晴　上午辦公雜事，下午上課二時，並準備課。
廿七日　晴　上午與佛觀一函，下午上課一時，研究所歡迎日人花彥會，夜翻閱莊子郭象注一通，並抄寫若干段。
廿八日　陰　上午辦公，中午應佘雪曼約至半島飯店，下午上課二時，夜閱韓非子。
廿九日　晴　上午徐紆來，下午閱韓非子至夜。
三十日　晴　上午上課二時，閱管子全註，下午研究所會，夜閱管子全註。

五　月

一日　晴　上午改所出試題，與趙自強一函並校文，下午與廷光往看畫展，夜閱春秋繁露。
二日　陰　上午上課二時，下午閱淮南子。
三日　陰　上午整理題目，下午上課二時，夜哲學會。

四日　陰　上午辦雜事，下午上課一時，閱春秋繁露。
五日　陰　上午辦公，下午上課二時許，蕭世言約晚飯。
六日　陰　閱王弼老子注及易注，並抄下若干條。
七日　晴　上午上課二時，下午閱徐幹中論及太玄，應黃麟書約晚飯。
八日　晴　上午辦公，下午準備明日課並看一影片，夜指導學生辯論會事。
九日　晴　上午上課二時，下午睡並復友人信二封，夜閱王充論衡。
十日　晴　上午一西人來談，下午上課二時，教務會三時。
十一日　晴　上午校對文，下午上課一時，夜看電影。
十二日　晴　上午三院聯合會議，下午補課二時半。
十三日　晴　上午閱大智度論，下午藝術比賽頒獎典禮。
十四日　晴　上午上課二時，下午閱大智度論。
十五日　晴　上午到校辦公，下午港大哲學考試會，夜閱大智度論。
十六日　晴　上午上課二時，下午夜皆閱大智度論。
十七日　晴　上午閱大智度論，下午上課二時。
十八日　晴　上午校對文，下午上課一時。

十九日　陰　上午辦公，下午睡後上課二時。

二十日　陰　抄印順中國佛教史略若干處。

廿一日　晴　上課二時。

廿二日　晴　上午至校辦公，下午睡並看電影，夜學生來談。

廿三日　晴　上午上課二時，與梅貽寶一函，下午睡，研究所會，Bush 來訪談二小時。

廿四日　陰　閱乾淨衕會友錄完。

廿五日　陰　復李相殷、冷靜齋各一函，參加月會，宗三講演，下午上課一時，研究所月會。

廿六日　陰　上午研究所講演一時半，中午至 Morgan 處午飯，下午補課二時半。

廿七日　晴　上午評定大專公社徵文卷，下午睡。

廿八日　晴　上午上課二時，午後看一影片，夜友人來。

廿九日　晴　上午有人來訪，與友人一函，下午研究所會議，夜重閱大乘止觀法門一本。

三十日　晴　上午開會上課二時，下午睡後閱大乘止觀法門第二册完，閱維摩結經。

卅一日　晴　上午擬課程綱要，下午上課二時，看電影，閱維摩結經完，閱楞嚴經一卷。

六　月

一日　晴　上午擬課程綱要，下午上課一時，夜閱楞嚴經。
二日　晴　上午擬課程綱要，下午補課二時，夜閱楞嚴經。
三日　晴　閱楞嚴經完，夜人文學會籌備會，商討進行計畫。
四日　晴　上午上課一時，下午研究所月會，夜至大會堂。
五日　晴　上午一西人來談，下午辦雜事。
六日　晴　今日端午，上午寫信二封，夜約數學生來晚飯。
七日　晴　上午辦公，下午上課二時，午睡，夜哲學會。
八日　晴　上午與友人二信，擬課程綱要，下午上課一時，看一中國大陸影片。
九日　陰　上午辦公，修改哲學課程綱要，下午補課二時，夜赴中國文化會。
十日　陰　上午補課程綱要書目，午睡後整理文件。
十一日　陰　上午辦雜事，下午與兆熊夫婦等同至慈航淨苑夜歸。
十二日　陰　上午至校，Monro 來談，午睡後至校中辦雜事。
十三日　陰　上午上課二時，午睡後教務會議，夜未作事。
十四日　陰　上午到校辦公，上課二時，開校務會議，夜應鍋山及水野約至美麗華晚飯。
十五日　晴　上午辦公，中午至豐澤園共宴鍋山及水野，下午上課一時，開圖書館小組會。

十六日　晴　上午辦公，下午睡後校對文，與陳榮捷一函，夜校對文。

十七日　陰　上午校對文，下午睡，夜閱雜書。

十八日　陰　上午上課二時，下午睡，招待 Brigham Young University 旅行團茶會二時。

十九日　陰　上午 Monro 來，午睡後，寫文二千字。

二十日　晴　上午研究所會，下午寫文二千字，赴中國文化會茶會，夜續寫文四千餘字。

廿一日　陰　上午辦公並寫文二千字，夜閱熊先生體用篇完。

廿二日　晴　上午改昨文，午睡後研究所會，夜改文四時完，名荀子正名篇，以名亂名、以名亂實、以實亂名解義。

廿三日　晴　上午至港大與林仰山商哲學考試科目事，下午睡，夜寫智慧與德性千餘字。

廿四日　晴　續昨文千字，終日有人來。

廿五日　晴　上下午考試，寫文一千字，夜與學生談並至一處晚飯。

廿六日　晴　上午 Monro 來問學，下午睡，夜看電影。

廿七日　晴　上午辦公，下午至港大開哲學考試會。

廿八日　晴　上午寫智慧與道德文數百字，下午研究生畢業考試會。

廿九日　晴　上午辦公，下午寫告畢業同學書二千字，夜哲學系會歡送畢業同學。

三十日　陰　上午寫新亞文化講座序五百餘字，並寫信二封。

七　月

一日　陰　續論智慧一文由下午至夜成六、七千字。

二日　晴　續昨文一萬字。

三日　晴　上午寫文二千字，中午至豐澤園，飯後過海看畫展，夜未作事，甚感疲倦。

四日　晴　上午復信三封，午睡後出外散步。

五日　晴　上午校中茶會，閱試卷，午睡後改中哲學課程之英文翻譯。

六日　晴　改寫文四千字，夜研究所學生宴會。

七日　晴　上午改寫文四千字，下午又續改寫文三千字。

八日　晴　上午至海邊碼頭接安安由臺返來，夜同出看電影。

九日　晴　上午又改昨文四千字，全文共約三萬字。

十日　晴　上午三院聯合會，下午睡，夜寫信二封。

十一日　晴　上午辦雜事，下午改課程綱要，復佛觀一函。

十二日　晴　上午到校辦公，下午學生來談。

十三日　晴　上午開聘任委員會，通過哲社系聘冷定菴及黃振華，下午整理哲學課程綱要。

十四日　晴　上午畢業典禮，下午睡，夜晚會。

十五日　晴　上午重寫德明書院講稿，祠廟與節日在社會教育中之意義六千字，四時後與廷光至簡又文家參加古琴雅集，夜十一時歸。

十六日　陰　上午續昨文二千字，下午再續三千字完。

十七日　晴　上午 Monro 來談，下午寫信二封。

十八日　晴　上午教務及校務會議，下午至港大開哲學考試會，夜至蘭宮參加本屆同學謝師宴。

十九日　晴　上午至校辦公，中午看影片，下午睡，夜標點祠廟與節日文三時。

二十日　陰　上午 Monro 君來談，與黃振華一函，下午睡後改文一時許，出研究所試題。

廿一日　陰　上午閱文憑考試試題至下午二時完。

廿二日　晴　與廷光、安安、李國鈞等共遊淺水灣，下午六時返。

廿三日　晴　上午開研究所考試會，下午與佛觀一函，夜標點荀子正名篇文三時。

廿四日　晴　上午標點論智慧與道德文二時。中午招待大學調查團中之一人。下午又標點論智慧與道德文四時。

廿五日　陰　終日有客來，重標點改正昨日之文，夜至天香樓晚飯，歸改文四時。

廿六日　雨　上午標點文二時，Monro 來問學，中午與楊汝梅宴余協中，下午閱研究所試卷，夜整理試卷。

廿七日　晴　上午標點文二時，下午英國大學委員會訪問學校，夜出外看電影。

廿八日　晴　上午重閱論荀子以名亂名以實亂名以名亂實文，下午睡，夜與廷光安安至卡爾登吃茶，歸來校對文二時許。

廿九日　晴　寫信二封，校文一時。

三十日　晴　上午寫道德自我之建立後序三千字，夜應 Donehue 約酒會。

卅一日　晴　上午 Monro 來問學，下午數學生來談，重寫昨文至夜成三千字，前文作廢。

八　月

一日　晴　上午大學代表團與各系主任會談，中午在校中午餐，下午過海開教務聯合會議，夜校對文二時。

二日　晴　上午校對文二時，出外看房子，午睡後有學生來談，再出外看屋，夜哲學會。

三日　陰　上午出外租南海大廈之屋，寫信一封，有學生來，下午未作事，甚感疲倦。

四日　晴　上午標點論智慧之表現與道德實踐文，中午與柳存仁、沙學俊餞行；下午至夜標點文完。

五日　晴　下午與家人及兆熊等遊新界，上午人文學會籌備會開會。

六日　晴　上下午標點論智慧之表現文八時。

七日　晴　上午 Monro 來問學，下午標點文，夜約 Monro 及陳特等吃飯。

八日　晴　上午開聘任委員會，下午唐端正等來談。

九日　晴　上午與方東美先生及黃振華各一函。

十日　晴　上午研究所開會，下午重閱智慧與道德文。

十一日　晴　上午與 Moore 一函允後年參加哲學會事，下午辦雜事預備遷居，夜校中宴代表團。

十二日　晴　上午再校對所論智慧與德性文，友人來談，下午睡，有客人來，夜至華爾登吃茶。

十三日　晴　上午整理雜物，下午友人等來。

十四日　晴　整理雜物。

十五日　晴　遷居南海大厦十六樓A座，整理雜物竟日。

十六日　晴　上午研究所會議，下午訪鄰居友人，夜有友人來。

十七日　晴　上午至校辦公，並排下期哲社系課程，下午睡，夜學生來。

十八日　晴　上午與冷定菴一函，藝術系暑期班結業禮。
十九日　晴　與家人及唐冬明等遊銀礦灣，夜歸。
二十日　晴　上下午續作道德自我之建立序四千字完，共八千字，下午有客來，夜與家人及唐冬明至山頂遊。
廿一日　晴　上午改昨文一千字，增作千五百字。中午豐澤園午飯，下午訪一友，有客人來。
廿二日　晴　上午標點並改前日之序四時。
廿三日　晴　上下午皆有人來。
廿四日　晴　上午開教務會議至下午一時，下午有學生來。
廿五日　晴　上午過海至華僑旅行社及書展處，下午睡。
廿六日　晴　今日東方人文學會正式成立，在宗三家開會，先對孔子遺像行三鞠躬，由我報告籌備經過。
廿七日　晴　上午校務會議，下午學生及友人來，夜人文學會聚餐於梅江飯店。
廿八日　晴　上午出外購物，下午睡，今日奇熱。
廿九日　晴　上午至校辦公，與冷定菴一信。
三十日　晴　上午友人及學生來，下午睡，夜至宗三處晚飯爲調解金達凱與石壘吵架事。

卅一日　晴　至校中開會並赴王道處。

九月

一日　風雨　今日颶風來，窗門被破壞，雨亦飄入，雜物零亂，終日未作事，有學生來談。

二日　雨　整理雜物。

三日　陰雨　上午至校，口試入哲系之學生九人，寫信三封，下午夜整理雜物。

四日　晴　上下午至校辦公，並寫信數封。

五日　晴　上下午至校辦公，夜與楊汝梅合請數同事於雪園飯店。

六日　晴　上午至校辦公，夜於新亞開哲學會。

七日　晴　上下午至校辦公，並校對稿。

八日　晴　上午與謝康、阮雁鳴、朱亞蒼各一函，對其在新亞任教事致謝，下午睡，友人等來。

九日　晴　終日修改孫鼎辰所記人文學會所報告之籌備經過稿。

十日　晴　今日開學。

十一日　晴　選課註册。

十二日　晴　上午至校辦公，下午送安安赴臺返校，夜看一電影。
十三日　晴　上午校對文，夜同數友人及學生至江南之家晚飯，並回家共賞月，今日為中秋也。
十四日　晴　上午至校中辦公，下午改人文學會報告辭，復楊志強及李杜各一函。
十五日　晴　復張龍鐸、胡蘭成各一函，上午到校辦公，下午辦雜事。
十六日　晴　與趙自強、鮮季明各一函，下午有學生來，夜約彼等出外晚飯。
十七日　晴　上午到校辦公，上課一時，下午研究所會，夜謝幼偉等約晚飯，至機場接冷定菴未遇。
十八日　晴　上午上課二時，下午睡，晚約冷定菴晚飯。
十九日　晴　上午上課一時，下午介冷定菴初次上課，夜看電影。
二十日　晴　上午學校辦公，下午介錢清廉初次上課，夜辦雜事。
廿一日　晴　上午上課一時，寫信兩封，下午與廷光李國鈞赴大埔，夜備課。
廿二日　晴　上午上課二時，下午校對文稿，閱阿含經。
廿三日　陰　上午王貫之及宗三來談人文學會事，下午閱阿含經。
廿四日　晴　上午上課一時，閱阿含經大體完，廷光風濕痛，準備明日課。
廿五日　晴　上午上課二時，下午睡，夜學生及兆熊來談。

廿六日　晴　上午上課一時，下午睡後作伍憲子言論集序千餘字。

廿七日　晴　與廷光至陳存仁處看病，下午上課一時，夜約哲社系同事於雪園晚飯。

廿八日　晴　上課一時。

廿九日　晴　上午上課二時，下午睡，夜應胡建人約晚飯。

三十日　晴　上午復友人二信，宗三等來，下午睡，校對文，夜約數學生晚飯。

十月

一日　晴　上午至校中辦公，上課一時，午睡後校對文稿，夜看電影。

二日　晴　上午上課二時，中午應日人柳內滋、廝生達男約，夜二友來訪。

三日　晴　上午上課二時，下午友人來，夜看電影並準備講稿。

四日　晴　上午辦公，下午上課一時，開教務會議，夜哲學會。

五日　晴　上午上課一時，下午睡，校對文，夜復陳榮捷一函。

六日　陰　上午上課二時，胡建人約午飯，下午校對文。

七日　晴　上午人文學會開會，下午校對老子文，並看電影，夜應金達凱約晚飯。

八日　陰　上午校對老子文，夜約兆熊家人晚飯。

九日　晴　上午上課二時，下午與章力生一函，校對老子文至夜。
十日　晴　上午復柯樹屏一函，整理書物，下午與廷光出外看國旗。
十一日　晴　上午到校辦公，中午應謝汝逵約，下午上課一時，參加雅禮酒會，夜校對文，並改去年所著論智慧之性質一文。
十二日　晴　上午上課一時，改論智慧之性質文完，午睡後開圖書館會，夜約日人廨生來晚飯。
十三日　晴　上午上課二時，下午睡，夜出外看電影。
十四日　晴　上午擬寫論世界文化前途文，下午閱宗三之才性與玄理。
十五日　晴　上午閱宗三書完，午後睡並出外散步，夜準備明日課。
十六日　晴　上午上課二時，午睡後閱濂溪集。
十七日　晴　上午上課一時，下午閱濂溪集，夜出外購物。
十八日　晴　上午辦公，下午上課一時，開校務會。
十九日　晴　上午準備明日課。
二十日　晴　上午上課二時，下午校對文，夜兆熊約晚飯。
廿一日　晴　上午校對文、閱濂溪集，中午應錢清廉約，下午睡，夜宗三約晚飯。
廿二日　晴　上午上課一時，午睡後閱周濂溪集至夜。

廿三日　晴　上午上課二時，午睡後閱張横渠集。
廿四日　晴　上午上課一時，午睡後閱王船山正蒙注至夜。
廿五日　晴　上午辦公，下午上課一時，開研究所會，夜閱王船山正蒙注。
廿六日　晴　上午上課一時，下午與廷光赴大埔，夜準備課。
廿七日　晴　上午上課二時，下午與廷光至沙田赴古琴會，夜應張彜尊約。
廿八日　晴　上午有客人來，校對文，午睡後校對文。
廿九日　晴　上午上課一時，下午睡，夜閱正蒙注。
三十日　晴　上午上課一時，下午睡，至中國文化會開會。
卅一日　晴　上午上課一時，下午睡，夜閱佛敎史書。

十一月

一日　晴　上午準備課，夜哲學會。
二日　晴　上午上課一時，下午睡，準備課，夜看一貴州劇。
三日　晴　上午上課二時，下午睡，晚哲系畢業同學約晚飯。
四日　晴　上午復信兩封。

五日　上午上課一時，校對文稿。
六日　晴　上午上課二時，下午準備復禮與仁學會講稿。
七日　晴　上午上課一時，下午準備研究所後日講演。
八日　晴　上午辦公，下午上課一時，開教學委員會至夜。
九日　晴　上午辦公上課一時，下午講人文學之性質。
十日　晴　上午上課二時，午睡後看一電影。
十一日　陰　上午人文學會，下午睡，夜改黎華標所記講演。
十二日　陰　上午至體育場參運動會開幕，夜閱正蒙注。
十三日　陰　上午上課二時，下午睡，夜閱 Aristotle 書數十頁。
十四日　晴　上午上課一時，下午睡，閱 Aristotle 書數十頁。
十五日　晴　上午辦公，下午睡，上課一時，夜閱 Aristotle 書。
十六日　晴　上午上課一時，午睡後教務會議，夜閱 Aristotle: Metaphysics 廿頁。
十七日　晴　上午上課二時，下午睡，夜閱 Aristotle: Metaphysics。
十八日　晴　上午閱 Aristotle 書，中午至大會堂講演中國人文世界之禮讓精神。
十九日　晴　上午上課一時，下午睡，閱亞里士多德書 Metaphysics 五十頁完，此書廿餘年前看過，實同於未看。

二十日　晴　上午上課二時，下午睡，改復禮興仁會講演紀錄並送還。

廿一日　晴　上午到校辦公，並改學生文卷，下午睡，校對文稿，夜看影片。

廿二日　晴　上午辦公並改學生文卷，下午上課一時，開教務會議，夜至吳因明處一坐。

廿三日　晴　上午至校辦公，改學生報告，下午復 Moore 一函，夜同陶振譽晚飯。

廿四日　晴　上午上課二時，下午睡，復 Wood 一函，夜參加胡明婁婚宴。

廿五日　晴　與哲系學生旅行西貢夜歸。

廿六日　晴　上午上課一時，下午睡，研究所月會，夜至張丕介處晚飯。

廿七日　晴　上午上課二時，午睡後至校辦雜事。

廿八日　晴　上午至校辦公，下午研究所會，Greene 來校爲哲系訪問教授，夜約幼偉夫婦等晚飯。

廿九日　晴　上午辦公，下午上課一時，校對文稿。

三十日　晴　上午上課一時，下午睡，四時以後與學校中同事茶會至夜。

十二月

一日　晴　上午上課二時，下午校對文，睡二時。

二日　晴　上午有友人來，復信二封，午後校文稿。

三日　晴　上午上課一時，午睡後至校中介紹 Greene 上課，夜看電影。

四日　晴　上午上課二時，午後至校介紹 Greene 上課，夜有學生來。

五日　晴　上午上課一時，下午三院聯合會。

六日　晴　上午辦公改學生文卷，下午上課一時，復信二封，在校中招待 Greene 並哲學會。

七日　晴　上午復胡蘭成一信，上課一時，下午睡，並至中國文化會開徵文會，夜參加中文系系會。

八日　晴　上午上課二時，下午睡，辦雜事，水野約晚餐。

九日　晴　上午人文學會開會，中午與水野等同午餐，下午睡。

十日　晴　上午上課一時，下午睡，閱 Jaspers: The Great Philosophers，夜看電影。

十一日　晴　上午上課二時，下午開研究所會及教務會，夜復景嘉函。

十二日　晴　上午上課一時，張公權先生來談君勱先生來港事，下午校務會議，夜應友人約。

十三日　晴　上午至大會堂參加三院畢業文憑頒發典禮，下午睡，友人來，夜閱 Jaspers 書及 Korner: Philosophy of Athematics 數十頁。

十四日　晴　上午得臺來電報謂安兒因化學實驗受傷入院，中午至電報局打長途電話，下午又打電話與臺大醫院及趙文藝，知灼傷頗重，幸無生命危險。

十五日　晴　上午與廷光至華僑旅行社發一電至臺中請入境證又至移民局辦回港證，下午睡並閱 Jaspers 書，夜友人等來問安兒受傷事。

十六日　晴　上午閱 Jaspers: Great Philosophers，下午睡，夜友人來問安兒事。

十七日　晴　上午校刋文上課一時，夜友人及學生來問安兒受傷事。

十八日　晴　上午上課二時並改學生卷，下午睡，復友人佛觀、柯樹屏等信四封，明日廷光將飛臺看安兒，今日整理雜物。

十九日　晴　晨送廷光至飛機場赴臺，至學校辦公並上課一時，下午與宗三等至港大訪林仰山與之商由港大出名義請張君勱來此講學事，夜校對文稿。

二十日　晴　上午至校參加月會，下午上課一時，歸閱 Jaspres 書至夜。

廿一日　晴　上午上課二時，下午睡，閱 Jaspers 書八十頁。

廿二日　晴　上午閱 Jaspers 書八十頁完，得廷光信謂安兒傷勢已漸好，下午睡，有客來。

廿三日　晴　上午復 Hummel 及 Moore 各一函，午睡復賀年片，夜約二人來家便飯。

廿四日　晴　上午至校辦雜事，下午至婚姻註册署爲鄭力爲證婚，夜赴其婚宴。

廿五日　晴　閱 Korner: Philosophy of Mathematics 五六十頁，夜友人及學生來，與廷光一函。

廿六日　晴　上午學生來，下午閱 Korner 書六十頁。

廿七日　晴　閱昨書數十頁大體完，下午閱呂氏春秋。

廿八日　晴　上午閱雜書，下午睡並訪友，夜校中請客。

廿九日　晴　昨日收到六大宗教了解堂寄來文件，並囑代募款，念六大宗教中有儒教，Hollister 夫人之計劃共需五百萬美金，則儒教堂需款八十餘萬，而中國人之列名發起則甚少。今日不斷有友人及學生來訪，均以此事告之，並盼其代募捐款。

三十日　晴　上午與廷光一函，與母親一函，夜約鄭因伯、劉百閔及臺灣來此研究生二人晚飯。

卅一日　晴　上午草太極圖疏抉至下午成三千字，下午出外為母親及熊先生寄藥，此類事經常為廷光作，今彼去臺當由我作了。得母親函知病已漸癒。

民國五十二年（一九六三年）

一　月

一日　晴　上午寫太極圖說問題文成四千字，夜畢業同學晚會，爲報告六大宗教了解堂事，當場有簽名者數十人。

二日　晴　續昨日之文至夜成七八千字。

三日　晴　上午至校辦公，下午上課一時，夜哲學會。

四日　晴　上午上課一時，下午睡，夜改余允文所擬了解堂介紹文，復李杜、胡蘭成及 Wood 各一函。

五日　晴　上午上課二時，下午睡，夜改麥仲貴文，與李國鈞出外看一影片。

六日　晴　上午與二妹、廷光各一函，與宗三夫婦、兆熊王道家人同至大埔半春園一遊，在何敬羣處午餐，下午五時返家甚倦，今日感耳聽不清楚。

七日　晴　上午上課一時，改王道所擬六大宗教了解堂之新聞稿，午睡，三院聯合會開會，夜赴樂宮樓參加歡送 Morgan 宴。

八日　晴　上午上課二時，午睡後改麥仲貴文，此生對宋明理學頗有心得，夜學生來，復何蒙夫一函。

九日　晴　上午上課一時，下午至醫處問治母親哮喘之藥。

十日　晴　上午辦公，下午開會，與母親一函並寄藥去，夜校中同事聚餐，閱雜書。

十一日　晴　上午到校辦公，午睡，三院聯合會大學教科書委員會開會，夜復 Moore 一函，與廷光一函。

十二日　晴　上午上課二時，下午看一電影，夜早睡以甚感疲倦也。

十三日　晴　上午至宗三處開人文學會，午睡不成眠，閱雜書，閱 Runes: Pietorial History of Philosophy。

十四日　晴　上午至校中查書，下午閱明沈士榮續原教論。

十五日　晴　上午至圖書館看書。

十六日　晴　上午仍至圖書館看書，午睡，閱王船山莊子解。

十七日　晴　上午至圖書館看書，下午考試，夜閱莊子解。

十八日　晴　上午閱莊子解，下午考試，夜參加蘇慶彬婚宴。

十九日　晴　上午與張君勱一函，下午睡，夜閱李世傑等合著之佛學概說，此書尚扼要，可介學生閱讀。

二十日　晴　中午東方人文學會宴請仿林中學校長陳仿林及其同事三人，上午閱密宗要旨，下午睡，夜與李國鈞出外購年貨，宗三來談。閱藏知津一卷。

廿一日　晴　終日閱藏知津大體完，今日爲我五十四歲生日，得母親、二妹、廷光各一函，下午至王書林處開大學教科書會。

廿二日　晴　上午閱權田雷斧原著王弘願譯密宗綱要，下午開校務會議，夜學生等來。

廿三日　晴　晨閱昨書，下午開三院教務會議，並訪二友。

廿四日　晴　上午復信三封，下午睡，今日農曆除夕，約若干友人及學生共晚飯。

廿五日　晴　今日元旦上下午皆有客來拜年，中午在樂都與本校同仁團年聚餐，夜約李相殷來晚飯。

廿六日　晴　上午有人來拜年，中午約李相殷等午飯，下午至宗三處。

廿七日　晴　上午仍有客來，下午出外拜年與李相殷等在半島飲茶。
廿八日　晴　上午出外拜年，中午與李相殷在王道處午飯，下午又至數處回拜，夜在樂都晚飯。
廿九日　晴　上午至數處拜年，下午東方人文學會茶會歡迎李相殷。
三十日　晴　上午至學校辦雜事，下午開新建築房屋分配會，夜在宗三兄處晚飯。
卅一日　晴　晨至機場送李相殷赴臺，午睡後閱試卷。

二　月

一日　晴　上午到校辦雜事。念年來出席之會議太多，當設法減少，計校中行政會議、月會、研究所會、哲學會、人文學會、代表學校參加之三院聯合、聯合教務會、圖書館會……平均每月須費時三四十小時，當設法減半，以此時間作文讀書。下午睡，夜閱雜書。
二日　晴　上午閱 Thomas Aquinas Summa Theologica 四十頁，下午又閱三十頁。
三日　晴　與人文學會諸友遊荃灣，夜閱昨書十頁。
四日　晴　上午閱 Thomas 書四十頁，下午閱十餘頁，睡後看一電影。
五日　晴　上午閱昨書十頁，下午睡後與母親、廷光各一函。
六日　晴　上午閱 Thomas 書三十頁，下午又閱二十頁，夜與李國鈞、廖俊修出外看電影。

七日　晴　上午研究所開會。我之缺點爲對若干他人之事責任心太強，翻成一僭妄或佔有，實則已力不能及之事，則不必引爲己責，人各有一個天，不必皆由我爲之擔憂也。午後過海拜年並應仿林中學校長約晚飯。

八日　晴　上午閱 Thomas 書三四十頁，下午睡，夜數研究所學生來晚飯。

九日　晴　上下午閱 Thomas 書七十頁，並至一醫處檢查身體。

十日　陰　上午與廖俊修同至調景嶺應四川同鄉之約午飯，下午四時返，閱昨書二十頁。

十一日　陰　與二妹及廷光各一函，上下午閱昨書七八十頁，夜又閱四五十頁。

十二日　陰　上午閱 Thomas 書三四十頁，下午過海繳稅買書，夜有友人來談。

十三日　晴　上下午閱 Thomas: Basic Writing 若干段，除論三位一體及天使及 Work of Six Days 部分只翻閱外，餘皆全部閱完。

十四日　晴　上午至校中辦雜事並爲母親寄藥，午睡後開聯合哲學教學小組會，夜閱 M. C. Darcy 所選 Thomas 之文四時。

十五日　陰　上午閱 Hegel 之哲學史中關于中古哲學部分二三時，下午閱法藏華嚴義海百門及妄盡還源觀與華嚴經旨歸，此三書不如其華嚴一乘教義章之扼要。夜與李國鈞出外看電影。

十六日　晴　草擬哲學辭書編纂計畫三千字左右，由晨至下午三時乃畢。

十七日　晴　草擬西洋思想與中國近代思想之關係研究計畫二三千字，與二妹、廷光各一函。

十八日　晴　上午至校中辦雜事，下午校對所印之道德自我之建立。

十九日　晴　上午閱雜書，下午閱倓虛大乘起信論講義，與六妹一函。

二十日　晴　上午閱圓覺經講義，與廷光、二妹各一函。

廿一日　晴　上午整理雜物，下午睡，夜學生來。

廿二日　晴　今日開學，參加典禮，下午修改課程說明。

廿三日　晴　上午至校中辦雜事，午時後至兆熊處，夜閱 Plato: Dialogues Philebus 大體完。

廿四日　晴　上午友人來，下午閱 Plaeds 篇至夜大體完。

廿五日　晴　上午辦公並上課一時，午睡後復友人信並與廷光一函。

廿六日　晴　上午上課二時，午後學生來，夜閱龍溪會語。

廿七日　晴　上午爲安安托人帶藥並繳稅購書，再到校上課，午睡後復李杜、吳森各一函。

廿八日　晴　上午到校辦公，下午上課一時，開教務會議，夜閱龍溪會語。

三　月

一日　晴　上午上課一時，寫信一封，下午茶會招待來講演者，夜備課。

二日　晴　上午上課二時，下午睡，閱龍溪會語完。
三日　晴　閱法藏十二門論宗致義記大體完，夜閱成實論。
四日　晴　上午上課一時，閱成實論，午睡，開校務會議，夜學生來。
五日　陰　上午閱成實論二時，下午睡，開研究所會，夜閱成實論。
六日　陰　上午上課一時，閱成實論，午睡後又開研究所會，夜出外看電影，閱成實論。
七日　陰　上午閱成實論完。下午上課一時，校中茶會，夜哲學會。
八日　晴　上午上課一時，與張龍澤一函，午後又復一學生函。
九日　晴　上午上課二時，至機場接廷光。
十日　晴　上午寫信九封與臺灣諸友人，爲安安事致謝，下午訪數友，夜看電影。
十一日　晴　上午上課一時，又寫信三封與臺友人致謝，夜訪友人並有友人來。
十二日　晴　上午上課二時，下午睡，夜至校中晚餐。
十三日　晴　上午上課一時，下午睡，出外購物，夜鄭力爲約晚餐。
十四日　晴　上午與廷光同至校中，下午上課一時，與廷光訪數友。
十五日　晴　上午寫信一封，上課一時，下午研究所會並講演，夜楊汝梅先生約晚飯，並看電影。

十六日　陰　上午上課二時，下午睡，夜友人嫁女至香檳晚飯。

十七日　晴　上午人文學會開會，下午人生社開會夜歸。

十八日　晴　上午上課一時，下午大學教科書會議。

十九日　晴　上午上課二時，下午及夜出考試題。

二十日　晴　上午上課一時，下午睡，擬一與六大宗教堂信稿。

廿一日　陰　上午至學校辦公，下午上課一時，與社會組教師商下期課程，夜閱日人某著唯識講話。

廿二日　晴　上午上課一時，復奧國比較文化研究社一函，下午校中開會商學生刊物事，夜仿林中學校長約晚飯。

廿三日　晴　上午上課一時，下午睡，夜道風山 Bush 等來校且茶會。

廿四日　晴　閱成唯識論講話完。下午睡。

廿五日　晴　上午上課一時，下午開教務會議，夜約哲社系同事於樂都晚飯。

廿六日　晴　上午上課二時，下午開校務會議，夜參加仿林中學四十周年校慶。

廿七日　晴　上午編下期課程說明，上課一時，午睡後改麥仲貴文。

廿八日　晴　上午編下年度哲社系課程表，中午校中聚餐，下午上課一時，改黎華標文。

廿九日　晴　上午編課程說明，上課一時，下午編課程說明，夜校中宴張公權。

三十日　晴　上午上課二時，下午睡，改黎華標文，夜李國鈞約看一越劇片。

卅一日　晴　閱印順攝大乘論講記百頁，夜約劉、林二君家人同看馬戲。

四　月

一日　晴　上午上課一時，下午至夜閱印順書完上册。

二日　晴　上午上課二時，中午在校午餐，下午閱攝大乘論講記完。

三日　晴　上午上課一時，閱俱舍論講記。

四日　晴　上午閱俱舍論講記，下午上課一時，夜哲學會，閱俱舍論講記。

五日　陰　上午復何健耕等三信，下午閱俱舍論講記完，夜兆熊約看電影。

六日　陰　上午上課二時，下午整理書籍，夜與宗三夫婦小孩同看馬戲。

七日　晴　閱灌頂之天臺八教義，及日人所著三論宗綱要。

八日　晴　上午上課一時，下午睡，晚應三輪學會約晚飯。

九日　晴　上午上課二時，下午睡，學生來談，夜閱雜書。

十日　晴　上午上課一時、寫二信，下午看一影片，改學生文卷二時。

十一日　晴　上午閱雜書，下午睡，夜訪一友，又一友來訪。

十二日　陰　上午閱雜書，下午睡，閱木村泰賢小乘佛教思想論至夜完三百頁。

十三日　晴　上午閱昨書二百頁完，下午閱演培解深密經語體釋至夜。

十四日　陰雨　上午閱佛學書，下午出外看電影，夜閱雜書。

十五日　陰　上午閱學術年刊送審查之二文，下午應謝汝逵約遊淺水灣並在香港仔吃飯。

十六日　陰　上午閱雜書，下午訪 Greene。

十七日　晴　上午上課一時，牙痛。

十八日　晴　牙痛未上課亦未作事。

十九日　晴　下午聯合教務會哲學組開會。

二十日　陰　上午上課一時。

廿一日　晴　上午辦雜事，下午過海講書物。

廿二日　晴　上午上課一時，下午睡並閱雜書。

廿三日　晴　上午上課二時，下午睡，並重看越劇電影，夜至總統輪送 Greene 返美。

廿四日　晴　上午上課一時，下午學校招待會，夜閱 Rand: Classical Moralists 一三十頁。

廿五日　晴　上午閱 Foulton 報告書，下午上課一時，夜又閱 Foulton 報告。

廿六日　陰　上午閱 Foulton 報告書完。下午閱學生文卷。

廿七日　陰　上午上課二時，下午學校新校舍落成典禮，夜晚會。

廿八日　陰　上午數友來，下午睡，夜閱 Rand: Classical Moralists 一二三十頁。

廿九日　晴　上午上課一時，下午睡，閱 Rand 所編書五六十頁。

三十日　晴　上午上課二時，午睡後過海購佛學書，夜閱其中大乘起信論辨僞。

五　月

一日　晴　上午上課一時，中午劉百閔約午飯，夜閱張君勱以英文所寫新儒家思想史數十頁。

二日　晴　上午辦公，下午上課一時，夜閱雜阿含經。

三日　晴　上午上課一時，午睡後閱雜阿含經數卷。

四日　晴　上午上課二時，下午閱雜阿含經大體完。

五日　晴　寫信三封，下午睡，閱雜書。

六日　晴　上午上課一時，下午開富爾敦報告書討論會。夜閱 Cassirer: The Philosophy of Symbolic Forms 百頁。

七日　晴　上午上課二時，下午閱昨書六七十頁，夜校中招待一日人晚飯。

八日　晴　上午上課一時，改學生文卷，中午與崇基校長及校中同事共商中文大學事，午後三院聯合教務會議，六時返甚倦，出外看電影。

九日　晴　上午看學生文卷，下午上課一時，夜閱 Cassirer 書四十頁。

十日　晴　上午上課一時，下午睡，閱 Cassirer 書至夜完六七十頁。

十一日　晴　上午上課二時，下午至夜閱完 Cassirer 書第一册，又閱其書第二册論 Mythology 書六七十頁。

十二日　晴　上午有人來，下午及夜閱昨書百餘頁。

十三日　晴　上午辦公上課一時，下午睡後開教學效率增進會議，夜閱昨書數十頁。

十四日　晴　上午上課二時，閱完 Cassirer 之 Philosophy of Symbolics Forms 第二卷，又閱其 Languege and Myth 一小書完。

十五日　陰雨　上午上課一時，下午準備後日講演稿至夜。

十六日　晴　上午復信二封並辦公，下午財務會，夜閱公孫龍子。

十七日　晴　上午上課一時，午後講演一時半，夜學生來談。

十八日　晴　上午上課二時，午睡後閱宗三理則學論眞值涵蘊處。

十九日　晴　上午人文學會開會，午睡後看一電影，夜閱雜書。

二十日　晴　上午上課一時，下午聘任委員會及教務會議，夜宗三兄來談。

廿一日　晴　上午上課二時，午睡後閱丕介所譯一論經濟思想文。

廿二日　晴　上午上課一時，午睡後開校務會議。

廿三日　晴　上下午校對改正前論荀子正名篇文，並上課一時。

廿四日　晴　上午復 Wood 信，下午閱王煜論程朱思想一文，夜書審查意見。

廿五日　晴　上午上課二時，午睡起學生來，夜看電影並寫信三封。

廿六日　晴　上午閱黎華標研究所論文，午睡後又閱林福生文三篇。

廿七日　晴　上午上課一時，準備講演，下午研究所會議。

廿八日　晴　上午上課二時，下午至王書林處開大學用書會，夜學生來。

廿九日　晴　上午上課一時，午睡起閱張君勱以英文所寫之新儒家思想史。

三十日　晴　上午辦公，月會，我講演存在主義哲學之文化背景，下午上課一時，開圖書館委員會，閱張君勱書。

卅一日　晴　上午上課一時，午睡後閱張君勱書，夜看電影。

六　月

一日　晴　上午上課二時，下午睡，夜學生來。

二日　晴　上午學生來，下午參加珠海聚餐會，下午看京戲，夜兆熊、宗三、幼偉等來商人文學會事。

三日　陰　上午與李杜一函，下午閱張君勱書。

四日　陰　上午上課二時，下午校對文並補課二時。

五日　晴　上午上課一時，下午睡，夜應港大賴恬昌及屈均遠約晚飯。

六日　晴　上午辦公下午上課一時，夜哲學會。

七日　晴　上午上課一時，辦雜事，下午開聘任委員會，夜訪鄭騫。

八日　晴　上午上課二時，下午準備明日至中華佛教青年會講稿，夜看電影。

九日　晴　上午參加佛教青年會開幕典禮並講話，閱張君勱書。

十日　陰　上午閱學生文卷，上課一時，下午睡閱張書完。

十一日　晴　上午上課二時，午睡後閱文史通義。

十二日　晴　上午上課二時，午睡，夜與 Saskena 同晚飯。

十三日　晴　上午至港大作校外碩士考試教師，下午上課一時參加一會，夜看電影。

十四日　晴　上午上課一時，午睡後翻閱法華玄義釋籤。

十五日　晴　上午上課二時，下午學生來。
十六日　陰　上午人文學會，午睡後看電影。
十七日　陰　上午改學生文卷，上課一時，下午睡不成眠。
十八日　陰　上午上課一時，下午睡，夜閱雜書三時。
十九日　晴　上午復信二封，月會，下午教務會議。
二十日　晴　上午復 Greene 等信三封，午睡，開校務會，閱 Blanshard: Reason and Analysis 至夜完數十頁。
廿一日　晴　閱昨書百數十頁。
廿二日　晴　上午辦公，下午閱 Blanshard 書百數十頁，母親久無來信，不知何故。
廿三日　晴　閱昨書完。
廿四日　晴　上午校中辦公，下午研究所月會，夜至蔡德允家參加古琴會。
廿五日　陰　上午與黃振華一函，中午得母親信甚慰，下午睡，出外看電影。
廿六日　晴　上午至校辦公，閱 Pictorial: History of Philosophy 數十頁。
廿七日　晴　上午辦公，下午考試，夜閱中文大學法案。
廿八日　晴　上午辦公，下午監考，夜閱 Pietorial: History of Philosophy 數十頁。

廿九日　晴　上午辦公，下午睡，閱試卷。

三十日　晴　上午閱法華玄義釋籤，午睡，閱試卷至夜。

七　月

一日　晴　上午閱法華玄義釋籤，閱 Pictorial History of Philosophy 完，夜參加哲社系歡送畢業生晚會。

二日　陰雨　上午研究所畢業生考試，中午在校中午飯，夜學生來談。

三日　陰　上午至校整理試卷分數，下午看電影，夜學生來談。

四日　陰　上午閱試卷，中午研究所學生約午飯，午後閱劉述先語意學與眞理，夜哲學會。

五日　晴　上午研究所會議，下午閱昨書完，夜歷史系學生約晚飯。

六日　晴　上午約哲學系二年級學生茶會，下午睡，夜閱臺大學生寄來論康德文。

七日　晴　閱 McTaggart: The Nature of Existence 數百頁。

八日　晴　上午畢業典禮。安兒由臺返家，夜同出看電影，閱昨書二十頁。

九日　晴　上午校中辦公，閱卷，下午辦雜事。閱 McTaggart 書。

十日　陰　與廷光、安兒遊新界並在沙田畫舫午餐，歸來閱 McTaggart 書。

十一日　晴　晨審查一文稿，閱昨書至下午共百廿頁，晚楊先生約看電影並晚飯。

十二日　雨晴　閱 McTaggart 書百餘頁第二册完，此書之世界觀多近佛家之說。

十三日　晴　上午寫信三封，至校中閱卷並開書目，下午睡，有學生來談，夜赴一學生婚宴。

十四日　晴　閱雜書，下午睡，學生來，夜參加畢業同學宴。

十五日　晴　上午開校務會議，下午睡並看電影。

十六日　晴　上午爲四川文獻寫一短文成千餘字，下午至港大開哲學考試委員會。

十七日　晴　續昨文共八千字，夜學生來談。

十八日　晴　上午到校辦公，下午睡，有客人來，今日極熱。

十九日　陰雨　上午改前日所作文，午睡後閱雜書。

二十日　陰　上午人文學會開會，下午睡，夜思安兒讀書事久未睡。

廿一日　陰雨　上午與安兒談其讀書事，下午睡，閱雜書。

廿二日　陰　上午閱雜書，下午睡，夜看電影。

廿三日　陰　上午開校務教務聯席會，下午至移民局爲古梅作證。

廿四日　晴　上午校中茶會，招待印度之 Prased 夜李國鈞約晚飯。

廿五日　晴　上午復 Wood 及張龍鐸各一函，約張彝尊、陶振譽父女同至沙田游雲山處午飯，下午歸，夜至宗三處晚飯。

廿六日　晴　上午至半島酒店晤日人櫻井一郎。

廿七日　晴　上午至校辦公並閱學生筆記，下午睡，夜閱海潮音。

廿八日　晴　上午錢清廉約吃茶，午後看電影，夜閱海潮音。

廿九日　晴　上午研究所會，下午學生來，夜約同事於樂都晚餐。

三十日　晴　上午寫信二封，下午閱雜書，夜哲社系學生約晚飯。

卅一日　晴　上午閱 Lotze: Metaphysics 四十頁。下午游雲山約至其夏令園講話，夜歸至鄭因伯處談。

八　月

一日　晴　上午到校辦公，下午睡，夜哲學會。

二日　晴　上午至校辦公，中午與哲社系同學及畢業生聚餐。至機場送鄭因伯行，夜看一電影。

三日　晴　閱書 Lotze 百餘頁，有友人及學生來。

四日　晴　閱 Lotze 書百頁。

五日　晴　閱 Lotze 書百頁，下午至 Hilton Hotel 應六大宗教了解堂代表 Damial Minick 之約。

六日　晴　上午校中開會，下午閱 Lotze 書數十頁第一册完。

七日　晴　閱 Lotze 書百數十頁。

八日　晴　上午開教務會議，下午三院聯合會夜閱昨書數十頁。

九日　晴　閱 Lotze 書百頁第二册完。此書論時間及空間之主觀性及 Activity 與心身關係者多可取。

十日　陰　上午寫信四封，下午出研究所題，並與廷光安安出外看天倫一片，夜學生來。

十一日　晴　上午閱余嘉錫四庫提要辯證，下午睡。

十二日　陰雨　上午至校辦公，中午亞細亞大學代表約午餐，下午有客來。

十三日　晴　上午閱雜書，下午與廷光安安至粉嶺蓬瀛仙館遊。

十四日　晴　上午至校中開會，下午爲南越僧人自殺抗議天主教政府之壓迫佛教事寫一文二千字。

十五日　晴　至校辦公，並與學生談，中午歡宴廡生，下午閱雜書。

十六日　晴　上午開教務會議商取新生事，下午睡，夜閱英文時事書。

十七日　晴　上午取新生，下午閱研究所試卷，夜應張彝尊約晚飯。

十八日　晴　上午人文學會開會，下午睡，學生來，夜至兆熊新居。

十九日　晴　上午辦公，下午口試新生，夜與吳士選共為佘雪曼餞行。

二十日　晴　上午為人文學會事至宗三處，並到校辦公，下午睡，擬寫一文成數百字。

廿一日　晴　上午到校辦公兼續寫昨文，中午應約午飯，歸續寫文共成三四千字，看一電影。

廿二日　晴　晨寫文二千字，到校辦公，下午續寫文成七千字。

廿三日　晴　晨寫文千餘字，到校開會，下午又續成千餘字完，共約萬五千字，名儒家之學與教。

廿四日　晴　上午辦公，下午有學生來，並看一無錫劇之影片。

廿五日　晴　寫一文續論中華民族之花果飄零，竟日成九千字。

廿六日　晴　上午至校，下午寫文四千字完。

廿七日　晴　上午到校，下午整理研究所之講稿論歷史事實與意義者為一文成五千字。

廿八日　晴　續昨文成五千字。

廿九日　晴　上午到校，再續昨文成五千字。

三十日　晴　上午續昨文二千字完，夜寫人文學之性質與自然科學及社會科學之分際二千字。

卅一日　晴　上午開教務會，下午續昨文至深夜成九千字。

九　月

一日　晴　上午續文一千字完，下午寫論文學之意識與歷史意識二千字。

二日　晴　上午到校開會，在校中飯，歸來寫文至夜續成六千字。

三日　晴　續昨文成九千字。

四日　晴　續昨文三千字完，下午至夜作存在世界的照明與哲學之地位八千字。此十日所寫之文，皆就前在研究所之講演稿及學生筆記之小部分，而臨時加以發揮所成，皆粗疏草就不成體段，待以後有暇再加以整理方能成文章也。

五日　晴　上午至校辦公，下午改文數處，夜哲學會。

六日　晴　上午為學生改二文，並與 Moore 一函，下午睡，為學生改文。

七日　陰　上午到校開會至下午二時甚倦。

八日　陰　上午在家辦雜事，下午學生來，夜約數學生之任教者來晚飯。

九日　晴　上午開學典禮，下午與學生談話。

十日　晴　指導學生選課。

十一日　晴　上午指導學生選課，研究所會議，下午訪張君勱先生。
十二日　晴　上午到校辦公，下午臺灣訪港二和尚來談，茶會招待。
十三日　晴　上午到校辦公，下午至劉百閔處談。
十四日　晴　上午到校辦公，下午睡。
十五日　陰　上下午皆有客來，下午閱 Tasky 邏輯教本大體完。
十六日　晴　今日開始上課，上午上課二時，下午睡，夜訪二友。
十七日　晴　上午上課二時，下午標點儒家之學與教之建立一文，看一電影名釋迦。
十八日　晴　上午到校辦公並改文，午睡後開教務會議，夜與宗三等同歡宴張君勱先生於樂宮樓有客二桌。
十九日　晴　上午上課二時，下午休息。
二十日　晴　上午標點花果飄零與靈根自植文，中午校中請客，下午睡，夜出外散步。
廿一日　晴　標點改正歷史事實與歷史意義及歷史學本性文至夜。
廿二日　晴　標點人文學術與社會科學及自然科學之分際一文及人文學術與世界照明一文。
廿三日　晴　上午上課二時，下午至學校有數西人來訪，夜標點文學意識之本性一文。
廿四日　晴　上午上課二時，下午續標點昨文，夜參加哲社系聯歡晚會，歸來又改人文學術與世界照明完。

廿五日　晴　上午上課二時，下午睡後過海購書，夜思各種學術與存在事物之生命之問題。

廿六日　晴　上午上課二時，下午睡後過海繳交重慶大厦應付款項，並參加香港筆會典禮。

廿七日　晴　上午到學校，下午校對儒家之學與教之樹立一文至夜。

廿八日　晴　上午學校集會慶祝校慶並紀念孔子，下午人文學會於大會堂首次講演，由宗三兄主講，繼至豪華樓聚餐並歡迎張君勱先生及黃伯飛。

廿九日　晴　上午校改花果飄零與靈根自植一文，下午補去年所作太極問題疏抉一文三千字。

三十日　晴　上午上課二時，下午開聘任會，又補昨文六七千字。

十　月

一日　晴　上午上課二時，補昨文六七千字。

二日　晴　成昨文五千字，今日中秋，夜約數友晚飯。

三日　晴　上午上課二時，下午 Beren 君自夏威夷來談，並續昨日文成六七千字，夜哲學會。

四日　晴　上午辦公，下午作秦漢以後學者之言命六千字，夜兆熊約晚飯。

五日　晴　續昨文成六千字，夜中文系系會。

六日　晴　續昨文成七千字，下午看一京劇電影。歸來再續文三千字，規模已定，以後再補足。

七日　晴　上午上課二時，下午財務會議，夜改補昨文一千餘字。

八日　晴　上午上課二時，下午睡，夜改文四時。

九日　晴　上午上課二時，下午睡，李定一來晚飯，又有學生來，夜查船山尙書引義等書言命處。

十日　晴　上午準備明日講演稿，復友人信二封，至香港弔謝汝逵父喪，赴中國文化協會酒會。與廷光及安兒出外看國旗。安兒已轉學新亞書院讀中文系，其實彼學文學較適合其性情，去臺大讀化學全是受風氣及同學影響，結果實驗受傷，住院數月，轉學文學，豈非天意。夜翻閱二程遺書。

十一日　晴　上午與友人一函，準備講演稿，下午爲研究所學生講儒家之學與教及哲學宗教之分際，夜重看一京劇電影。

十二日　陰　上午至校辦公，下午睡。

十三日　晴　擬東西哲學會論文，論如何知 Individual 與 World 之關係一文之大意。

十四日　晴　上午上課二時，下午睡，夜閱佛觀中國人性論史大體完。

十五日　晴　上午上課二時，午睡後改論命文二時，夜約日人水野等來晚飯，並介與研究所三學生相見，彼等去後補秦漢以下學者言命之文千餘字。

十六日　晴　晨補昨文二千字，上課二時，下午續補此文至夜成三千字完。

十七日　晴　上午參加中文大學成立典禮，午睡後閱朱子語類數卷。

十八日　晴　上午至校辦公並晤夏威夷大學來之某君，午睡後閱朱子語類四卷，夜校對交祖國一刋之文。

十九日　晴　上午至校辦公，下午閱 Greene 作關於中共之一書。

二十日　晴　應冷定菴約午飯，午睡後標點歷史事實與歷史意義一文。

廿一日　晴　上午閱 Greene 書，下午睡，閱崔述考論錄數卷。

廿二日　晴　上午上課二時，午睡後閱朱子語類數卷。

廿三日　晴　上午上課二時，下午閱朱子語類數卷，可修改漢晉以下學者之言命及太極圖說疏釋文。

廿四日　晴　上午上課一時，月會，中午校中宴客，下午爲學生改文。

廿五日　晴　用英文寫論中國哲學中對個體與世界之思想諸方式至夜成四五千字。

廿六日　晴　續昨文四五千字完，以後再改。

廿七日　晴　晨補昨文千字，至沙田一遊，夜歸。
廿八日　晴　上午上課二時，下午睡並過海購書。
廿九日　晴　上午上課二時，下午睡，閱朱子語類大體完，夜閱雜書。
三十日　晴　上午上課二時，下午開教務會議，夜閱雜書。
卅一日　晴　上午上課二時，下午睡。

十一月

一日　晴　上午至校辦公，下午開學位考試委員會，夜與幼偉在樂都宴陳榮捷。
二日　晴　上午至校辦公，閱 Greene: China 書，夜校改歷史事實歷史意義文。
三日　晴　與顧翊羣等同至荃灣弘法精舍看倓虛之舍利子，並於其處午餐，夜歸閱雜書。
四日　晴　上午上課二時，午睡後閱 Heisenberg: Philosophical Physics 數十頁。
五日　晴　上午上課二時，下午人文學會約顧翊羣茶會，夜閱昨書數十頁。
六日　晴　上午上課二時，閱昨書完，夜至顧翊羣處一談。
七日　晴　上午上課二時，午睡後，赴亞洲協會酒會，夜哲學會。
八日　晴　上午到校辦公，下午睡。

九日　晴　上午到校辦公。

十日　晴　上午爲李杜改文，閱哲學雜誌中 Breton 一文，下午人文學會請張君勱先生於大禮堂講演並晚飯。

十一日　晴　上午寫信二封，下午閱 Fordham: Univ. 之哲學雜誌之二文及雜書，夜準備講演大綱。

十二日　晴　上午回信一封，訪陳榮捷商講演事，下午訪趙冰及佘雪曼，並準備研究所講稿。

十三日　晴　上午上課二時，下午爲香港大學校外課程講道家思想之性質。

十四日　晴　上午辦公並考試，下午研究所會，校對文章。

十五日　晴　上午至校辦公，下午爲中文系講演中國之文學與哲學二時。

十六日　晴　上午到校辦公並復信，下午哲學考試組開會，夜參加中央大學同學會聚餐。

十七日　晴　上午寫信一封，下午與友人同至沙田游雲山處晚飯。

十八日　晴　上午考試，下午備研究所課，夜看一電影。

十九日　晴　上午上課二時，午睡，請陳榮捷在新亞講演，夜校中請彼及張君勱晚餐。

二十日　晴　上午上課二時，下午一學生來，夜港大校外課程上課一時。

廿一日　晴　上午上課二時，下午文憑試典禮，夜三院委員會請吃飯。

廿二日　晴　上午復佛觀一函，到校辦公，下午學位考試委員會，晚錢先生約吃飯，飯後同去看大陸藝術團之表演。

廿三日　晴　上午辦公並爲鄭力爲改文，爲公教報有一文評我對越南事件之意見，彼乃作一文代答辯。

廿四日　晴　上午與新亞同仁遊青山寺，下午歸夜備課。

廿五日　晴　上午上課二時，夜曾履川約晚飯。

廿六日　晴　上午上課二時，開會二時，夜一德人某太太來港，至其處並約晚餐。

廿七日　晴　上午上課二時，下午睡，備課，夜港大校外課程上課一時半。

廿八日　晴　上午上課二時，午睡，約張君勱先生來校講演。

廿九日　晴　上午至校辦公，午睡，爲研究所講演天理良知與信仰，夜黃伯飛約晚飯。

三十日　晴　上午寫信二封，到圖書館查書，午後校對文二時，出外看電影，夜閱 Philosophy and Culture。

十二月

一日　晴　上午與廷光同至元朗至盧家看七弦琴，下午四時返，夜約李杜等晚飯。

二日　晴　上午上課二時，中午在校午飯，下午與錢先生談望其打消辭校長意，夜參加一同學婚宴。

三日　晴　上午錢先生來談其辭職意，上課二時，午睡後閱 Philosophy and Culture。

四日　晴　上午上課二時，下午睡，夜港大校外課程上課一時。

五日　晴　上午上課二時，下午君勱先生來講演，夜哲學會。

六日　晴　上午改前所作英文稿世界與個體一文四五時，午睡後教務會議，夜續改文。

七日　晴　上午改文四五時，中午應蔡貞人約在大會堂午飯談錢先生辭職事。明日安兒廿歲生日，夜備酒食祭獻祖先。

八日　晴　上午人文學會請陳榮捷講演，中午同至大會堂飲茶，下午改文三時。今日安兒廿生日，晚同出購物作紀念並吃茶，歸改文二時許。

九日　晴　上午改文一時許，上課二時，下午改文二時完。送請人打字。至王書林處談，夜出外散步。

十日　晴　上午上課二時，標點並改正已打字後之英文稿。

十一日　晴　上午上課二時，下午研究所會，上港大校外課程課一時，夜重抄昨文一節。

十二日　晴　上午上課二時，下午張君勱先生來講演，夜校對文二時。

十三日　晴　上午增寫昨文五六百字，Morgan 君來訪，下午又增補昨文三四百字，Bush 君來訪，夜看一電影。

十四日　晴　上午校對文，下午羅香林約商東西文化中心事。

十五日　晴　上午校文，下午睡，夜校對文。

十六日　晴　上午上課二時，下午睡，夜校對文。

十七日　晴　上午上課二時，下午大學學位考試委員會開會。

十八日　晴　上午上課二時，下午教務委員會，夜港大校外課程講課最後一次。

十九日　晴　上午上課二時，下午張君勱先生講演，夜校對清華學報將發表我之論格物一文。

二十日　晴　上午到校辦公，下午列席董事會，決定共挽留錢先生，望不要辭校長一職，夜看一影片。

廿一日　晴　上午到校辦公，整理文件，寫信二封。午後睡，夜出外散步。

廿二日　晴　上午校改標點所作文，中午大專教員聚餐會，午睡，有客來訪。

廿三日　晴　上午寫信，下午爲董喜陞主婚，夜陳榮捷請吃飯，夜董婚宴。

廿四日。晴　上午與 Moore 談出席東西哲學會之論文事，下午睡，夜與幼偉共請 Moore 於豐澤園吃飯，飯後送彼至飛機場赴印度。

廿五日　晴　上午校改中國文化精神價值錯字，中午與哲社系學生同出午飯，下午校改哲學概論錯字至夜完。

廿六日　晴　上午重閱中國文化之精神價值一通，下午標點人文學術第二講一時許。

廿七日　晴　晨標點人文學術第二講二時許，與廷光安兒赴香港仔，又至淺水灣，七時返家，參加王兆麟婚禮。

廿八日　晴　上午標點改正人文學術之分際完。下午睡，又補充論太極文，夜應學生約。

廿九日　晴　上午補改太極文至下午四時，出外看一電影，夜寫賀年片。

三十日　晴　上午至下午二時標點並改論太極文。與廷光安兒等遊淸水灣，夜歸再標點文。

卅一日　晴　終日標點並改論太極文一通完。